JN247243

UNEXPLAINED MYSTERIES OF WORLD WAR II

Picture Credits

第二次世界大戦の ミステリー

ジェレミー・ハーウッド=著

源田 孝=監訳　西澤 敦=訳

悠書館

目　次

序　論

ミステリーには、大きなものもあるし、小さなものもある。数百万もの人びとの生命に影響を与えるものもあれば、それに直接かかわった人たちにしか影響を与えないものもある。第2次世界大戦は、このような二種類のミステリーの宝庫といえよう。これらのミステリーの数は、時代とともに減りつつあるものの、解明されていないものや未解決なものもかなり存在する。これらは興味深く、十分な調査に値する。

本書の主な内容を紹介するには、一つか二つの大きなミステリーの例をあげるだけで十分であろう。たとえば、第2次世界大戦劈頭の最大の謎のひとつが、1940年5月にヒトラーが西ヨーロッパに対して電撃戦を開始したとき、ドイツ国防軍に対峙していたフランス軍が何故もののみごとに崩壊したかということである。その結果、ドイツ軍は圧倒的な勝利を収め、フランスは記録的な早さで降伏したのだ。

無能な上層部

ドイツ国防軍の優れた軍事能力については、長年にわたって認められていた常識であり、そのため、西ヨーロッパにおける勝利は必然的だった。実際、これ自体は何のミステリーでもない。陸上では——ドイツ空軍が確実に航空優勢を確保していた空の戦いとは異なり——フランスとドイツの戦力バランスはほぼ均衡していた。実際問題として、一部の戦車に関しては、連合国のほうがヒトラー自慢のドイツ軍装甲師団よりも新型

であった。

ドイツ国防軍がいよいよ攻撃を開始したとき、フランス軍の将軍たちに決定的に欠けていたのは迅速かつ決定的な反撃であり、このことは、その直後に起こった出来事からも容易に確認できる。ゲルト・フォン・ルントシュテット元帥が指揮していたドイツ陸軍A軍集団の任務は、アルデンヌ地方に致命的な突破口を開けることであったが、元帥は間違いなくフランス軍の迅速かつ大胆な反撃を恐れていた。当時、作戦部長を務めていたギュンター・フォン・ブルーメントリット将軍によれば、元帥は「強力なフランス軍部隊がヴェルダンおよびシャロン・シュル・マルヌ方面から現れ、北方のスダンおよびメジエール方面に向かって大規模かつ奇襲的に反撃を行なってくる」と予想していたという。

しかし、そのような反撃は行なわれなかった。ドイツ軍は、攻勢開始から10日も経たないうちに240キロも前進し、ドーヴァー海峡の海岸に到達した。連合軍の部隊は、二つに分断された。マジノ線がザールブルッケンの南方で突破された6月14日、ドイツ軍はパリに入城した。その3日後、ペタン元帥率いるフランス新政権は、ドイツに和平を求めたのである。

この成功の速さと大きさにはヒトラーさえも驚くほどであった。というのも、ヒトラーは装甲師団に停止するよう命じ、撤退するイギリス軍をダンケルクまで追い詰めさせなかったからである。陸軍参謀総長で

あったフランツ・ハルダー将軍は、日記に次のように記していた。「自らの勝利の大きさに驚いたヒトラーは、危ない橋を渡ることを恐れ、その結果、大勝利を駄目にしてしまったのである。」これがヒトラー総統の最初で最大の軍事的ミスであったと、今でも多くの者が信じている。しかし、これは真実ではない。ヒトラーは、自ら決断したわけではなかった。戦後の発言や著作とは全く逆に、装甲師団の停止を最初に主張したのは、ルントシュテット将軍や軍の高官たちであった。そしてヒトラーがこの停止命令を取り消したときは、連合軍の脱出を阻止するには遅すぎたのである。30万人以上のイギリスとフランスの部隊が脱出し、彼らは後日の戦いに加わることになる。

「特別な関係」

確かに、ダンケルクはイギリスにとって勝利と呼べるものではなかった。ネヴィル・チェンバレンの後を継いで新たにイギリス首相に就任したチャーチルは、「戦争の勝利は撤退によってもたらされるのではない」と庶民院で発言している。いずれにしても、チャーチルの権力基盤は不安定であった。同僚である保守党員の多くが、チャーチルを向う見ずで思慮が足らず、信頼もできない上、日和見主義的と見ていた。それでもチェンバレン政権がノルウェーの戦いで大失態を演じたためチャーチルにチャンスが巡ってきたのである。しかし、実際にはこの大失態の最大の責任者は、チャーチル自身であった。次期首相については、イギリス国王ジョージ6世やほとんどの報道機関、保守党員、財閥、政府の高官、労働党党首、そして自ら政権を辞することになったチェンバレンまでもが、外務大臣であったハリ

ファックス卿のほうがふさわしいと考えていた。

大西洋をはさんだワシントンでも、チャーチルは疑わしい人物と見られていた。内務長官のハロルド・イッキーズは、チャーチルの就任を聞いたときのルーズヴェルト大統領の反応を記録していた。「私は、たとえチャーチルが一日のうちの半分は酒を飲んでいたとしても、イギリスで最適の人物だと思っている。」ルーズヴェルトはチャーチルのことを、アルコール依存症で信頼が置けないと見なすだけではなく、個人的にも嫌っていた。在英アメリカ大使であったジョセフ・ケネディに、「1918年にイギリスで会ったとき以来、あの男のことはずっと嫌いだった」と語っている。ルーズヴェルトの記憶には、チャーチルとたった一度だけ面と向かって話し合ったときのことが残っていた。このときルーズヴェルトは海軍次官で、まだ足は不自由ではなかった。ロンドンのグレイ法曹院で演説を行ない、チャーチルはその聴衆の中にいた。ルーズヴェルトは後に、チャーチルは「鼻持ちならない人物のように……我々全員に威張った態度をとっていた」と述べていた。

この二人の男たちを結び付けていた唯一のこと——それは、ナチズムのありとあらゆる側面を憎んでいたことであった。二人ともヒトラーについて、あらゆる種類の平和共存を不可能にしてしまうような恐ろしい力を持った新しい人物である、と理解していた。しかしチャーチルがすぐに気づいたように、ルーズヴェルトがヒトラーに積極的な抵抗を示すには、まだ長い時間が必要であった。チャーチルは、「アメリカを引きずり込むこと」が狙いであると息子のランドルフに語ったが、それと同じようにルー

ズヴェルトは、もつれた事情には関わるべきではないと心に決めていた。ルーズヴェルトは、絶体絶命であったイギリスが中古の駆逐艦50隻を要請してきたのに対して合意したときでさえそうであった。マサチューセッツ州選出で、民主党の孤立主義者の中心人物であったデイヴィッド・I・ウォルシュ上院議員を納得させるのに、相当な労力を払った。大統領は、「この特別な取引が戦争への参加を意味するものではない。さらに言うならば、ドイツがアメリカを攻撃しようとしない限り、とにかく我々は参戦しないと確信している」と説得したのである。

チャーチルにとっては、ルーズヴェルトの発言を必ずしも額面どおりに受け取るべきでない、ということも理解不能であった。ルーズヴェルトが何を考えているのかを理解することは、きわめて困難であった。妻のエレノア・ルーズヴェルトはこの事実を認めており、その後、首相になったチャーチルに次のように警告したに違いない。「フランクリンが、そうだ、そうだ、そうだ、と言ったとしても、それは賛成を意味しているわけではありません。自分はいま話を聞いている最中だ、という意味にすぎません。」武器貸与法が通過したときもそうだった。この法律は最終的に、1941年3月8日にアメリカの上院で60対31の賛成を得て、ようやく成立した。しかしこの法律は、イギリス人が信じていたような、金額欄を自由に書き込める小切手を受け取るという意味ではなかった。このことについてベルリンでは、ナチスの宣伝大臣ヨーゼフ・ゲッベルスが次のように指摘していた。「ルーズヴェルトの望みは、イギリス人が長期にわたって抵抗を続けるよう励ますことである。そうすれば、ルーズヴェルトに残された仕事は簡単なものになるだろう。確かに現在のロンドンは、あらゆる敗北と挫折を再び葬り去り、アメリカ政府に歓声を上げていることだろう。しかし果たしてそれは、いつまで続くだろうか？」

不可解なスターリン

戦争の巨頭を3人挙げるとすれば、チャーチル、ヒトラー、そしてルーズヴェルトである。スターリンは、4人目であった。多くの点から、スターリンはこの4人の中で最も不可解な人物であった。おそらく第2次世界大戦全体で最大のミステリーのひとつとして本書が注目しているのは——あらゆる警報を受け取っていながら、なぜソ連の独裁者たるスターリンは、ヒトラーによる1941年6月のロシア侵攻に完全に不意打ちを食らったのかということであった。

スターリンが独ソ不可侵条約を遵守していたからといって、ヒトラーを盲目的に信じていたとするのは間違いなく事実無根である。この条約は、二人の独裁者が1939年8月に大急ぎで締結したものであり、世界中が驚愕した。イギリス外務省のある報道官は、この条約は革命的な方向転換であり、「あらゆる主義主張を時代遅れにするもの」と簡潔に総括した。しかし1940年の11月には、二つの陣営の間には徐々に隔たりができつつあることがスターリンの目にも明らかになった。実りのなかったヒトラー訪問から戻ったヴェチェスラフ・モロトフ外相に対して、「ヒトラーには本音と建前がある」と語っている。

それでもスターリンは、時が自分に味方していると信じていた。12月初頭、彼は将軍たちに次のように語っている。「我々が知る限り、ヒトラーは自らの大勝利に酔っており、ソ連赤軍の戦争準備が整うまでは少なくとも4年は必要だと信じ切っている。どう考えても、我々にとって4年は十分すぎる時間である。しかし準備をもっと急がなくてはならない。あと2年間は戦争を遅らせられるよう、頑張ろうではないか。」

スターリンは、このときだけは計算間違いをしていた。ヒトラーは、将軍たちとともに攻撃計画の策定で多忙であった。クレムリンには、ソ連の西部戦線でドイツ軍が増強されているという報告が雪崩のように届きはじめた。スターリンは、警報の発令を拒否した。ソ連陸軍参謀総長に新たに任命されたジューコフ元帥は、スターリンから次のような指示を受けていた。ソ連兵の動員が命じられた場合には、速やかに動員が完了するよう準備を進める必要がある。しかし同時に、「ソ連にそのような手立てがないという理由で、大それた非現実的な計画を策定すること」は避けるべきである、と。ポーランドに集結していたドイツ軍部隊を心配している将軍たちに対し、その部隊は単なる演習のためにいる、と断言した。

前兆が現れはじめたことから、ブレッチリー・パーク暗号学校の解読者らは、ドイツ軍の侵攻が差し迫っているとチャーチルに進言した。チャーチルは、私信をスターリンに送り、ドイツの攻撃が近いことを警告した。スターリンは、その警告を「挑発にすぎない」として無視した。もしソ連がこれらの警報にしたがって行動を起こしていれば、「ヒトラーがソ連に対して予防的な聖戦を仕掛ける、直接的かつ公正な理由を与えてしまうことになっただろう」と弁明している。5月12日、同様にスターリンは、セミヨン・ティモシェンコ元帥からのロシア領土上空におけるドイツ空軍の偵察飛行の数が増加しているという報告に対して、何の措置も取らなかった。「ヒトラーがこれらの偵察飛行を知っているとは思えない」と返答したのである。ベルリンでは、スターリンがあらゆる努力を払ってでも戦争を回避しようと固く心に決めている、と信じられていた。ゲッベルスは、スターリンは「蛇に睨まれたウサギのようだ」と日記に書いている。

スターリンは、ドイツの攻撃が始まる可能性のある日付に関し、独自の情報機関以外から受け取っていた予測を完全に馬鹿にしていた。6月5日、スターリンは、共産党中央委員会に対して次のように語った。「ドイツ軍が攻撃を開始する可能性のある時期について、わが情報部門が最初に指摘したのは5月14日、15日、20日であった。現在彼らは、6月15日か22日になるであろうと言っている。これらの日付が間違っているのは明らかである。1941年が平和な年であることを祈ろうではないか。」バルバロッサ作戦の開始まであと10日となった6月12日、スターリンは、将軍たちに断言した。「ヒトラーが、ソ連を攻撃して二つ目の戦線にまで手を広げるというリスクを冒さないことは確かである。彼は、それほど愚か者ではない。」

スターリンがドイツ軍の攻撃に関するニュースを受け取ったとき、どのように感

じたのであろうか。我々は、憶測する以外に知る術がない。確かに、悲劇的な敗北の話がもたらされると、スターリンはひどく落胆したことが知られている。ドイツ軍がロシアの領土深く480キロ以上も進撃していた7月10日、スターリンは自らを奮い立たせ、北西戦線の司令官たちに断固たる命令を発した。「命令を遂行できない将校たち、すなわち売国奴のように自らの陣地を放棄し、命令なく防御線から離脱した者がいまだに罰せられていない」と言明した。「今こそ、この恥ずべき状況を止めるときである。」

間もなく、何人かの高位のソ連軍司令官が被告席に立たされた。ソ連邦最高裁判所軍事諮問委員会代表のヴァシリー・ウルリヒは、丸々と太った卑屈な男であり、彼らを「祖国の利益に背き、軍人としての誓約を破り、ソ連赤軍の戦闘力に損害を与えた」として糾弾した。彼らは、スターリンの失敗の罪を負わされたのであり、その中にはディミトリ・コロブコフ将軍もいた。彼は不幸な司令官であり、隷下の部隊はナチスの猛攻によりミンスクで崩壊した。彼は、陸軍と空軍の7人の将軍とともに銃殺された。

世界大戦

そこから数千キロも離れたところで、新たな戦争の脅威が現れつつあった。アメリカは、日本に対する石油の禁輸措置を数ヵ月間にわたって続けていた。日本はすぐさま反応した。戦争の準備を開始したのである。

日本がどこを攻撃するかは謎であった。結局のところ、日本が最後の瞬間に崖っぷ

ちの状態から引き下がる可能性もあった。少なくともルーズヴェルトは、その可能性を考慮していたことは間違いない。「日本がポーカー・ゲームを行なっているのかどうか、知りたいものだ」と内務長官のハロルド・イッキーズに打ち明けている。明らかなのは一つだけであった。すなわち、日本が攻撃する場所については、ほぼ意見は一致していた。その場所はフィリピンか、もしくはイギリスが極東に保有する植民地であった。アメリカ本土に対して直接攻撃が行なわれるなど、夢にも思っていなかった。陸軍長官のヘンリー・スチムソンは、11月25日の閣議後に次のように記している。「問題は、どのようにして日本軍を、最初の一撃を加えられる位置に誘い込めばよいか、であった。もちろん、我が軍をあまりにも危険な状態に晒すことはできない。」

ルーズヴェルトは感謝祭の短い休暇のために、ワシントンを離れた。その帰路で、日本政府が在ベルリン日本大使館に送った暗号通信を傍受して解読した四つの通信文を手わたされた。その中の一つに、首相の東條英機将軍から大使個人に宛てたメッセージがあった。「欧米諸国と日本の間での数度の武力衝突の後に戦争が勃発する危険性がある。戦争勃発時期は、想像している時期よりも早いことを、彼ら（ドイツ側）に極秘に伝えること」と指示されていた。

大統領とコーデル・ハル国務長官は、意見交換した。後にハルは、次のように回想している。「大統領と私で意見が一致したのは、これらの事はすべて日本の攻撃が間もなく始まる兆候である、ということであった。」ルーズヴェルトは、日本の天皇に対し

て、最後の試みとして親書を送ろうと決めた。それは、平和の維持を強く訴えるものであった。

　この親書が送られるまでの間に、いくつかの出来事があった。12月6日の夜、ルーズヴェルトは、別の暗号通信を受け取った。このときは、東京からワシントンの日本大使館に宛てた長文の電報の一部であった。ルーズヴェルトは一読し、側近の一人であるハリー・ホプキンスに手わたした。大統領は、彼に対して「この通信文からすると、日本は戦争を始めるつもりだ」と語った。ホプキンスの答えは、「残念ながら、我々は最初の一撃を加えることができません」であった。ルーズヴェルトは、はっきりとうなずいた。「我々にはそうすることができない。我々は民主主義国家であり、平和を愛する国民なのだ」と述べた。

　翌日午前10時、ルーズヴェルトは、暗号文の残りの部分を受け取った。そこには「アメリカ政府との協力により日米関係を調整し、太平洋の平和を維持増進するという日本政府の切望は今や失われた」とあった。午後1時40分、ルーズヴェルトがホプキンスと昼食を共にしているとき、大統領執務室の電話が鳴った。それは、フランク・ノックス海軍長官からだった。彼は、真珠湾が日本軍の爆撃を受けているという通信を発していると報告した。その通信は、「これは演習ではない」という内容であった。

　真珠湾に対して、そのような攻撃が行なわれる可能性について警報が発せられな

かった理由は、今まで全く説明されてこなかった。真珠湾攻撃の前夜、日本政府の暗号通信の最初の部分に目を通したルーズヴェルトは、アメリカ海軍作戦部長のハロルド・スターク提督に連絡を取ろうとしたが、観劇に出かけており連絡はつかないと告げられた。翌朝、陸軍参謀総長のジョージ・マーシャル将軍に連絡を取ろうとしたときも、同様の反応であった。マーシャルは、日課となっている日曜の朝の乗馬に出かけていた。

　真珠湾に対して、直接警報しようとした者もいた。しかし、無線通信機はどうやら故障しており、その代わりに、ウェスタン・ユニオン通信の電報が用いられた。しかし、その電報が宛先に届いたのは、攻撃後のことであった。

　本書は、ここで取り上げたような大きな事件だけを扱っているわけではない。実際、真珠湾攻撃に至るまでのさまざまな出来事は、十分に立証されている。ルーズヴェルトが海軍基地に対して、意図的に警戒警報を発せず、日本側が先に攻撃を始めるよう誘い込んだと一部の者が主張しているが、それは間違いなく事実無根である。しかしまさに本書が示しているように、第2次世界大戦に関しては、いまだに解明されていないことが数多くあり、そして大戦中に起きたさまざまな事件は、いまだに歴史的な調査を必要としている。明らかにすべき秘密がまだ存在することは確かなのである。

第1章
ミュンヘン・ビアホール爆破事件

1939年11月8日、アドルフ・ヒトラーは、かろうじて死を逃れた。ミュンヘンのビアホールで仕掛けられた大型爆弾が爆発したのは、総統がその建物を出てからほんの数分後のことであった。この爆破事件の最終的な責任者は誰なのか依然として謎であった。たった一人の陰謀家の仕業だったのか？　秘密国家警察（ゲシュタポ）が断固として主張したように、イギリスの秘密情報部が裏で操っていたのか？　あるいは、ナチス・ドイツが自ら仕組んだ演出ではなかったのか？

の行事は、ヒトラーが一度も欠かしたことのないものの一つであった。1933年に政権を獲得して以降、総統は1923年のビアホール一揆を祝福するために、毎年11月8日にはミュンヘンのビアホール、ブリュガーブロイケラーを訪れていた。そこは一揆の出発地であり、選抜された大管区指導者たちやナチスの古参兵たちに対して、店内で熱狂的な演説を行なっていた。しかし、この年の訪問は、例年とは計画が若干異なっていた。

　通常ヒトラーの演説は、午後8時半に始まり、10時ちょうどに終わっていた。しかしこの年は、やや前倒しになり、午後8時10分に始まり、9時7分に終わった。また、演説が終わった後は、「権力闘争」の時代について、1時間半は費やして「古参兵」たちと語り合うのが常であった。しかし、この年は、演説が終わるとすぐにビアホールを後にしたのである。このような異例ともいえ

る行動の理由は、いまだに不明である。ヒトラーはイギリスによる空襲を受ける危険性を心配していた、とする説もある。悪天候のため、移動計画を変更せざるを得なかった、とする説もある。当初ヒトラーは、翌朝、帝国議会で行なわれる重要な会議に参加するため、空路でベルリンに戻ろうと考えていた。しかしミュンヘン空港が霧に閉ざされてしまい、搭乗機は地上待機せざるを得なか

上：パウル・フォン・ヒンデンブルクを出迎えるヒトラー。ヒンデンブルクは、1934年に死去するまでドイツ大統領を務めた。この年老いた陸軍元帥は、ヒトラー総統と最高権力の間に存在する唯一の障壁であった。

前頁：ミュンヘンのビアホールで、突撃隊員やナチス支援者と一緒に写真に納まるヒトラー。このビアホールは、彼が1923年にバイエルン政府に対して起こしたクーデター未遂事件の発端となった場所である。

った。そのためヒトラーは、列車で移動すること
を決めた。このとっさの判断が、彼の命を救った
のは間違いない。

爆弾の爆発

ビアホールでは「古参兵」たちがひしめき合い、
その多くはヒトラーがあわてて帰ってしまったこ
とを残念がっていた。ほとんどの者が徐々に帰り
支度を始め、100人ほどが残って後片付けをしはじ
めた。そしてヒトラーが退席してから30分も経た
ない午後9時20分、大爆発がビアホールを引き裂
いた。ベランダと屋根が崩れ落ち、爆風によって
窓とドアが吹き飛ばされた。目撃者が2日後にラ
ジオ番組でこのときの様子を語ったところによる
と、「100人ほどの古参兵がビアホールにおり、私
自身、出入口から90センチも離れていなかった。
突然、頭上で何かが光り、ドアの外に吹き飛ばさ

れた。その直後に大きな雷鳴が耳をつんざき、何
が起きたのかを考えられるようになる前に、全て
が終わっていたんだ。周辺は埃が充満し、何も見
えず、息もできなかった。私たちは、ハンカチを
口に当てて、新鮮な空気を吸おうとした。埃がお
さまってきたので屋内を振り返ると、天井が崩落
しているのが見えた。ホールにいた古参兵のうち
50人は無事で、一緒に救出作業に取りかかった。
この作業はとても危険だった。というのも、残り
の屋根がいつ落ちてくるかわからなかったから
ね。しばらくの間、けが人や死者を運び出す作業

に従事したよ。」

　結局、この爆弾の犠牲者は、即死が3人、このときの負傷が原因で後に亡くなった者が5人、負傷者が62人以上で、重傷を負った者もいた。負傷者の中には、ヒトラーの愛人であったエヴァ・ブラウンの父親で、当時60歳の教師であったフリッツ・ブラウンもいた。瓦礫の山から必死に逃れた人びとの多くは——息を詰まらせたり、咳き込んだり、血を流したり、埃まみれで——自分たちがイギリス軍の空襲の犠牲になったのだと思い込んでいた。この爆発が、ビアホールの中央の柱に入念に仕掛けられた爆弾によるものだということがわかったのは、しばらく経ってからのことであった。

　ヒトラーがこの爆発事件のニュースを知ったのは、ベルリン行の急行列車がニュルンベルクで一時停車しているときであった。最初、ヒトラーは何かの冗談に違いないと思ったが、側近からすぐに現実だと知らされた。やがて総統は、自分が神の御加護のおかげで、間一髪のところで命拾いしたことを知り、そして列車の同席者に、自分は神によって与えられた使命を遂行するのだと語った。

　ヒトラーは自らの判断で、列車に同乗していた親衛隊長官ハインリヒ・ヒムラーに、当面の課題は爆弾を仕掛けた張本人を捕まえるだけではなく、その爆破が単独犯なのか、あるいはもっと大きな陰謀の一部なのかを証明することである、と告げた。総統自身は、この事件が陰謀によるものと信じ切っていた。イギリスの秘密情報局が陰で糸を引いて暗殺を試みたのものだと確信していた。ヒムラーも総統と同意見であった。ヒムラー

は、容疑者を調査するために即座に行動すべきだと進言した。

フェンロー事件

その数ヵ月前、中立国オランダでは、政治難民を装っていたドイツのスパイ、フランツ・フィッシャー医師が、二人の優秀なイギリス情報部員であるシギスモンド・ペイン・ベスト大尉とリチャード・スティーブンス少佐と連絡をとっていた。フィッシャーは、反体制派のドイツ軍の高官グループに接触していると主張していた。その高官グループは、ヒトラー政権を転覆しようとしている、というのである。仕事熱心な若いドイツ親衛隊少佐で、間もなく親衛隊の対情報部隊の責任者に就任する予定であったヴァルター・シェレンベルクは、ベストとスティーブンスに会うために自らオランダに渡り、彼らにドイツ国防軍内部の反ナチス勢力を率いている有力な将軍の代理をしている陸軍大尉と信じ込ませた。シェレンベルクの手記には、ヒトラー暗殺未遂事件のために計画が大幅に変更された後にイギリス情報部員に再び会ったとき――このときは偽の「将軍」も同伴していた――の様子が記録されている。

「私は、眠れない夜に備えて睡眠薬を服用していたため、電話の大きな呼び出し音でたたき起こされるまで熟睡していた。それはベルリンからの直通電話であった。睡眠薬で意識がもうろうとしていた私は、受話器を手探りし、うんざりしながら『もしもし』と答えた。その後、低いというよりはむしろ興奮している声を聞いた。電話の声は『なんと言った？』と問い掛けてきたので、私は『なんでもありません。そちらはどなたですか？』と答えた。『親衛隊長官のハインリヒ・ヒムラーだ。ようやくつながった。聞こえているのか？』と荒々しい声が返ってきた。」

「眠気と闘いながらも仰天した私は、習慣的に『はい閣下』と答えた。ヒムラーは『よく聞きたまえ』と続けた。『何が起こったか聞いているか？』『いいえ、何も知らされていません』と答えた。『よろしい。今夜、総統がビアホールで演説を終えた直後、暗殺未遂事件が起きた！　爆弾が爆発したのだ。幸運なことに、爆弾が爆発したのは、総統がビアホールを出た数分後のことだった。ナチス党の古いメンバー数人が命を落とし、相当な被害もでた。イギリスの秘密情報局が裏で糸を引いているのは疑いない。総統と私がこのニュースを知ったのは、二人ともすでに列車に乗ってベルリンに向かっている途中のことだ。総統の指示――これは命令だが――は、明日イギリス人情報部員に会ったならば、彼らを即座に拘束してドイツに連行してくることだ。オランダの国境を侵すことになるかもしれないが、総統は、そんなことは大した問題ではないと言われた。君の保護のために差し向けた親衛隊は……任務遂行を助けるであろう。すべてわかったか？』私は、『はい親衛隊長官、しかし……』と答えたが、『しかしとは言わせない』とヒムラーは荒々しく言い放った。『総統からの命令はこれだけだ――貴官はこの命令を遂行するのだ』『了解しました』と私は答えた。私は、この命令について議論するなど愚かなことだとわかっていた。」

銃を突き付けて誘拐

シェレンベルクは、命令に従った。ベストは、1950年に出版された本で、彼と仲間がフェンローの国境線を渡ったところにある一軒のカフェの外でドイツ人たちを待っていたときに何が起きたのかを語っている。

ペイン・ベストは次のように書いている。「前日までとは何かが違っているように感じた。そのとき、道路を横断して設置されていたドイツ側の柵が、昨日までは閉鎖されていたのに、今日は開いていることに気付いた。我々と敵を隔てるものは、何もないようだった。私は、危険が迫っているのではないかと強く感じた。しかし、そこは静かすぎるほどだった。目に入ったのは、制服を着用して我々のほうに道路をブラブラ歩いてくるドイツ人税関職員ひとりと、カフェの前の道路の真

上：ヒトラーとイタリアのファシスト党首ムッソ
リーニ。ムッソリーニは、1937年に国家指導者と
してドイツ第三帝国を訪問した際、ミュンヘンでヒ
トラーと行進を観閲した。二人の独裁者は、この3
年前にベネチアで最初に会っている。

ん中で大きな黒い犬とボール遊びをしている少女だけであった。」

「私は、車の速さを確認しなければならなかった。というのもクロップ（イギリス人情報部員に同行していたオランダ軍参謀本部の将校）が、『さあ行こう。万事うまくいっているぞ』と声をかけてきたからである。馬鹿げたことだが、私は自分が神経過敏になっていることに気付いた。私は車の左側に座り、カフェの前まで車をゆっくりと走らせ、それから車をバックさせて国境から一番離れた建物の横の駐車場に入れた。シェンメル（シェレンベルクの偽名）は角のポーチのところに立ってい

て、合図を送ってきた。それは、相手が店内にいる、という意味だと理解した。私はエンジンを止め、スティーブンスは右側から降りた。私の車は左ハンドルだった。」

「私は、邪魔なハンドルから這い出してスティーブンスの後に続こうとした。そのとき、突然叫び声と銃声が聞こえた。すぐに状況を確認したところ、屋根なしの大型車が角を曲がって現れ、私たちの車のバンパーに体当たりしてきたのが窓ガラス越しに見えた。その車には、乱暴そうな男たちが大勢乗り込んでいた。ボンネットの上には２人が腰掛け、我々の頭上に向かって短機関銃を乱

射していた。他の男たちは車内の踏み板の上に立ち尽くしていた。彼らは大声で叫び、拳銃を振り回していた。その車が停止するのとほぼ同時に、4人の男が飛び降り、我々に向かって『手を挙げろ!』と叫びながら駆け寄ってきた。」

「実際のところ、私は車からいつ降りたのか覚えていない。しかし、彼らが我々のところにやってきたときには、私は間違いなくスティーブンスの左隣に立っていた。スティーブンスが『ベスト、絶体絶命だ』と言った。我々はこの最後の言葉を5年間も交わすことになった。そして我々は捕らえられたのである。2人の男が我々の頭に銃を突き付け、他の2人がすぐに我々に手錠をかけた。」

「右後方から銃声が聞こえた。周りを見回すとオランダ軍将校が目に入った。彼は、開いたままになっていた車のドアに隠れて、逃げ出そうとしたに違いない。道路に向かって斜めに駆け出した。我われを捉えた連中に向かって発砲しながら、大規模な国境線の側道を走っていた。彼は両腕を伸ばして走っていたので、とても優雅に見えた——まるでバレエのダンサーであった。ドイツ人たちの車両の窓が砕け散ってキラキラと光るのが見えた。その後、我々の前に立っていた4人の男が発砲しはじめた。オランダ軍将校は、何歩か進んだ後に草地にばたりと倒れこみ、黒っぽい服の塊となった。」

「我々を捕まえた男たちが『よし、進め!』と怒鳴り、腰の部分に銃を突きつけて急かした。彼らは『さあ! さあ! さあ!』と叫び、国境に

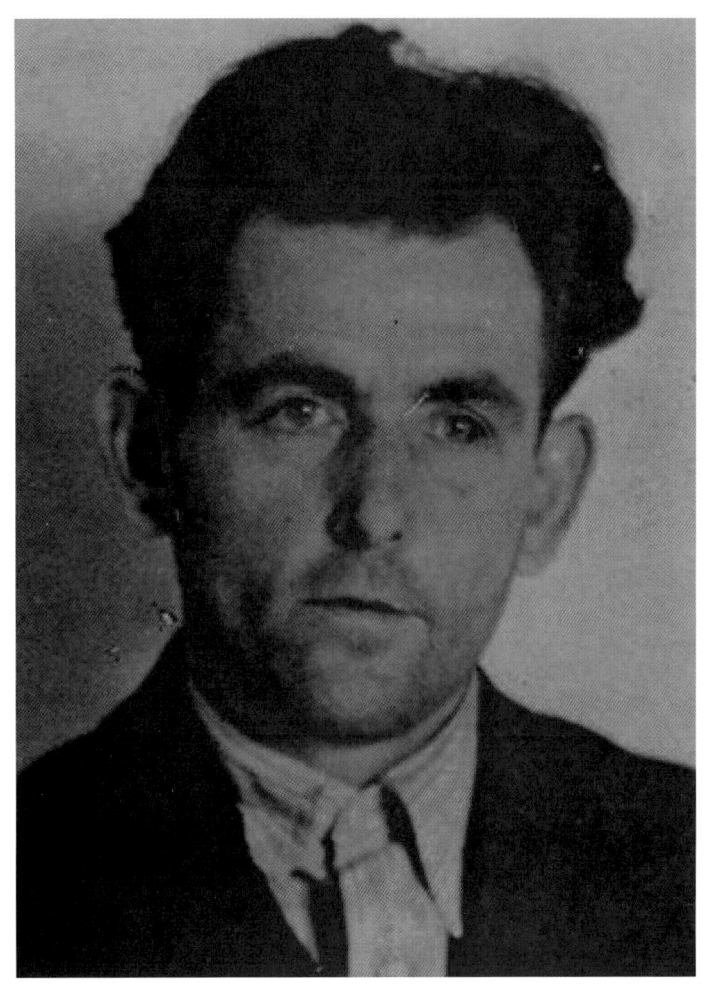

上：ゲオルグ・エルザー。ビアホール爆破事件の糸を引いていた大工。写真はゲシュタポが拘留していたときのもの。彼は単独犯であったが、ヒトラーやナチスは、イギリスの秘密情報機関が裏で操っていたと断言した。

前頁：ビアホールで、ヒトラー総統の到着を待つ満席の聴衆。1923年の一揆を祝う集まりは、戦争の最中であっても、総統が毎年参加する数少ない機会の一つであった。

向かう道を急ぐよう指示した。我々がカフェの前

を通過すると、ベスト大尉の車に同乗していたオランダ人ドライバーの憐れなヤンが2人の男に両脇を抱えられて無理やり歩かされているのが見えた。彼は、顎を殴られて血を流しているようだった。それから我々は、国境を越え、背後で白黒に塗られた柵が閉められた。そこはナチス・ドイツの領内であった。」

犯人逮捕

実は、ヒムラーがシェレンベルクに連絡を取る前の段階で、暗殺未遂事件の真犯人である36歳の大工ゲオルグ・エルザーは捕まっていた。彼は無口な男だった。爆破事件のあった夜、スイスに不法越境しようとしたところを国境警備隊に拘束された。警察官は、彼のナップサックの中に、爆弾の構造を描いたスケッチや数個の起爆信管、共産党の会員証、そしてミュンヘンのビアホールの絵葉書を見つけた。これらの品々は、爆破事件が起きていなかったとしても、犯罪を裏付ける証拠として十分なものばかりであった。実際に事件が起きた時点では、致命的であった。エルザーが国境で尋問を受けている最中に、警備隊に至急の通信文が届いた。すべての国境監視所に対して、ビアホール爆破事件の犯人を捜し出せという警報であった。

エルザーは、現地のゲシュタポに引き渡され、それからミュンヘンに連れ戻された。そこで彼は、ゲシュタポの責任者ハインリヒ・ミュラーから尋問を受けた。その後、ヒムラー自らが彼を取り調べた。エルザーは、断固として全て自分の意志にもとづいて行動したと主張したにもかかわらず、尋問を行なった者は誰一人として彼が単独犯であるとは信じなかった。彼は、自身が共産主義者の赤色戦線戦士同盟の元メンバーとして、ナチスとそれを象徴するあらゆるものをいかに嫌っているか、そしてどのような経緯で最終的に暗殺を企てるに至ったのかを説明した。彼は、計画を立て、爆弾を製造して設置するまでの数ヵ月間もの忍耐強い作業について、詳細に説明した。さらに

彼は、作業場で爆弾をもう1発製造しており、ゲシュタポは彼に爆弾処理を行なわせた。

ミュラーは、これがもっと大きな陰謀の一部であり、ベストとスティーブンスがこの暗殺未遂事件を裏で操っていたことをエルザーに認めさせようとしたが、この最大の目的は達成できなかった。ゲシュタポの責任者であるミュラーは、「この点に関して、あの男から何も引き出すことができなかった」とシェレンベルクに語っている。「奴は、固く口を閉ざすか、馬鹿げた嘘をつくだけだった。そして最後には、いつも最初の話に戻っていった。つまり、共産主義の支持者だった兄弟が拘束され、強制収容所に送られたことから自分はヒトラーを憎んでいる。複雑な構造の爆弾をいじるのが大好きで、ヒトラーの体がバラバラに引きちぎられるのを考えるのが好きだ。爆発物と信管は、ミュンヘンのカフェで匿名の友人から入手した、という話である。」

ヒムラーも同様に尋問に失敗した。彼はヒトラーに対して、「エルザーと、ベストとスティーブンスを結び付ける可能性は存在しない」と釈明した。「イギリス情報機関が別の手段を経由してエルザーとつながっている可能性は否定できない」と親衛隊長官は続けた。「エルザーは、名も知らない二人の男とつながっていたことは認めている。しかし、我々の知らない政治グループと接触があったかどうかは……彼らは共産主義者かもしれないし、イギリス秘密情報機関のスパイかもしれないし、黒色戦線（革命的国家社会主義戦闘集団、元ナチス党員で亡命中のオットー・シュトラッサー率いる反政府団体）のメンバーかもしれない。エルザーの自供以外には、証拠は一つしかなかった。我われの技術者が事実を確認したことだが、爆弾に用いられていた爆発物と信管は、ドイツ国外で作られたものだということであった。」

総統は納得いかなかった。ドイツ国家保安本部長のラインハルト・ハイドリヒに対して、「ありとあらゆる手段を駆使して、この犯罪者を誘導して自白させよ」と命じた。「催眠術を使え、自白

上：1945年にドイツが降伏した直後、ダッハウ強制収容所の門で警備を行なうアメリカ軍部隊。エルザーは、ザクセンハウゼンの独房に数年間監禁された後、1945年4月にダッハウで処刑された。

剤を与えよ——この分野で近代科学が生み出したあらゆる手段を使え。私が知りたいのは、誰が扇動者なのか、誰がこの事件を支援しているのか、ということである。」ハイドリヒは、ヒトラーの命令を忠実に実行した。エルザーには最も新しい自白剤であるペルビチンが大量に投与され、ドイツで最も優れた4人の催眠術師によって催眠術が施された。それでも彼は、強情に最初の話を続けるだけであった。

ダッハウでの死

最終的には、ゲシュタポですら尋問の失敗を認めざるを得なかった。エルザーは、ザクセンハウゼン強制収容所に送られ、そのまま第2次世界大戦が終わる1ヵ月前まで独房に監禁された。それからダッハウに移送され、処刑された。偶然にも、イギリス情報部員のベストとスティーブンスも同じ収容所に監禁されていた。二人は生き残り、連合軍により解放された。

明らかにエルザーを援助したと思われる二人の男の正体は、一度も突き止められなかった。第2次世界大戦後、元ドイツ国防軍の将軍であり、ニュルンベルク裁判に証拠を提出したゲオルグ・トーマスですら次のような主張をしている。すなわち、ナチスが自らこの爆破事件を演出したのであり、その目的は、高い地位にありながら戦争に反対する反体制派を、政権が厳しく弾圧する口実を設けることにあった。しかし、真実が完全に明らかになることは、ほぼ間違いなくないであろう。

第2章
スカパ・フロー軍港の 幽霊スパイ

ギュンター・プリーン大尉が艦長を務めるドイツ潜水艦〈U-47〉は、1939年10月13日の夜、オークニー諸島に存在するイギリス海軍の主力基地スカパ・フロー軍港に侵入した。そしてイギリス戦艦〈ロイヤル・オーク〉を撃沈した。ベルリンは歓喜に包まれ、ドイツ海軍本部では驚愕をもって迎えられた。この撃沈事件は、イギリス海軍に重大な問題を投げかけた。難攻不落と信じられてきたスカパ・フロー軍港の防御網をどうやってUボートが一隻で突破できたのか？ イギリス海軍も地に落ちたのか、それともスパイの仕業だったのか？

上：第1次世界大戦中にホクサ岬に建設されたバルフォー砲台跡。スカパ・フロー軍港とカークウォール湾に近づく船を監視するために作られた19ヵ所の海岸砲台の一つ。水上攻撃から艦隊を守るためのものであり、一度も実戦で使われたことはなかった。

前頁：イギリス海軍リベンジ級戦艦〈ロイヤル・オーク〉。1916年のユトランド沖海戦で初めて実戦に参加した。最高20ノット（時速37キロ）以下であったため、第2次世界大戦が始まった1939年の時点で時代遅れになっていた。スカパ・フロー軍港に停泊中であった10月14日にUボートによって撃沈され、乗組員1,208名中833名が即死もしくは戦病死した。

べ ルリンを拠点とするアメリカ人ジャーナリストのウィリアム・シャイラーは、戦艦〈ロイヤル・オーク〉撃沈というニュースが流れたとき、イギリス国民とドイツ国民がどのような感情を持ったのかをまとめている。彼の日記には「ドイツのUボートがイギリス戦艦〈ロイヤル・オーク〉を撃沈した場所は、イギリス最大の海軍基地、スカパ・フローに他ならなかった」と記している。「とても信じられないことである。昨晩、第1次世界大戦当時に潜水艦の艦長だった者から聞いた話では、第1次世界大戦中、スカパ・フローにUボートを二度侵入させようとしたが、いずれも失敗してUボートは失われた。」

シャイラーは、急遽開催された記者会見会場に、意外にもプリーン艦長が現れたことについても書いている。「Uボートの艦長プリーン大尉が、本日午後の宣伝省の記者会見に出席した。そして若い乗組員——18歳、19歳、そして20歳——も連れて来ていた」と日記に記している。「プリーンは30歳。身だしなみはきちんとしている。うぬぼれが強く、熱狂的なナチス支持者であった。有能であることは間違いない。ヒトラーの報道責任者であったディートリヒ

博士がプリーンを紹介した。ディートリヒは、イギリス人に悪態をつき、チャーチルをうそつき呼ばわりした人物である。プリーンは、スカパ・フローでの行動について、あまり多くは語らなかった。湾の入り口に設置された侵入防御網は、難なくすり抜けられたと言った。彼は、それを立証することは何も言わなかったが、私が受けた印象としては、イギリスの艦艇、おそらく掃海艇の後をつけて港に入ったに違いない。」シャイラーは、「イギリスは、不注意によってこのような重大な事態を招いたに違いない」と結論付けている。

イギリスの不手際
シャイラーは、このとき自分が知っていたこと以上に、真実に近づいていた。スカパ・フローの防御体制は老朽化しており、難攻不落というには程遠かった。湾の主進入水路を防御するために設置された古い金属製の防御網は腐食し、錆び、あるいは壊れていた。戦争の勃発とともに海軍大臣と

して海軍に戻ってきたウィンストン・チャーチルは、これらの場所には「適切な防護網が設置されていない」として、新しい防護網を設置すること、および港口閉塞船をもっと多く沈めることを認めた緊急命令を発した。しかし10月中旬になっても、全く何も行なわれなかった。チャーチルは、対潜水艦防御網の改善に必要な工事を命じたが、それが始まったのは〈ロイヤル・オーク〉が沈められた後のことであり、しかも完成まで2年を要したのである。

それだけではなかった。1938年の海洋調査により、次のことが明らかになった。ホルム水道の一部で、軍港への重要な接近航路の一つであるカーク水道には、幅約100〜130メートルの深い海溝があった。翌3月、海軍本部は古くなった商船一隻を閉塞船として沈めるよう命じた。しかし沈めたちょうど2ヵ月後、再度の海洋調査でこの海峡はまだ航行可能であることが明らかになった。オークニー・シェトランド方面海軍司令官のサー・ウ

ィルフレッド・フレンチ提督は
これを認め、凪になれば、潜水
艦や駆逐艦が容易に通行可能で
あると警告した。このとき海軍
本部は、フレンチの懸念を無視
した。実際、〈ロイヤル・オー
ク〉が沈められた後、海軍本部
は海洋調査の結果とフレンチ
の報告を全力で隠蔽したのであ
る。

デーニッツ提督の準備

イギリス海軍本部は、ドイツが
スカパ・フロー軍港の防御の実
状と軍港の中心部へ通じる水路
が1ヵ所あるという事実を知ら
ないと思い続けていた。だがイ
ギリスにとって不幸なことに、
ドイツ人たちは知っていた。
10月1日、ヒトラーのUボート
艦隊司令官カール・デーニッツ
代将は、Uボート艦長のプリー
ン大尉をキール港に停泊中の補
給艦上に呼び出した。デーニッ
ツは、プリーンが熟練かつ大胆
不敵な艦長であることを知って

上：チャーチルが構築させた侵入障害施設の一つから見たスカパ・フロー軍港。こ
の障害施設は、投錨地の東側につながる狭い海峡を防御するために作られた。

前頁：アイスランド南東で護衛任務中に〈U-47潜水艦〉を撃沈したとされている
コルベット艦〈カメリア〉。

おり、特別作戦「P」の実行をプリーンに託すこと
に決めた。この作戦は、第2次世界大戦中のドイ
ツ海軍の任務の中で、最も大胆さを求められるも
のであった。

　デーニッツは、長い間、この危険な冒険につい
て計画を練っていた。そしてあらゆる資料をプリ
ーンに渡し、研究させた。早くも9月6日にドイ
ツ空軍が撮影した空中偵察写真に映し出されてい
たのは、対潜防御網を設置して投錨中のイギリス
海軍本国艦隊の全艦艇と、湾への7ヵ所の湾口を
事実上塞いでいた閉塞船のようであった。カーク
水道では、イギリスが3隻の閉塞船を沈めてい
た。しかし、満潮の後であれば、隣接する閉塞船
同士の間は広がり、Uボートがジグザグで進むには
十分な水路が生まれた。それでも、熟練した操船
技術が必要であった。デーニッツが湾口を偵察す

るために送り込んだあるUボートは、10ノット（時
速約18キロ）の速い潮流に遭遇した。夜間はもちろ
ん、昼間であっても航行は難しかった。それでも
デーニッツの結論は、「潮流の変わり目に水上を
航行すれば、この場所（カーク水道）を遠慮なく
突破することはできるだろう」ということであっ
た。

　プリーンは、その夜帰宅してから、デーニッツ
から受け取った膨大な情報を評価した。「私は、
数学の計算プログラムのように、すべての資料に
目を通した」と後に記している。翌日、プリーン
は、再びデーニッツ提督のところに出頭した。デ
ーニッツは机に向かっていた。「提督は私の敬礼
に応答しなかった。敬礼など全く気にしていない
ようであった。提督は、私をじっと見つめ、それ
から『イエスか、ノーか？』と聞いてきた。」

プリーンは、「イエスです。提督」と簡潔に答えた。デーニッツは立ち上がって握手を求め、「よろしい。貴艦の出港準備をしたまえ」と言った。10月8日、〈U-47潜水艦〉はキール軍港を出航した。

「魚雷発射！」

プリーンのUボートは、閉塞船が沈められていたために通行不可能と思われていたカーク水道を、北側に迂回することでうまく通り抜けた。スカパ・フロー軍港に侵入したのは、10月13日の深夜過ぎであった。浮上したまま西に進路をとって入江を横切り、投錨中の主力艦隊に向かった。プリーンは、そこがもぬけの殻であることを知って驚いた。Uボートを旋回させて入江の北東隅に進路を向けた。その場所で、二つの目標を捉えた。そのうちの一つが〈ロイヤル・オーク〉で、錨を降ろして穏やかに停泊していた。もう1隻は、巡洋艦〈レパルス〉のように見えたが、実際は水上機母艦であった。

プリーンは、静まり返った戦艦に向けて魚雷の一斉発射を行ない、1発が命中した。次の一斉発射は命中しなかった。その後、潜水艦を移動させて3度目の一斉発射を行なった。これが決定打となった。3発の魚雷は、全て命中した。激しい爆発が起こり、致命傷を負った〈ロイヤル・オーク〉は、またたく間に沈みはじめた。この事件の後、宣伝省のゴースト・ライターの助けを借りて、プリーンは自分が目撃したことをいきいきと回想している。「空に向かって炎の壁が上がった。それはまるで、海が突然吹き上がり、落ちてきたようであった。戦闘中の集中砲火のように、ものすごい爆発音が次から次へと起こり、それが合体して耳をつんざくような強烈な一つの爆発になった。空に向かって、青、黄、赤の炎が湧き上がった。この爆発の地獄絵図の裏では、空は完全に消滅していた。巨大な鳥のような黒い影が炎を通して膨れ上がり、シューっと音を立てながら海面に向かって落ち、水しぶきを上げた。マストや煙突など、多数の破片が落下した海面に多くの噴水が発生し、数メートルの高さになった。我々の魚雷は、弾薬庫に命中したようであり、この極め

て危険な積荷によって自らの船体がばらばらに引きちぎられた。それはまるで地獄の門が突然開き、火を噴くかまどを覗き込んでいるようであった。」

プリーンは、母港への帰還を決断した。再びカーク水道では、閉塞船の南側の間隙を利用した。今度は引き潮のために、〈U-47〉は10ノット（時速約18キロ）の激しい潮流と格闘しなければならなかった。しかし最終的には、比較的安全な公海までたどり着いた。プリーンと乗組員は、10月17日朝に無事ヴィルヘルムスハーフェン基地に到着した。彼らはすぐに飛行機でキール軍港まで移動し、今や海軍少将に昇任していたデーニッツやドイツ海軍総司令官のエーリヒ・レーダー提督の歓迎を受けた。彼らは、ヒトラー総統から直接勲章を授かるために、キールからベルリンに飛んだ。

スケープゴート探し

〈ロイヤル・オーク〉が撃沈されたというニュースがイギリス海軍本部から発表されるや否や、スケープゴート探し（責任転嫁）が始まった。例をあげると、プリーンの最初の魚雷が〈ロイヤル・オーク〉に命中したとき、どうやら乗組員たちは攻撃を受けていることを理解できなかったようだが、それはなぜだったのか？　多数の乗組員は、その爆発が内部からのものであり、船の消火チームで十分に対処できると思い込んでいたようである。多くの舷窓が一度も閉められることなく開けたままであり、その結果、〈ロイヤル・オーク〉が傾きはじめたときに、それらの窓から海水が何の抵抗もなく流れ込んできたのである。防水隔壁のドアを閉めるよう命じた者は一人もいなかった。とりわけ、正式な退艦命令は一度も発せられなかった。〈ロイヤル・オーク〉の1,208名の乗組員のうち、833名が船とともに消えた。死亡者の内の120名は少年水夫であり、年齢は14歳から18歳であった。彼らは全員、海軍での最初の配置先とし

右：ドイツ海軍潜水艦隊司令官のカール・デーニッツ提督。彼は自ら作戦を練って、〈ロイヤル・オーク〉に対する魚雷攻撃を成功させた。

上：侵入障害施設チャーチル1は、カーク水道を封鎖するために建設されたが、時機を失していた。〈U-47〉艦長ギュンター・プリーン大尉は、スカパ・フローへの侵入時に利用し、〈ロイヤル・オーク〉に魚雷攻撃を行なった後は、ここから外海へと去っていった。

次頁：プリーンも仲間のUボート艦長たちと同じように、魚雷を発射する場合は、潜行した状態よりも浮上した状態を好んだ。写真のUボートは大西洋で航空機からの攻撃を受けている最中だが、彼はこのようなUボートとは違い、どうにか探知されることなくスカパ・フローに侵入し、そして脱出した。

て、この戦艦に送り込まれていたのである。

　第2戦艦戦隊司令官ヘンリー・ブラグローブ少将を非難しようとしても、無駄であった——彼は船と一緒に沈んでしまったのである。ウィリアム・ベン艦長や乗組み士官たちは、査問委員会により無実が証明された。ベン艦長は、その後少将に昇任した。フレンチ提督は、それほど幸運ではなかった。査問委員会は、フレンチ提督に対し、スカパ・フロー軍港の防御がひどい状態にあり、しかも〈ロイヤル・オーク〉が沈没した後、そこにいたプリーン艦長の潜水艦への対応が遅かった、と非難された。フレンチ提督は退役を余儀なくされた。イギリスの軍情報部第5課（MI5）も非難された。海軍本部は、ドイツの秘密諜報員がオークニー諸島に忍び込み、プリーン艦長のUボートが攻撃目標まで到達できるよう情報を提供していたはずだと確信していた。MI5の調査官が大挙してオークニー諸島に押し寄せ、姿をくらませたナチスのスパイを探し出そうとした。この捜索は、失敗に終わった。MI5の責任者であったバーノン・ケル少将は、この失敗の代償を支払わされた。彼を処分する口実として、〈ロイヤル・オーク〉の沈没にまつわる不可解な出来事が利用された。彼も辞職を余儀なくされた。

スカパ・フローのスパイ

1942年春、当時アメリカで最も人気のある雑誌の一つ『サタデー・イブニング・ポスト』が、センセーショナルな記事を掲載した。それは、スカパ・フローの惨劇全体にスポットライトを当てていた。デーニッツが、スカパ・フローの防御の実態に関する情報をどのように得たのかという疑問に対して、それまで答えは見つかっていなかった。記事には、アルフレート・ヴェーリンク大尉を特定したことにより、その疑問が解き明かされたと書かれていた。ヴェーリンクは、第1次世界大戦時にドイツ帝国海軍の士官であり、ヴィルヘルム・カナリス提督に仕えていた。その後、カナリス提督はドイツ国防軍情報部（アプヴェーア）の責任者となり、スカパ・フローでのスパイ活動を統括していた、というのである。

　『ポスト』誌によれば、ヴェーリンクは、第1次世界大戦の終戦後に海軍を離れ、スイスに居を構えた。彼は、ドイツ諜報機関の指示を受け、スイスで宝石と時計の職人になるための教育を受けた。1927年、彼はスイス国籍のパスポートを携えてイギリスにわたり、アルバート・エルテルという名前を使って4年後にイギリスの市民権を得た。市民権を得てすぐに、オークニー諸島のカークウォールに小さな宝石店を開いた。もちろん彼の主な仕事は、スカパ・フロー軍港のすぐ近くに住み着き、イギリス海軍の活動をスパイすることであった。

　ヴェーリンクが最も重大で大胆なスパイ行為を行なったのは、1939年の夏の終わりのことであった、と『ポスト』誌は伝えている。スカパ・フロー軍港の防御状態に関する詳細な情報を、信号でドイツの諜報機関に伝えたのである。その情報には、計り知れないほど重大なニュースが含まれていた。それは、軍港の東側からの接近航路は、対潜水艦用防御網で封鎖されていないだけではなく、設置された閉塞船の間隔も比較的広い、というものであった。デーニッツが特別作戦「P」を練り上げ、プリーン艦長に攻撃計画実行の指示を与える根拠となったのは、このきわめて重要な情報であった。

　これが全てではなかった。再び『ポスト』誌——そしてようやく1959年の『コロネット』誌で再び取り上げられた——によると、ヴェーリンクがスカパ・フロー突入前の〈U-47潜水艦〉に乗り込み、攻撃航行中にプリーン艦長の水先案内および右腕として活躍したというのである。この話は、第2次世界大戦後、ヴァルター・シェレンベルクが死ぬ直前に口述した回想録でもくり返されている。シェレンベルクによれば、ヴェーリンクの業績は、「長期にわたる準備作業を知的に計画することがいかに重要であるか——そして、それが最終的にどれほどの利益をもたらすか」を十二分に実証したことにあった。「この戦艦が沈むのに15分はかからなかった。しかし、アルフレート・ヴェーリンクが15年間にわたって実行した忍耐強く困難な仕事は、任務がずば抜けた成功を収めるための必要不可欠な土台であった。」1940年6月に強制的に退役させられたバーノン・ケルも、ドイツ人スパイの存在について同じ考えを持って

上：ドイツに凱旋した後に撮影された〈U-47〉艦長ギュンター・プリーン大尉。〈ロイヤル・オーク〉を撃沈したことで、国民的英雄となった。

いた。「ドイツ人たちは、一人のスパイによって最新の情報を入手していた」というのが彼の見解であった。

事実なのか幻想なのか

ドイツ人スパイの件は、印象深い物語であったが、残念ながらほとんど作り話であった。この記事の元々の執筆者であるカート・レイスは、亡命した新聞記者で、『サタデー・イブニング・ポスト』誌に奇抜な記事を書いていたが、情報源については決して明かさなかった。プリーンは、乗艦していた〈U-47潜水艦〉が1941年3月にイギリスの駆逐艦に撃沈されたときに戦死した。ヴィルヘルム・カナリスは、1944年7月のヒトラー総統爆殺未遂事件に関与したとして、1945年4月9日にフロッセンビュルクの強制収容所で処刑された。シェレンベルクの回顧録が出版されたのは、死後のことであった。カール・デーニッツは海軍元帥まで昇進し、レーダー提督の後を継いでドイツ海軍総司令官となった。そしてヒトラーが自決した後、総統の地位に就いた。戦争犯罪により禁固10年の判決が下され、1956年に解放されると、1980年に死去するまで隠居生活を送った。彼の自伝では、スカパ・フローのスパイについて、何も触れられていない。

　この点に関しては、ジャーナリストらが戦後にオークニー諸島で調査を行なっているが、ヴェーリンクがまるまる12年間も島に住んでいたことについて、知っている者はおろか、見かけたことがあるという人物すら、1人も見つけられなかった。カークウォールで一番の商人が、次のような証言をしている。「最大限の自信を持って保証するが、いずれの時期においても、カークウォールにアルバート・エルテルという名前の時計職人がいたことはない。あるいは、その謎めいた『カー

クウォールのスパイ時計職人』とおぼしき人物と取引などで接点のあった者もいない。私の紛れもない結論としては、そのような人物は決して存在せず、ジャーナリストたちのでっち上げにすぎない。」ドイツ海軍とのドイツ諜報機関の記録文書を確認してみても、アルフレート・ヴェーリンクという大尉——もしくは、アルバート・エルテルという人物——については全く触れられていない。

　オークニー諸島にドイツのスパイが住んでいなかったとするならば、デーニッツはどのような情報源を根拠にして攻撃を決断したというのか？
　その答えは、実存するスパイ——アプヴェーアの海軍情報部門の責任者であるヘルマン・メンツェル中佐配下の秘密情報員——の関与にあった。1939年8月、メンツェルは、最も頭の切れる部下のスパイに、オークニー諸島への旅行を手配した。彼はホルスト・カール大尉といい、輸送船〈テーセウス〉の船長であると同時に、アプヴェーアの二重スパイであった。カール大尉は、スカパ・フロー軍港の防御に関する詳細な情報を携えて帰国した。それらの情報は、自らの観察やカークウォールでの話題の聞き取りから入手したものであった。

　これに加え、〈U-14潜水艦〉艦長のホルスト・ヴェルナー大尉が持ち帰った情報もあった。ヴェルナーは第2次世界大戦勃発直後、スカパ・フロー軍港への接近航路を偵察するために派遣されていた。ヴェルナーが発見したのは、イギリスがホクサ水道とスウィザ水道を上手く封鎖していたにもかかわらず、カーク水道は比較的障害物が少ないということであった。プリーン艦長が、スカパ・フローに侵入して命がけの攻撃を行なうために注意深く進んだ航路が、カーク水道であった。

第3章

もしチャーチルでなかりせば

イギリスにとって、1940年5月8日は、第2次世界大戦での決定的な一日であった。イギリスの参戦に関する2日間にわたる議論の最終段階で、イギリス庶民院における政府側の得票数差は、213票から81票へと激減した。33名の保守党議員が反対し、60名が棄権した。ネヴィル・チェンバレンがもはや首相を続けられないのは明らかであった。問題は、誰がチェンバレンの後任者になれるか——あるいは、なるべきか——であった。

その瞬間が訪れたときのチェンバレンの没落は、あっという間であった。それはまた、予想外でもあった。1940年4月、彼は保守党の集まりで自信たっぷりに語っていた。「戦争が始まってから7ヵ月が過ぎたが、私は当初より10倍も勝利を確信している。」彼は、熱狂的な聴衆に向かって、連合軍がナチスを敗北させると確信できる理由を語りかけた。「一つだけ確かなことがある。それは、ヒトラーがバスに乗り遅れたということである」というのがチェンバレンの結論であった。

このような分別のない言葉は、後々あだとなって彼を悩ませた。チェンバレンは知らなかったが、ヒトラーとドイツ国防軍はデンマークとノルウェー侵攻の態勢を整えていた。アメリ

上：イギリス派遣部隊が1939年9月にパリを行進している様子。

左：ネヴィル・チェンバレン。第2次世界大戦勃発時の首相であり、1940年5月に退任に追い込まれた。

カ上院議員のウィリアム・ボーラが名付けた「まやかし戦争」は、間もなく終わろうとしていた。チェンバレンの首相の任期も、それと同時に終わった。5月7日、ノルウェーで連合軍部隊が短期間の壊滅的な作戦を行なった後に全力で撤退すると、チェンバレンは、参戦の賛否について庶民院での議論に直面した。

「神に誓って、前へ進め」

庶民院は満席だった。ハロルド・ニコルソンは外交官出身であったが、その頃には有名な作家であり、ブロードキャスターであり、そして労働党の議員となっており、この時の庶民院での状況を書き残している。「議場は議員であふれていた。チェンバレンが入場してくると、『バスに乗り遅れるな！』という大声が聞こえ、彼はそれに笑顔で応じていた。演説は非常に弱々しく、拍手を送ったのはイエスマンたちだけであった。チェンバレンは国家の自己満足について触れたが、議場全体に騒々しい皮肉な歓声が上がると、女性っぽい小さな仕草で苛立ちを表わす羽目になった。」

続けてニコルソンは、その日の残りの議論について自分の考えを述べている。「アトリー（クレメント・アトリー、野党党首）が説得力のない演説を行ない、それからアーチー・シンクレア（アーチボルド・シンクレア卿、自由党党首）が素晴らしい演

説を行なった。アーチーが着席すると、多くの議員が立ち上がり、議長はページ・クロフトに演説を指名した。これに対して自由党側から大きなうめき声が上がり、ほとんどが席から体を起こして議場から出て行ってしまった。クロフトの後がウェッジウッドであった。彼の演説には、彼が発言してはならないあらゆることが含まれていた。彼は、やや頭がおかしいのではないかという印象を与えた。ある時には、イギリス海軍は爆撃を受ける恐れがあるためアレクサンドリアに行ってしまった、とほのめかした。」

このウェッジウッドの演説は挑発的であり、参戦に関する2日間の議論にとって初めての激しい干渉となった。ニコルソンの記録では、「ウェッジウッドが着席すると、キース（サー・ロジャー・キース提督）が立ち上がり、ウェッジウッドの意見を引用し、それを『いまいましい侮辱』であると言いながら演説を始めた。議長は、議会の慣例に反する言葉を使ったキースに対して静粛を命じることはなかったので、議場全体が爆笑に包まれた。特にロイド・ジョージは、体を前後に揺さぶりながら、口を大きく開けて少年のように笑っていた。それからキースは自分の原稿に戻り、ナルヴィクでの海軍の行動と海軍参謀本部に対して、無条件に辛辣な攻撃を加えた……この演説は、私が聞いた中でも群を抜いて最も印象的なものであり、キースが席に戻ると、割れんばかりの拍手が送られた。」

その日の夕方に行なわれたレオ・エイメリーの演説は、さらに力強いものであった。彼は元閣僚であり、今では最も有名な保守系議員であった。ノルウェー作戦における対応の過ちだけではなく、政府の自己満足全体に攻撃の矛先を向けた。「我々は現状のままで前へ進むことはできない。変化が必要である」と険しい表情で語った。彼は、演説を始めたときと同じように、劇的に締めくくった。「これは、1640年の長期国会に対してクロムウェルが語ったことである。彼は、もはや議会は国政を司るにふさわしくない、と考えた。諸君らは役に立つことをやってきたとしても、ここに長く座りすぎている。我々はここから出発

し、一緒に成し遂げようではないか。神の名のもとに、前へ進もう！」

運命的な採決

戦いが始まった。議論は翌日まで続き、それは苦にがしい結論に向かっての戦いとなった。野党労働党の副党首ハーバート・モリソンが、労働党は議会の一時休会の動議について採決を要求する、という声明により口火を切った。これは、問責決議も同然であった。モリソンの結びの言葉は、それが彼の念頭にあることを明らかにするものであった。「もし議員たちが職場に留まるのであれば、我々はこの戦争に敗れるという重大な危険を冒すことになる」と断言した。

モリソンが着席するや否やチェンバレンがさっと立ち上がり、答弁を行なった。首相は明らかに怒っていた。「私は、批判から逃れるつもりはない。しかし、この批判は議会内の友人たちに向けられている、と言いたい——議会には私の友人たちがいる。国民と議会の支援なしに、効果的に戦争を遂行することのできる政府など存在しない。私はこの挑戦に応じるし、実のところ、歓迎しているのだ。少なくとも、誰が我々の味方で、誰が我々の敵なのかを見極めることはできた。そして私は今晩、議会のロビーで、我々を助けてくれる友人たちに声をかけていく」と声を荒げた。

この訴えは期待外れに終わった。多くの国会議員は、この問題は戦争の結果を左右するものであり、個人的な友情に訴える時間はない、と感じていたからである。アルフレッド・ダフ・クーパーは、チェンバレン内閣の海軍大臣であったが、ミュンヘン協定に抗議して大臣を辞任した。クーパーはチェンバレン首相に対して、自分個人としては政府に反対票を投じるだろう、と答えた。自由党のベテラン政治家であり、第1次世界大戦でイギリスを勝利に導いたデビッド・ロイド・ジョージは、もっと辛辣であった。彼とチェンバレンは長年にわたって犬猿の仲であり、窮地に立たされた首相に対して、今やロイド・ジョージが復讐を果たすチャンスであった。

ロイド・ジョージが言うには、チェンバレン

右：古びたイギリス庶民院の議場。1941年のドイツによるロンドン空襲で破壊される以前のもの。残りの戦争期間中、議会はどこか別の場所で開催せざるを得なかった。

は、「平時と戦時の恐るべき敵に遭遇した。彼は、常に敗者であった。彼は、友情を理由に訴える立場にはない。彼は、犠牲を求めて訴えているのである。イギリスは、国家に指導力がある限り、政府が何を目的としているのかを明確に示す限り、そして指導者たちが最善を尽くしていると国家が自負している限り、あらゆる犠牲を払う覚悟がある。私が心から言いたいのは、首相が犠牲の模範を示すべきである、ということである。というのも、この戦争において勝利に貢献できるのは、首相が自らの職を犠牲にすること以外にないからである。」

投票の時がやってくると、それは過去に行なわれたあらゆる投票に負けないぐらい劇的であった。採決が叫ばれると、国会議員たちは議場からぞろぞろと退場し、それぞれの控え室に入っていった。チェンバレンの支持者たちは「反対者たち」の控え室に向かうと、保守党の反逆者に対して「売国奴」、「裏切り者」と野次を飛ばした。一方で反対した者たちは、「イエスマンたち」という嘲りで応酬した。中にはきわめて感情的な者もいた。ダフ・クーパーは、「長い間チェンバレンを熱烈に支持していた一人の若い将校が、制服を着用したまま、頬に涙を流しながら反対派の控え室を通っていく」のを目撃している。クーパーとエイメリーに、さらに政府に反対票を投じた二人の元大臣が加わった——ウィンタートン卿とレスリー・ホア＝ベリシャである。

「統べよ、ブリタニア！」

午後11時過ぎに、投票集計係が議長に投票結果を報告するために、議場に戻ってきた。保守党の主院内幹事であったデビッド・マーゲッソン大尉が右側に立ち、政府側が勝ったことを示した。重要な問題は、過半数側の票数差である。最初にマーゲッソンが、次に議長がゆっくりと投票結果を読み上げた。「賛成が281票、反対が200票」であった。

はっと息をのむ声が聞こえた。突然大混乱が起きた。通常は200票を上回る政府側の過半数が、わずか81票まで切り込まれたのである。反対派は声をそろえて「辞任」を叫び、一方で着席していた政府側支持者たちは衝撃を受け、長椅子の上で呆然としていた。41人の保守党議員が自分たちのリーダーに反対票を投じ、さらに88人が意図的に

棄権するか、もしくは何らかの理由により投票しなかったのである。保守党の一般議員の5人に1人が反感を抱いていることは明らかであった。ニコルソンは、次のように記している。「この数字は、ジョス・ウェッジウッドが『統べよ、ブリタニア』（保守党の長椅子からハロルド・マクミランも不安そうな合唱で加わった）と歌いはじめると、激しい示威行為に見舞われた。歌は、『進め、進め、進め、進め！』という叫びにかき消された。」ヘンリー・チップス・シャノンは、忠誠心の厚いチェンバレン支持者であり、チェンバレンのすぐ後ろの席に座って、議論に時間を費やしていた。シャノンは、「チェンバレンの周囲に親愛の雰囲気が生まれる」ことを期待していた。彼の日記には、首相が「この悪い数字に驚いている様子であった」と残されていた。同情的な議会担当記者は、「退場していくときの彼（チェンバレン）の表情は驚きあふれ、痛々しいほど打ちひしがれた人間になっていた」と書いている。

後継者探し

投票結果が発表された直後、マーゲッソンと仲間の院内幹事らは、不安に満ちた面持ちで秘密の協議を行なった。チェンバレン首相は、命運が尽きたのか？ 後方席の野党は、チェンバレンが首相を続投することについて、どの程度意見がまとまっているのだろうか？ 院内幹事たちは、チェンバレンが、最も人気のないサミュエル・ホア卿とジョン・サイモン卿という2人の閣僚を生贄に差し出すことに合意するだろうと確信し、それによって反対派のリーダーを何人か買収しようとした。他の者たちも、チェンバレンが間違いなく留任できるよう構想や策略を企てていた。彼らの中で最も目立っていたのは、チェンバレンの議会担当私設秘書のダグラス・シャノン卿と、普段はラブと呼ばれていたR・A・バトラーであった。バ

トラーは外務省の担当次官であった。チェンバレンの立場は、曖昧であった。当初は、辞任しようとしているかのように見えた。そして5月10日、ヒトラーの軍隊が西ヨーロッパで攻撃を開始すると、まるで思い直したかのように見えた。国王ジョージ6世以下誰もが、チェンバレン首相がどんな行動を起こすのか、見守るしかなかった。

チェンバレンの後継として出番を待っている者は、2人いた。外務大臣のハリファックス卿とウィンストン・チャーチルであった。チャーチルは、第2次世界大戦が始まったときに、チェンバレンによって、数年間の野党暮らしから海軍大臣に呼び戻されていたのである。ハリファックスは、疑う余地のない本命候補として動きはじめていた。彼は、国王や保守党の大半の議員、ほとんどの報道機関、そしてチェンバレン自身の支持を得ていた。チェンバレン首相は、ハリファックスとチャーチルを召喚した。チェンバレンがチャーチルに対して、同僚であるハリファックスが首相になるべきではないという理由はあるのか、と尋ねた。チャーチルは、窓の外を眺めたまま何も答えなかった。この沈黙を破ったのはハリファックスであった。彼は貴族院の一員として、自分は「おそらく、実際に起きている出来事の傍らにいながら、ある種の薄明かりの中で肩書だけの首相になることはできるだろう。しかしチャーチルは、この注目すべき時期に望ましい資質を持っている。」こうして、ハリファックスは首相の座を断ったのである。

労働党の首脳たちはボーンマスで開催されていた党の会議で相談中であったため、彼らが新しい政府に仕えるかどうか決心するまで、待つことに決めた。5月10日の午後遅く、労働党のクレメント・アトリーが電話で自分たちの決定事項を伝えてきた。彼は、労働党が連立に加わる準備ができていることを確証した——ただし、それはチェンバレン以外の首相に対してだけであった。チェンバレンは、1時間もたたないうちに辞任した。国王は、職を辞したチェンバレン首相の推薦を受けてチャーチルを呼び寄せた。

左：ハリファックス卿。チェンバレン内閣の外務大臣であり、権力層からは次期首相候補として期待されていた。彼は、貴族院議員が首相になることは不可能であろうと言い、このチャンスを拒否した。

右：フランスに向けて乗船準備中のイギリス軍部隊。数ヵ月間の「まやかし戦争」の後、ナチスの電撃戦の勢いのために、すぐにベルギーから駆逐され、ダンケルクまで後退した。

忍耐から受容へ

チャーチルの戦後の回想録では、首相に指名されたときの個人的な反応が鮮やかに描かれている。彼が「深い安堵感の意識」をもって寝床に就いたのは夜中の3時頃で、ようやく「全体に対して方向性を与える権限」を得たと記録されている。続けて、「私はまるで運命と共に歩んでいるように感じた。これまでの全ての人生は、この瞬間とこの試練のための予行にすぎなかった」と述べている。

事実、チャーチルは不戦勝で首相になった。グリース・ポール（油を塗った木の棒で、上まで登れるかどうかを争うためのもの）の頂点に到達でき

たのは、ハリファックスが首相職を辞退したからに他ならない。多くの保守党議員は、チャーチルに不信感を持っていたし、首相就任を快く思っていなかった。バッキンガム宮殿で国王の手にキスをしている最中にも、シャノンやダグラス、バトラー、ジョック・コールヴィル、チェンバレンの若い公設秘書たちは、外務省に集まってシャンパンのボトルを開け、「海のかなたの国王」の健康を祝して乾杯していたほどである。シャノンの日記には、「おそらくイギリスの歴史上、最も暗い日に……いかに我々全員が悲しみ、怒りにあふれていたか、そして裏切られ、出し抜かれたと感じたか」と記録されている。特にバトラーは、激し

く怒りに燃えていた。シャノンによると、「チャーチルとそのやじ馬たちによる突然の政変は、重大な災難であり、無用なものである。裏切ったのは、ハリファックス卿とオリバー・スタンレー（陸軍大臣）である。2人は、優柔不断にも、アメリカ人の混血児に降伏したのである。あの男を支持しているのは、あの男とそっくりの、無能なくせに冗舌な連中ばかりである。バトラーは、そう信じ切っていた。」

このような思いは、決して珍しいものではなかった。チャーチルが、5月13日に初めて首相としての演説を行なうために庶民院の議場に入場すると、彼を出迎えたのは保守党の後ろのほうの席からのおざなりな拍手以外になかった。一方でチェンバレンは、総立ちの拍手喝采を受けた。影響力の強い1922年委員会の議長、アレクサンダー・アースキン゠ヒルによれば、保守党議員の4分の3

は、チェンバレンの首相復帰を歓迎したであろう。

チャーチルは、自分の弱みを認識していた。バッキンガム宮殿から戻るとすぐにチェンバレンに対して、「このきわめて重大かつたいへんな瞬間に、私の側に立つと約束してくれたことに対して、あなたにどれほど感謝していることか」と伝える手紙を書いた。そして、戦時内閣の枢密院議長への就任を依頼した。それは、新しい首相が最初に直面した公的な挑戦であった。フランスにおける軍事情勢はさらに悪化して悲劇的なものとなり、ハリファックス——まだ外務大臣であった——は、ムッソリーニに譲歩してイタリアが参戦するのを阻止すべきと主張していた。この暗黙のアイデアは、もしこの案が上手くいけば、ヒトラーが受け入れ可能な和平条件を提示した場合に、イタリアの首領を通じて問題を解決できるだ

けの価値はあるかもしれない、というものであった。ハリファックスはチャーチルに、「もし妥当な条件が得られるのであれば、回避可能な大惨事からイギリスを助けられるかもしれない提案は、受け入れてもよいのではないかと考えている」と語っている。チャーチルは、いかなる犠牲を払ってでも戦うことを決意しており、ハリファックスの意見には反対した。チャーチルは、戦時内閣以外の大臣たちに支援を訴えた。彼らは、チャーチルへの支持を躊躇しなかった。チェンバレンもそうであった。

しかしチャーチル首相は、依然として庶民院で難題に直面したままであった。転機は7月4日に訪れた。彼は、フランスが降伏した直後にオランのフランス艦隊を砲撃するよう、海軍に命じていたが、その理由と方法について議会で説明したと

きのことであった。傍聴席の見学者によると、「主院内幹事のマーゲッソンが立ち上がった。トーリー党の議員たちのほうを向くと、議題一覧表をひらひらと振る身振りをとった。明らかにこれは、君たちも起立すべきだ、という意思を伝えるものであった。彼の合図で、保守党の全議員……が立ち上がり、突如、声を限りに熱狂的な喝采を送った。」

チャーチルは驚いたようであった。彼が議会保守党から満場一致の支持を得たのは、これが初めてであった。頬を涙で濡らしながら、自分の席に崩れるように座り込んだ。少なくとも保守党は、国民感情を正確に映し出していた。ギャラップの世論調査によると、首相に対する個人的評価は、8月には前代未聞の88％に達していた。チャーチル首相は、ついに確固たる基盤を得たのである。

前頁：「フランス国内某所」のイギリス空軍基地を視察するジョージ6世。連合国の空軍は、ドイツ空軍に完全に水をあけられており、ドイツ空軍はすみやかに戦場における全面的な航空優勢を勝ち取った。

上：アンブローズ・マッケヴォイによる、若き日のウィンストン・チャーチルの肖像画。チャーチルは、何年もの野党暮らしの後、唐突にも1939年に戦時内閣の首班に指名された。

第4章
ダンケルクの「奇跡」

1940年5月、イギリス海外派遣軍は、ドイツ軍のスダン突破に驚かされた後、周辺のフランス軍とベルギー軍が崩壊していくと、すぐに自らの生存をかけて戦わざるを得ないことを思い知らされた。ダンケルク港からドーヴァー海峡を横断して帰還したイギリス軍の脱出劇は、「奇跡」としてイギリス史上の伝説となった。このことは間違いなく事実なのか、それともこの脱出は、十分に阻止することができた軍事的大失態の避けられない結末だったのか？

西ヨーロッパでドイツの大規模な攻勢がいよいよ始まったというニュースに接した連合軍最高司令部は、ほぼ満足して歓迎していた。連合軍最高司令官であるモーリス・ガムラン将軍は、前進するドイツ軍の猛攻に正面から対峙するため、隷下の精鋭部隊に対し、ベルギーに向けて前進するよう命じた。ある参謀大尉が見たところ、ガムラン将軍は、「軍人らしい雰囲気を漂わせ、鼻歌を歌いながら兵舎を行ったり来たりしていた。」フランス陸軍省の事務局長は、次のようなコメントを残している。「今朝、ガムラン将軍が私に敵の攻撃方向について説明してくれたときの満面の笑みを見れば、何の不安も感じなかったであろう。」

ロンドンでは、イギリス陸軍参謀総長のエドモンド・アイアンサイド将軍も、ほとんど同じくらい楽観的であった。「全体的に見て、我々は優勢である」と日記に明かしている。『タイムズ』誌は、それ以上に自信にあふれていた。「少なくとも今回は、戦略的な奇襲はあり得ない。即時の戦略的応酬に備えたあらゆる詳細な準備は整っており、間違いなく実行に移されるだろう。現在の同盟国では、背信と圧制の力を破壊するために、着実に動員が進められている」と言明していた。

仕掛けられた罠

連合軍にとってきわめて重要な北東戦線の総司令官ジョージス将軍が懸念していたにもかかわらず、ガムランの命令は文字どおり実行された。将軍のゴート卿が率いるイギリス海外派遣軍は、フランス第1軍及び第7軍と合同でフランスとベルギーの国境を越えて動きはじめた。イギリス海外派遣軍と第1軍の部隊はディル川に、第7軍はブレダに向かった。計画では、そこでオランダ軍と合流することになっていたが、ヒトラーはすでにオランダ軍にも攻撃を開始していた。

イギリス軍は熱烈な出迎えを受けた。王立ノーフォーク連隊D中隊の副隊長であったR・J・ヘイスティングス大尉は、前進した際に自分や部下たちがベルギー市民からどのような出迎えを受けた

左：サー・バートラム・ラムゼー提督には、ダンケルクからの脱出を計画し、監督する責任が与えられていた。

右：疲れ切ってはいるが活気のある将兵たち。避難のため、船に押し込まれてドーヴァー海峡を横断してイギリスに戻っているところ。

上：ダンケルクに向かうイギリス空軍通信部隊。イギリス軍とフランス軍は、上空の援護がなかったことに激しい不満を漏らした。「なぜわが軍の飛行機は、我々を守ってくれないのか？」ということが共通の叫びであった。

下：ダンケルクの海岸で拾われた迷い犬は思いがけない避難者だった。この犬もイギリスまで安全にたどり着いたが、狂犬病のためすぐに検疫所に放り込まれた。

かを記録している。「町や村では市民が沿道に並んでいた。小さな子供たちがトラックと一緒に走り、わが隊に花を投げかけた……自動車に乗った人びとは、我々の隊列の至る所でチョコレートやたばこを配っていた。我々が停止すると、女性たちが温かいコーヒーを片手に家から飛び出してきた……国家としての好意を表現するのに、これ以上に完璧なものはなかったであろう。」

　全てが順調であった——傍から見ていた者たちによると、順調すぎるほどであった。ベルギーの上空には、ドイツ空軍は目立って存在しなかった。ヘイスティングス大尉は「道中で爆撃を受けると予想していた。実際には、朝から晩まで1機の敵機も見かけなかった」と記している。『タイムズ』誌の従軍記者であったキム・フィルビーは不安であった。同僚のアメリカ人の従軍記者に、「とんでもないぐらい順調だ。ドイツ空軍にはエア・パワーがあるのに、どうして我々の邪魔をしてこないのか？　何を企んでいるのだろうか？」と話した。

　連合軍がベルギーに進軍すればヒトラーがこの上なく大喜びすることを、連合軍はすぐに気付くべきであった。ドイツが意図していたのは、シュリーフェン・プランの再演とはかけ離れた計画で、むしろ逆のパターンであった。シュリーフェン・プランとは、1914年にドイツが連合国に開戦したときの戦争計画である。今回は、オ

上：1940年5月25日、大急ぎで無蓋貨車に積載されているイギリス軍の戦車。これらの戦車が戦場に到着したのはあまりにも遅すぎたため、威力を発揮できなかった。

上：マキシム・ウェイガン将軍。信用を失ったガムランの後を引き継ぐため、連合軍総司令官として急遽シリアから呼び戻された。ウェイガンもドイツ軍の前進を阻止することはできなかった。

次頁：即製の桟橋から海中まで続くトラック群。脱出が始まったとき、この海岸から助け出されるのは比較的少数だろうと多くの者が信じていた。

ランダとベルギーを速やかに突破できるだけの最小限のドイツ国防軍しか集中させなかった——その突破は連合軍という雄牛を引き付ける、闘牛士の赤いマントの役目を担った。侵攻の主軸は、もっと南であった。深い森におおわれた丘陵地帯のアルデンヌである。ガムランを含むフランス軍最高司令部の面々は、戦車がアルデンヌを通行することは不可能だと考えていた。それにもかかわらず、ヒトラーの装甲師団の大部分が、最精鋭のドイツ空軍急降下爆撃機の援護を受け、アルデンヌに集中したのである。

　ドイツ軍の計画は、完璧な成功を収めた。彼ら

の意図したとおり、連合軍は北方の攻勢に気を取られていた。その間、ドイツ軍A軍集団——45個師団の兵力であり、ヒトラー手持ちの10個装甲師団のうち、7個をその先鋒に充てていた——は、気付かれないようにアルデンヌを通過した。A軍集団の目的は、ディナンとスダンの間でムーズ川を越えることであった。5月12日に始まった戦闘は2日間続き、装甲部隊は川の横断を強行した。その後、80キロまで広がった連合軍の防衛線の間隙を容赦なく前進した。ドイツ空軍の急降下爆撃機が空飛ぶ砲兵として活躍したおかげで、フランス軍の抵抗が崩壊しはじめると、装甲部隊はこの間隙を突進していった。

「戦略予備軍はどこにいるのかね？」

天性の指導力があれば、ドイツ軍の攻勢が進むにつれて、彼らを止めるために必要な措置を講じていたに違いない。ガムランと部下の将軍たちは、誰一人として状況を理解することも、それに備えることもできなかった。実際、連合軍最高司令官が危機の拡大をしぶしぶ認めたのは、5月15日の夜になってからであった。ガムランは、現在の状況を十分に把握しているとして、フランスの戦時内閣を安心させるのに午後いっぱいを費やした。しかし後になって、ガムランは国防大臣エドワール・ダラディエに対して、全く違う知らせを電話で報告した。

　在仏アメリカ大使のウィリアム・ブリットがダラディエと密談中に、ガムランからの電話がかかってきた。ブリットによれば、電話でガムランがこの大参事が拡大しつつあることを明らかにする

と、ダラディエは電話の向こうのガムランに対して、「ためだ、君が私に話したことは不可能だ！君は間違っている。それは不可能なのだ」と声を上げ、「我々は、すぐに攻撃を開始しなければならない」と叫んだ。それに対しガムランは、「攻撃だと！　どうやって戦うんだ？　私には予備戦力がない」と答えた。

　新しく首相に就任したチャーチルが、フランス首相ポール・レノーからの絶望的な電話連絡に応じ、翌日にパリまで飛行機でやってきたとき、ガムランはそれまでと全く同じことを答えた。チャーチルは、ガムランから軍事情勢の概要について説明を受けると、間髪を入れずに「『戦略予備軍はどこにいるのかね？』と質問した。それから、全く冷淡にフランス語で同じことを尋ねた。ガムラン将軍は、私に顔を向け、首を左右に振って『もはや何もありません』と言った。」

　チャーチルは、唖然とした。ダラディエが言葉を差しはさんだ。「失敗でした。あまりにも多くの兵士をベルギーに送り込んだことが、許しがたい失敗だったのです。」チャーチルはその点に注目した。なぜ連合軍の部隊は、ブリュッセルとルヴァンを敵に明けわたして、ベルギー北部から後退しないのか？　連合軍の戦線を突破して不吉にも拡大する一方のドイツ軍の突出部の北翼に対して、彼らは必ず反撃すべきではないのか？　チャーチルはガムランのほうに向き直り、単刀直入に問いただした。「この突出部の翼側に対して、いつ、どこで反撃を行なうつもりなのかね？　南からかね、北からかね？」ガムランは、「兵力、装備、手段のすべてで負けているのです」と答え、自らの軍事思想の破綻を裏付けることしかできなかった。ガムランは、絶望して肩をすくめた。チャーチルがガムランに会ったのは、それが最後だ

った。5月19日、ガムランは更迭された。マキシム・ウェイガン将軍がシリアから大急ぎで呼び戻され、ガムランの後を継いだ。

イギリス海外派遣軍の後退

イギリス海外派遣軍が、フランス軍やベルギー軍とともに後退しつつあるのは真実であった。フランス軍最高司令部からの情報が不足していたため、ゴートの部下の将軍たちは、フランスが窮地におちいっている真相を十分に理解していなかった。また司令官以下全員は、ロンドンからの明確な指示が全くないことに不満を漏らしていた。

ゴートの参謀長であったヘンリー・パウナル中将は、苦々しい思いで次のように記している。「戦闘で倒れることを気にする者は、一人もいない。しかし、物資の欠乏が長期間続き、しかも最近は、上級司令部からの指示が全くない……全員の神経が、恐ろしいほどに擦り減っている。」チャーチルから、イギリス派遣軍が一丸となって南西方向からの反撃を行なえという命令が届くと、パウナルはさらに憤りを感じた。「チャーチルは、最高司令官として自ら作戦を指揮しようとしているが、それを誰も止めることができないのか？　彼は、8個師団を集めて攻撃を行なうべきだ、などと言っているが、どうすればそんなことを思いつくのか？　我々には保持すべき前線がないというのか？　チャーチルは、我々が置かれた状態について、見当もつかないに違いない……あの男は気が狂っている。」

チャーチルは、イギリス派遣軍がこの攻撃を実行すべきだと決心していた。アイアンサイド陸軍参謀長をゴートの司令部に派遣し、「南方でフランス軍と合流するために、あらゆる抵抗を突破して進撃すること」を命じた。ゴートは、この命令を受け取ると、明らかに驚いた。というのも、ゴートと参謀たちは、ドーヴァー海峡の沿岸まで撤退するという緊急対処計画の作業をすでに始めていたからである。ゴートは、しばらく考えた後、この攻撃には賛成できないと答えた。すなわち、

ここ数日間で自分が目撃したフランス軍と指揮官たちの様子からすると、彼らが「組織的な大規模反攻」を計画的に実施できるかどうか、ますます疑問を持たざるを得ない。自分として賛成できるのは、アラスから南方に向かって、限定的な攻撃を開始することである。アイアンサイドに対して、このように説明した。

アイアンサイドは、ゴートのしぶしぶの合意を携えて、フランス第1軍集団司令官ビヨット将軍と第1軍司令官ブランシャール将軍との議論のために出発した。しかし2人の司令官は、見るからに完全に自信を失っていた。最終的には2人を脅して、北方からの攻撃に同意させた。アイアンサイドが司令部に戻ると、ゴートは、「フランス軍は、決して攻撃を行なわないだろう」と断言した。ゴートの予感は正しかった。イギリス軍はアラスで攻撃を開始したが、フランス軍には何の動きもなかった。

その頃ウェイガンは、フランス軍独自の計画を練っているところであった。ドイツ軍装甲部隊がドーヴァー海峡に向かって突進するにつれて、フランス国内にドイツ軍の細い通路が形成されていったが、これを挟み撃ちにしようというのである。しかしこの時点でゴートは、少しでもイギリス派遣軍を救うには、ダンケルクまで退却することが唯一の望みであることを確信していた。ゴートは部隊に対して、アラスから撤退し、港のある西に向かって後退を始めるよう命じた。ウェイガンは、自分の計画を断念した。

装甲部隊の停止

ゴートの部隊が後退するのに合わせて、大急ぎでダイナモ作戦（計画済みの脱出作戦を指す暗号名）が動きはじめた。最初の部隊が脱出したのは5月26日であった。パウナルは嘆き悲しんでいた。「我々は8ヵ月以上も前に、きわめて高い士気とともに、ここフランスの海岸に上陸したのに、今やそこまで押し戻されている。我々は勇敢な軍隊であり、我々の努力にもかかわらず、このよう

上：数百隻の一般市民の小型船——かの有名な「リトル・シップ」たち——が、イギリス派遣軍を救助するためにダンケルクに向かって出帆した。それでもイギリス海軍は、重要な役割を果たした。写真は、ダンケルク港に向けて出発している河川用小型砲艦〈ローカスト〉。

な恥ずべき結末を迎えてしまったことは、あまりにもふさわしくない、と思っている。」アイアンサイドは自らのコメントを書き残していた。「神よ、イギリス派遣軍を救いたまえ！　このような事態をもたらしたのは、フランス軍司令部の無能さにある」と日記に書いている。彼は非公式ながら、幸運にも脱出できるイギリス人の数を３万人と計算していた。ゴートも同様に悲観的であった。陸軍省に対して「どんなにうまくいっても、イギリス海外派遣軍の将兵と装備の大部分は諦めざるを得ないだろう。これは隠し立てすべきことではない」と連絡した。チャーチルも最悪の事態に備えていた。５月28日、庶民院に「厳しい知らせに対して心の準備をしておく」よう通告していた。

　２日後、パウナルはロンドンに到着し、閣僚による国防委員会で、ダンケルクの防御線を確保するためのゴートの脱出計画の概要

上：決して全ての「リトル・シップ」がドーヴァー海峡を安全に横断して帰国できたわけではない。写真は、ダンケルクの沖合でドイツ軍の爆弾が命中し、沈没中のマン島のフェリー〈モナの女王号〉。

を説明した。戦時内閣の事務局員であったイアン・ジェイコブは、「その部屋の誰もが、ドイツ空軍の支援を受けた装甲師団が攻撃を強行してきた場合に、イギリス派遣軍の計画が成功を収めるとは想像もつかなかった」と書いている。もしドイツの戦車部隊がこのチャンスを利用すれば、間違いなくダンケルクは陥落し、この脱出劇は押しつぶされるだろう。しかしドイツ軍はそうしなかった。これは、ドイツ軍最高司令部が第２次世界大戦中に行なった決断の中で、最も議論を呼ぶものの一つであった。

　戦後、ドイツ軍の将軍たちは声高に、ヒトラーが独自の判断で、装甲部隊をその場で停止させるよう主張したことを批判した。実際には、B軍集団司令官のゲルト・フォン・ルントシュテット元帥がアー運河を越えてはならない、そしてこの機会を利用しない、という命令を発していた。ルントシュテットが懸念していたのは、装甲部隊の50％が一時的にせよ戦闘力を失っていたことであった。これら

の部隊は、次の段階でソンム川以南のフランス軍と戦う際には作戦可能でなければならず、そのためには節用が必要であった。さらにルントシュテットは、フランドル地方のぬかるみは戦車戦には不向きであると考えていた。ヒトラーは、ルントシュテットの判断に賛成した。イギリス派遣軍の「残存部隊」を片付けるのは後回しにされ、ダンケルクは、「ドイツ空軍に制圧させるためにとっておく」こととされた。

ここからが、本当のダンケルクの「奇跡」である。ゴートは、計り知れないほど貴重な3日間を得た。ヒトラーが命令の撤回について納得し、装甲部隊が攻撃を再開する前に、整然とした防御体制を港に構築したのである。ハインツ・グデーリアン将軍は、ヒトラーの下で最も成功を収めた戦車部隊指揮官であり、スダンからドーヴァー海峡までの前進で先頭に立っていた。彼は、戦後の回想録で次のようにコメントしている。「この戦争の成り行きは、その時点で我々がイギリス派遣軍をダンケルクで捕虜にできるかどうかによって、いかようにでもなっていた。今から推測することは不可能である。」グデーリアンは、駆け引きに長けていた。もしイギリス派遣軍が降伏を余儀なくされれば、イギリスは、軍事的に戦争の続行が不可能だと認めざるを得なくなるのは間違いないだろう。

脱出

脱出はゆっくりではあったが、確実に進められた。ドイツ空軍は、それを阻止しようと全力を尽くしたが、その試みは霧や視界の悪化によって邪魔された。一方でイギリス空軍戦闘機軍団は、橋頭堡を守るためにあらゆる航空機をかき集めて投入した。この作戦中、パイロットたちは、延べ2,739回も出撃飛行を行ない、多いときで一日4回も飛ぶ場合もあった。5月27日の夜までは、わずか7,669人しか脱出できなかったが、翌日はこの数字が17,804人まで跳ね上がり、さらにその翌日には

47,310人となった。ピークは、5月31日の68,014人であった。この日、ゴートは、サー・ハロルド・アレクサンダー将軍に部隊の指揮をまかせ、しぶしぶながら母国に向かって出発した。6月4日の夜明けに最後の船がダンケルクの港を離れるまで、337,000人の将兵が安全地帯に逃れることができた。このうち110,000人がフランス軍であった。

全てが順調に進んだわけではなかった。イギリス海軍は、この作戦の大部分を遂行した。この作戦は、志願した市民の船員たちが乗り組んだ大量の小型ボートをドーヴァー海峡に送り込み、イギリス派遣軍を海岸から救出するという手助けなしには不可能であった。明らかな大混乱を目にして、悪い印象を持った者もいた。掃海艇〈ニジェール〉に乗り組んでいたロバート・ヒッチンス大尉は、「海岸での作業はあまりにも非効率で、信じられないほどであった。我々は、多数のボートがあり、そして部隊の乗船は全て組織的に行なわれていると聞かされていた」と書いている。「小型の沿岸用ボートが、わざわざイギリスからやってきて、向きを変えているところであった……市民たちと小型ボートは、沿岸部にとどまってイギリスとの往復に適した大型船まで行き来することなく、わずか数人の男しか乗せずにそのまま母国に向かった。海岸部の作業は、全く組織化されていなかった……私はこれ以上のみっともない大混乱を……これまで見たことがなかった。」

確かにそうかもしれないが、ダンケルクからの脱出作戦はまずまずの成功であった。しかし、どう考えてもそれは、勝利ではなかった——チャーチルが庶民院で語ったように、「戦争の勝利は、脱出によってもたらされるのではない」のである。実際のところ、これは紛れもない敗北であった。したがって、ダンケルクの港が陥落した日の真夜中に、「人類史上最も偉大な戦い」の終結を祝うために、ヒトラーがドイツ第三帝国全土の教会と市の鐘を3日間にわたって鳴らすよう命じたことは、さほど不思議ではないのである。

第5章
ウィンザー公
誘拐事件

ウィンザー公――1936年にイギリスの王位を退位するまではエドワード8世――と彼のアメリカ人の夫人は、1940年にフランスが陥落すると、フランスから中立国のポルトガルに逃れたため、チャーチルは窮地に追い込まれた。ウィンザー公は、親ナチスだったのか、それとも忠誠心あふれる愛国者だったのか？　彼は放棄した王位を取り戻すために、ヒトラーへ忠誠を示す見返りとして、自身の誘拐までも黙認していたのだろうか？　この事件は、今でも第2次世界大戦での最大の議論の一つである。

チャーチルは、ウィンザー公とは古くからの友人であった。国王時代の1936年に、2回の離婚経験があるアメリカ人女性ウォリス・シンプソンとの結婚を決意し、これによって危機が発生したが、チャーチルは断固として彼を支持した。チャーチルはそれまでと同様に、ウィンザー公の「イギリスの大義に対する忠誠心が揺れ動くことは決してない」と常に確信していた。しかし、ウィンザー公が国王の地位にあった短い期間やその後においても、ドイツに同情的な発言を行なっていたことは、チャーチルですら否定できなかった

1936年——エドワードが退位した年——ヒトラーは、ラインラント地方に進駐した。そこは1919年にヴェルサイユ条約が締結されて以来、非武装地帯であった。このようなヒトラーの動きは、ヨーロッパ全域の危機を招くものであり、かつヒトラーにとって最初で最大の賭けであった。イギリスとフランスが抵抗してきたならば、間違いなくヒトラーは軍隊の撤退を余儀なくされ、その結果、権力の座から転落してもおかしくなかった。ヒトラーは、私的な通訳官のパウル・シュミットに、次のように語っていた。「もしフランスがラインラントに進軍してきたならば、尻尾を巻いて撤退しなければならなかっただろう。」

結果的に、イギリスとフランスの抗議は、控え目な形に留まった。フランスは、イギリスの支援がなければ動かないと拒否し、イギリスは動くことすら拒否した。イギリス政界の大物として有名だったロシアン卿は、「ドイツ人は、自分たちの裏庭に立ち入っているだけだ」と言明し、多くの同胞たちを擁護した。ロンドン駐在のドイツ大使レオポルト・フォン・ホーシュによれば、エドワ

ード自ら、この危機が起きている間は仲裁に取り組んでいた。彼は、ホーシュに直接電話をかけて元気づけていた。エドワードは、「私は、首相（スタンリー・ボールドウィン）に使者を派遣し、私の直言を伝えてもらった」と話したという。「もし戦争を始める気なら、私は国王を退位するだろうと古手の某氏に話した。ぞっとする場面もあったが、君は心配する必要はない。戦争にはならないだろう。」

ウォリス・シンプソンに関して言えば、ウィンザー公よりもさらにナチス寄りであったことは、間違いない。1941年4月にウィンザー公夫妻が訪米中、アメリカ連邦捜査局（FBI）長官J・エドガー・フーヴァーの個人的な命令によって特別に行なわれたFBIの調査報告がある。それによると、公爵夫人は、ホーシュの後任として在ロンドンのドイツ大使に指名された直後のヨアヒム・フォン・リッベントロップと愛人関係にあった。この報告

上：1937年の訪独の際にナチス親衛隊の儀仗兵を閲兵するウィンザー公。彼がホストに対してナチス式の敬礼で応じたという噂が流れると、イギリス本国の世論は憤慨した。

次頁：エドワードが退位したときの首相であったスタンリー・ボールドウィンは、もし国王が2回の離婚歴のあるシンプソン夫人との結婚を強行するならば、内閣は総辞職すると迫った。

によると、FBIの情報提供者（かつてのヴュルテンベルク公爵と信じられている人物）は、「リッベントロップがイギリスにいる間、ウォリス・シンプソンに毎日17本のカーネーションを贈っていたのは間違いない。17本という数字は、一緒に寝た回数を表わしていることは明らかである」とのことであった。リッベントロップは、ドイツに戻って外相となった後も、ウォリスと緊密な連絡を取り続けていた。この情報が真実だとするならば、ウィンザー公が退位した後にイギリスの支配階級から追放されてつらい思いをしたはずの公爵夫人が、夫を引き留めるために全く何もしなかったのも不思議なことではない。

ヒトラーへの表敬訪問

1937年10月、ウィンザー公夫妻は、フランスで結婚式を挙げた直後、ヒトラーの個人的なゲストとしてドイツ訪問の招聘に応じた。ウィンザー公は、この訪問の目的はドイツが失業者問題にどのように取り組んでいるのかを学ぶことにある、と公表していた。しかしこの旅行は、すぐに論争の火種になった。後に公爵夫人は、やや無邪気に「デヴィッド（エドワードの姓）にとって、この純粋にプライベートな旅行が世間の関心の的になるなんて思いもよらなかった」と書いてい

る。しかし、彼女は誤解していた。ナチスは、この機会を完全な公式訪問とすべく最大限の努力を払っていたのである。

夫妻は行く先々で歓迎され、ウィンザー公は腕を高く上げるヒトラー式の敬礼で声援に応えたことが何回かあった。ヒトラーとは内密にバイエルンの休暇保養所で会い、当時副総統であったルドルフ・ヘスと食事を共にした。ドイツ労働戦線全国指導者のローベルト・ライは、訪問の公式な責任者であったが、明らかに酔っぱらったまま自分のメルセデス・ベンツにウィンザー公夫妻を乗せて、閉鎖された工場の門に真っすぐ入っていった。ヒトラーの命令により、その後の訪問の責任者は、ライからヘルマン・ゲーリングに直ちに変えられた。

ウィンザー公とナチスの指導者たちがいったい何を話し合ったのかは今でもわかっていないが、ヒトラーやナチスのトップが、ウィンザー公から聞いた話に深く印象付けられたことは間違いない。ウィンザー公は、ドイツの産業振興と社会の発展を惜しみなく称賛し、新生ドイツを全面的に支持した。また、嫌っていた共産主義が拡大する恐れに対して、ナチス体制はかけがえの無い防波堤になるだろうと信じていた。宣伝相ヨーゼフ・ゲッベルスは、次のようにナチスの立場を総括している。「彼がもはや国王ではないことは非常に残念である。彼となら、我々は同盟関係を築けたであろう。」

ヒトラーは、ゲッベルスと同一歩調を取った。後にヒトラーは、直属の建築家アルベルト・シュペーアに「彼を通じて、永続的な友人関係が実現できるに違いない」と語っている。公爵夫人に関

しては、ヒトラーは「あなたは素晴らしい女王になれるでしょう」と語りかけ、その心を摑んだようである。彼女は、ヒトラーの印象を次のように記している。「近づくと、彼から偉大な内なる力を感じた……彼の目は――桁外れの情熱と、平静さと、魅力にあふれかえり、炎に燃えていた。以前に会ったことのあるトルコのケマル・アタチュルクも、ヒトラーと同じような独特な炎をその目の中で燃やしていた。」

公正に言うならば、高位のイギリス人の中でナチスと彼らの総統に感銘を受けたのは、ウィンザー公夫妻だけではなかった。彼らがドイツを訪問した1ヵ月後、リベラルなベテラン政治家で、第

1次世界大戦では首相としてイギリスを勝利に導いたデヴィッド・ロイド・ジョージもヒトラーを訪問していた。「ウェールズの魔術師」ことロイド・ジョージは、ヒトラー訪問から帰国すると、深い感銘を受けたことを『デイリー・エクスプレス』誌の投稿記事に書いている。ロイド・ジョージは、「人びとの心」にヒトラーが「奇跡の変革」をもたらしたことを称え、「一人の男がこの奇跡を実現してきた。この男は、生まれながらの指導者である。彼には、魅力、ひたむきな決意を示す力強い性格、断固たる意思、そして不屈の精神が融合している」と続けた。そしてロイド・ジョージは、「彼は、ドイツのジョージ・ワシントンである——全ての抑圧者から祖国の独立を勝ち取った人物である」と締めくくっている。ヒトラーとの会談でロイド・ジョージは、そのことをさらに強調した。ヒトラーがロイド・ジョージに対し、第1次世界大戦で「イギリスの国民を勝利の意志に向けて奮い立たせた」のはあなたであると語りかけると、「歴史上、最も偉大なドイツ」からそのような賛辞を受けたことに喜びを感じている、と応じた。

危険人物

イギリス政府は、ウィンザー公夫妻の訪独を心の底から嫌がっていた。ウィンザー公が1939年5月に、第1次世界大戦の激戦地のヴェルダンからアメリカに向けて、「この世界的な問題に対する平和的な解決」を求めてラジオ放送を行なうことを一方的に決めたときも、イギリス政府は落ち着きを失った。意図的かどうかはわからないが、このラジオ放送は、国王ジョージ6世とエリザベス女王のアメリカ訪問と時期的に重なった。しかし、ウィンザー公を阻むものは何もなかった。ドイツ国防軍がポーランドの攻撃準備を進めている最中の8月27日、彼は直接ヒトラーに宛てて電報を打ち、「世界の一市民として」平和の維持に最善を尽くしてほしいと懇願した。

このときの電報には、次のように書かれていた。「2年前の貴殿の丁重な歓迎と我々の話し合いを振り返りつつ、この電報を書いているところです。これは完全に個人的かつ簡単なことですが、現下の問題の平和的解決に向けて、貴殿の最大の影響力に強く訴えかけるものです。」ヒトラーは、これに答えなかった。1940年6月にフランスが陥落するまで、事態はそのままであった。ウィンザー公夫妻は、安全のために自分たちで選んだ国に逃れた——ウィンザー公は、イギリス海外派遣軍とフランス陸軍の連絡官の任務に就いていた。

ウィンザー公夫妻がフランスのビアリッツとスペインを経由するという複雑な旅行の末に中立国のポルトガルに到着した直後、ヒトラーはあることについて考えるきっかけとなった報告書を受け取った。その報告書によると、明らかにウィンザー公は、イギリス王室を嫌い、信頼もしていなかった。というのも、イギリス王室は、公爵夫人を執拗に冷遇していたからであった。またチャーチルに対しても同様に、戦争を不必要に長期化していると厳しく非難していた。ウィンザー公は、「長期にわたる激しい空爆によって、イギリスは和平の準備をするだろう」と予期するようになっていたという。

ヒトラーは、ウィンザー公がチャーチルと戦争に対して明らかに嫌悪感を持っていることに興味をそそられた。そして事の是非はともかく、ようやく次の考えにたどり着いた。すなわち、ウィンザー公にとって、仮にそれが傀儡であったとしても、イギリスが降伏して休戦が締結された後に王位に戻ることは、何にも勝る喜びであろう。1937年に外務大臣に就任したリッベントロップも同じ考えであった。彼は、駐マドリードのドイツ大使エバーハルト・フォン・ストーレルに電報を打ち、もしウィンザー公が希望するならば、ドイツには、「ウィンザー公夫妻のためにイギリス王位を奪う」地ならしを行なう意思があることを伝えるよう命じた。

夫妻はその頃、ナチスの支持者と考えられていた銀行家のリカルド・ド・エスピリト・サント・シルバの客として、リスボンに住んでいた。ウィ

上：1936年にロンドン駐在のドイツ大使であり、その後はヒトラーの外務大臣を務めたヨアヒム・フォン・リッベントロップ。彼はずっとシンプソン夫人の恋人のひとりであったと噂されていた。

左：親衛隊の情報機関で出世頭であったヴァルター・シェレンベルク。1940年夏、ウィンザー公にポルトガルを離れて親ナチスのスペインに向かうよう説得する任務を与えられていた。

左：スペインの独裁者フランコ将軍。右隣りにはナチス親衛隊司令官ハインリヒ・ヒムラーが写っている。フランコ将軍は、ナチスを支援するために参戦準備を進めることが大いに期待されていた。しかし実際にはスペインは中立を保った。

ンザー公は、このメッセージを受け取ったとき、やや驚いた様子であった。ウィンザー公は、リッベントロップとの仲介役を務めていたスペインの大公に対し、イギリスの憲法によって、一度王位を退いた君主は二度と王位に返り咲くことができない、と説明した。この使者が、イギリス憲法にさえ変化をもたらすような出来事があるかもしれないと示唆したところ、特に公爵夫人は「深く考え込んだ」ようであった。

ウィリ作戦

リッベントロップは、この機会を放置しておくべきではないと心に決めていた。親衛隊諜報機関の出世頭ヴァルター・シェレンベルクを呼び出し、相談を持ちかけた。リッベントロップは最初に、ウィンザー公の現在の立場——少なくともリッベントロップが理解している範囲——について説明した。皮肉屋のシェレンベルクに対して、「ウィンザー公がスペインでの生活について語っているのを聞いている。もし彼をスペインに連れて行けば、以前と同じように再びドイツの友人になってくれるだろう」と語った。リッベントロップはさらに、「ヒトラーは、ウィンザー公のこのような姿勢はきわめて重要だと考えている。貴官の西洋風の考え方は、ウィンザー公とのある種の事前接触を行なうには最適であろう——もちろんドイツ国家の代表として、である。」

リッベントロップの話は終わらなかった。「総統は、もし好意的な雰囲気ならば、貴官がウィンザー公に物質的な支援を提案してもよいと感じている。もしウィンザー公が、イギリス王族の策略から自らを遠ざけるような動きを公式に見せたならば、ウィンザー公が使えるように、我々はスイスの銀行に5,000万スイス・フランの預金を準備すべきであろう。もちろん総統は、ウィンザー公がスイスに住むことが望ましいと考えている。しかし、ドイツ第三帝国の経済的、政治的、もしくは軍事的な影響を与えられる場所であれば、どの中立国でも構わないだろう。」

リッベントロップは続けて、「もしイギリスの警護官が、ウィンザー公に対する今回の企てを阻もうとしたならば、貴官の命を危険に晒してでもイギリスの計画に割り込み、必要であれば部隊を使用することを総統は命じている。何が起ころうとも、ウィンザー公が選んだ国まで安全に送り届けなければならない。総統は、この作戦をきわめて重視している。総統は、ウィンザー公が及び腰であった場合のことについても熟慮した上で、このような結論に達した。総統は、ウィンザー公が正しい決断を下せるよう、貴官が強制的な手段で

左：シンプソン夫人は退位の危機が起きたとき、イギリスを逃れて南フランスに避難していた。そこでウィンザー公と結婚した。

下：オーバーザルツブルクにあるヒトラーのバイエルンの静養所ベルクホーフ。ヒトラーは、ここでウィンザー公夫妻とお茶を楽しんだ。

手助けを行なうことについて異存はない——状況が好転するのであれば、威嚇もしくは力ずくでも構わない。」

シェレンベルクは驚いた。リッベントロップがヒトラーに電話をかけようとしたときには、彼は席を立ってその場を離れるところであった。ヒトラーは、この計画を進めるという態度を固めていた。リッベントロップはさらにシェレンベルクに対して、「特に重要なのは公爵夫人の気持ちである。これを念頭に置いてもらいたい。また、できる限り公爵夫人の援助を得られるよう努力してもらいたい。ウィンザー公にきわめて大きな影響を与えているのは公爵夫人である」。こうしてようやくシェレンベルクは、リッベントロップのもとを去ることができた。彼は即座に計画を練りはじめ、ウィリ作戦と名づけた。翌日には、マドリードに向けて出発した。

陰謀とその対抗策

シェレンベルクは、マドリードに到着すると、ストーレル大使に会うためにドイツ大使館に直行し

上：フランスに遺棄されたイギリス軍戦車を調べるドイツ軍部隊。ウィンザー公は、フランス陸軍との連絡将校という職務を放棄し、夫人と共に最初はスペインに、その後はポルトガルに避難した。

右：イギリスは、ドイツ軍の侵攻があった際には最後のひとりまで戦う準備を進めていたが、ウィンザー公はドイツとの和平交渉に賛成だと表明していた。

た。ストーレルはスペインの貴族社会と接点があり、彼らはウィンザー公が明らかに不満を抱いている、と注意喚起してきたとのことであった。このスペイン貴族たちが、ウィンザー公をポルトガルとの国境近くにある私有地での狩猟に招待したところ、ウィンザー公はその招待を受けいれた。ただし、狩猟の日付は定めていなかった。この狩猟は、シェレンベルクがウィンザー公と直接話をする絶好の機会であった。もしウィンザー公が彼の計画に同調してくれれば、国境を越えてポルトガルからスペインに移送することも可能であった。

　シェレンベルクは、待ちの戦術を取ることに決めた。彼は、深く考えれば考えるほど、自分たちがウィンザー公の発言——本当に彼がそう言ったとして——を過度に本気に受け止めすぎているのではないかと感じるようになった。シェレンベルクは状況を把握するために、意を決してリスボンに向かった。彼は、数日で一つの結論に達した。すなわち、ウィンザー公には、もはや狩猟の招待を受ける気持ちはないだろう。ウィンザー公は、イギリスの警護官に付きまとわれていることを嫌がっていたし、チャーチルの差し金でバミューダの総督に送られることも気に入らなかった。しかし彼は、自ら進んで中立国や敵性国で暮らそうという意図もないだろう。ウィンザー公のポルトガル人の友人によれば、彼が頻繁に口にしていたのは、バミューダに行くく

らいなら、ヨーロッパのどこかの国で暮らすほうがまし、ということであった。

チャーチルはといえば、ウィンザー公夫妻を速やかにヨーロッパ大陸から遠ざけるべきと決めていた。チャーチルが敗北主義的だと考えていた新聞によるウィンザー公の無分別なインタビューが最後の一撃となった。チャーチルは、かつてウィンザー公の身近な助言者の一人であったウォルター・モンクトン卿をリスボンに派遣し、彼に速やかにバミューダに向けて出発準備を進めること、さもなければ軍法会議の可能性があると警告を与えた。ウィンザー公夫妻は、渋々ながらそれに従った。

その頃、シェレンベルクが明らかに消極的な態度を取っていることに対して、ベルリンは強い圧力をかけていた。彼がポルトガルの首都に到着してから約２週間もすると、リッベントロップから有無を言わせぬ電報が届いた。「［総統は］速や

かに誘拐の準備を進めよと命じている。」シェレンベルクは、ポルトガル当局と接触し、ウィンザー公夫妻を警護するための警察官を増員するように調整して、この命令をやり過ごすことに決めた。シェレンベルクにとっては、すでにイギリスの警護官が警戒を強めていたことも、あらゆる誘拐の試みを諦めなければならない口実となった。ウィンザー公夫妻がバミューダに向けて出航した翌日、シェレンベルクはベルリンに向かった。

シェレンベルクが最善を尽くしたことは、ヒトラーですら認めていた。落胆していたリッベントロップは、シェレンベルクに次のように語った。「総統は、貴官の電報を入念に調べていた。そして、今回の結果は残念なものだが、貴官の決断には賛成だし、貴官が進めていた方法についても認めることを伝えてほしいと言われた。」シェレンベルクが戦後の回顧録で書いているように、「幕は閉じられた」のである。

第6章
ヨーロッパの略奪された財宝

歴史が証明しているように、征服者たちが財産の取り扱いで真の尊敬を受けることは稀である。ナチスという嵐が西ヨーロッパの大半の地域を通り過ぎると、彼らも例外ではないことが実証された。ヨーロッパの偉大な文化の中心地の多くがナチスの手中に落ちてしまったため、ナチスの指導者たち——その中心はヒトラー自身であり、それにヘルマン・ゲーリングが従った——は、組織的な略奪騒ぎを開始した。その規模は、いわゆる蛮族がローマ帝国に殺到したとき以来の類を見ないものであった。

上：ヘルマン・ゲーリング師団の兵士たちが、18世紀の芸術家ジョバンニ・パオロ・パンニーニによる風景画を盗み出して、ローマのベネチア宮殿の外で写真に収まっているところ。この写真は、1944年にドイツ軍がこの町を脱出する前に撮影された。

ナチスは、ドイツ帝国のためにヨーロッパの最高の美術品を確保すると決意していたが、このような動きが1939年に大戦が勃発する以前からあったことを示す明らかな証拠が存在する。アドルフ・ヒトラーはその年の6月26日、美術史家で、ドレスデンの美術館で館長を務めていたハンス・ポッセと契約を結び、美術品の収集を任せた。ヒトラー総統は、ベルリンと自身の出身地であるリンツに荘厳なギャラリーと博物館を建設する計画を立てており、収集する美術品は、これらを満たすために必要なものであった。

ポッセは、ヘルマン・フォスとともに1942年からすぐに仕事に取りかかり、ポッセが癌で死亡すると、フォスがその後を継いだ。1945年までに、彼らは共同してヒトラー総統のために8,000点以上の美術品を集めた。このコレクションには、レンブラントの作品が12点、ブリューゲルが23点、フェルメールが2点、カナレットが15点、これに加えてティツィアーノ、レオナルド・ダ・ヴィンチ、ボッティチェリ、ホルバイン、クラナッハ、ルーベンスなど、多くの作品も含まれていた。作品の多くは、単に持ち主から没収されるか、真の価値を反映したとは到底思えない安値で買い叩かれた。

特にユダヤ人の美術商や収集家は、危険であった。ヒトラーは、1940年にフランスが降伏した後、フランス国内に彼らが所有している財産を全て差し押さえるよう命じた。ユダヤ人の15人の一流美術商が所有していた財産は、ユダヤ人の美術通たち——中でも注目すべきはロスチャイルド家——が何年にもわたって苦労して収集した素晴らしい美術コレクションとともに即座に没収された。フェルメールの「天文学者」は、ヒトラー自身が略奪した最高傑作の一つであった。ヒトラー総統のねらいは、この作品をリンツの博物館の中心的展示物に据えることであった。オランダでは、ナチスの美術品専門家のチームが、ドイツ系ユダヤ人が迫害を逃れるために戦争前に運び込んだ美術品を見つけ出して押収し、ドイツ帝国に送り返した。有名な1669年作のレンブラントの自画像は、数あるそういった作品の中でも最高傑作の一つであった。

フランスは、第2次世界大戦中にドイツによる略奪を受けた最初の国ではなかった。略奪が始まったのはワルシャワからであり、ポーランド政府が1939年に降伏した後は、合計13,512点の絵画と1,379点の彫刻が没収された。この美術品略奪行為にはラファエロの「若者の肖像」も含まれており、この作品はその後、行方不明になった。多くの美術品は、無造作に破壊された。たとえば、ナチスはポーランドの首都にあったクラシニスキ図書館に火を放ち、数えきれないほどの稀覯本や手稿を焼失させた。

強欲な国家元帥

ナチスの他の首脳たちは、すぐにヒトラー総統の例に倣った。彼らの中で最も欲深かったのは、ドイツ空軍最高司令官であり、戦争経済体制の責任者であったヘルマン・ゲーリングだった。この威勢の良い国家元帥は、まさに大々的な規模で収集を始め、この時までにドイツ第三帝国内のあちこちに10軒もの邸宅や城、狩猟用別荘などを所有していた。これらはみな納税者から提供を受けたものであり、納税者の資金で維持されていた。自分がドイツ第三帝国で2番目に重要な地位にあることを示すために、これらの邸宅——中でも注目すべきはカリンホールであり、他界した最初の妻の名前を記念して名付けられ、広大な敷地を拡張し続けていた——の全てに、芸術作品やタペストリー、絵画、彫刻など多数を展示しようと決めていた。

ゲーリングもヒトラー総統と同じように、美術専門の代理人——ヴァルター・アンドレアス・ホーファー——を雇い、ゲーリングが欲しいと思った名作を見つけ出す仕事をさせていた。またゲーリングは、美術コレクションにおいても先行していた。1940年にアムステルダムを訪問した際には、ゲーリングとナチスの大物たちが美術品を奪い合うという狂乱騒ぎが起きた。同じ年にパリを2日間訪れたときには、自分の楽しみのためにレンブラントやヴァン・ダイクら27点の作品を直接選び出した。パリ訪問の成果として、600点以上

の絵画、調度品などを手に入れた。ゲーリング
は、これらの品々をカリンホールに展示する場合
は最低額で評価し、販売する場合ははるかに高額
の評価をした。彼のコレクションの中で最も輝か
しい作品は、何点かのフェルメールと同様に、ル
ーカス・クラナッハの「ヴィーナスとキューピッ
ド」、レンブラントの「議論する二人の哲学者」
があったが、フェルメールについては大戦後に贋
作であることがわかった。ゲーリングとその美術
専門の代理人たちは、オランダの芸術家であり美
術商でもあるハン・ファン・メーヘレンに騙され
ていた。メーヘレンは、フェルメールの贋作の製
作に優れた技巧を持っていた。

　ゲーリングがどれだけの芸術作品を手に入れ
たのかは、いまだに正確なことはわかっていな
い──これまでは700点以上と考えられていたが、
最近になって2,000点前後と見積もられている。

上：1946 年のニュルンベルク裁判において、被告
席の前列右端に座っているのがヘルマン・ゲーリン
グ。彼はドイツ第三帝国では美術品略奪のチャンピ
オンであった。彼の収集品には、ヴァン・ダイクが
10 点、レンブラントが９点、その他数百点に上る
最高傑作が含まれていた。

明らかなのは、盗まれた多くの芸術作品がどうな
ったのかということである。第２次世界大戦の終
結が間近に迫り、ソ連軍がベルリンに近づいてく
ると、ゲーリングはカリンホールに命じて、ドイ
ツ空軍の部隊が破壊する前に芸術作品を避難させ
た。

　美術収集品の大多数はトラックの一団に積み込
まれ、それから私有の列車に移された。列車はバ
イエルンの奥地まで荷物を運び、オーストリアの
国境に向かった。これらの列車は途中でアメリカ
軍部隊に捕まり、行き先がミュンヘンに変更され

右：見事に荘厳な姿を見せる再現された琥珀の間。サンクトペテルブルグから略奪され、ドイツに移送された。元々は最も重要な美術品の宝庫であり、再び元に戻ることはなかった。

た。最終的に正当な持ち主に返される前に、アメリカ軍は美術品のリストを作成した。ゲーリング自身も、連合軍の手に落ちた。ゲーリングは、1946年のニュルンベルク裁判で、人道に対する罪を犯したとして有罪判決を受け、死刑を言いわたされた。しかし絞首刑が執行される前に、自殺を遂げた。

琥珀の間

ヒトラーやゲーリング、ナチスの首脳たちが略奪した全ての美術品が返還されたわけではなかった。たとえば、有名な琥珀の間の行方は、現在も謎のままである。琥珀の間は、作られてから「世界で八番目の不思議」と呼ばれていた。その物語は1701年に始まる。ドイツ人彫刻家アンドレアス・シュルターとデンマーク人琥珀芸術家ゴットフリート・ウォルフラムは、プロイセンのフリードリヒ１世のために琥珀の間をデザインし、建設に着手した。最初はシャルロッテンブルク宮殿に作

られた。しかし、プロイセンとロシアの同盟強化のためにベルリンを公式訪問中であったロシアのピョートル大帝がこの芸術品を称賛したため、フリードリヒ・ヴィルヘルム１世が贈り物として進呈したのである。

琥珀の間は、分解、梱包され、サンクトペテルブルグに向けて船積みされた。そして冬宮で組み立て直された。1755年、エリザベータ皇女の命令により、琥珀の間は再び分解され、プーシキンのエカテリーナ宮殿に移された。新しい大きな部屋に合わせるために、イタリア人デザイナーのバルトロメオ・フランチェスコ・ラストレッリが設計変更し、追加で必要となる琥珀をベルリンからロシアに運ばせた。このような改修や18世紀中に行なわれたいくつかの改修を経て、琥珀の間は、約17平方メートルの大きさになった。金箔で裏打ちされた琥珀の化粧板は、琥珀と貴重な宝石により６トンに達した。歴史家たちがこの部屋の当時の価値を見積もると、現在のドル価で１億4,200万ド

上：「マレーの虎」と呼ばれ、1944年10月からフィリピン諸島解放までの間、フィリピンの軍司令官を務めた山下奉文将軍は、数百万ドル分の金の略奪を指揮したと考えられている。しかし、東南アジアの島からフィリピンまで運ばれた可能性は低いとされる。

右：イギリス空軍の〈ランカスター爆撃機〉は、ドイツの某都市に爆弾を大量に投下し、その多くが灰と化した。琥珀の間がこのような空爆によって破壊されたかどうか、今なお疑問の余地がある。

ルであった。

ナチスによる略奪

1941年6月、ヒトラーの軍隊が警戒を緩めていたロシア人たちを奇襲攻撃し、ソ連に押し入ったとき、ヒトラーにとって、ドイツ人がドイツ人のために作った琥珀の間が芸術作品の一番のターゲットになっていたことは、驚くには当たらない。琥珀の間がしつらえたままになっていたプーシキンにナチスの部隊が近づくと、当初ロシア人たちはそれらを分解して隠そうとした——ロシア人たちは、琥珀の化粧板の上に壁紙を張り、見えないようにしたのである。この試みは無駄であった。ドイツ人は、すぐにその部屋を見つけた。琥珀を剥がして、断片を3日以内で木箱に梱包し、バルト海沿岸のケーニヒスベルク（カリーニングラード）まで運んだ。そこで琥珀の間は、城の博物館に収められた。

琥珀の間は、1943年末までの2年間にわたって展示された。その後、博物館の館長だったアルフレート・ポーデは、安全確保のために再び分解して梱包するよう命じられた。翌年の8月、イギリス空軍の爆撃機群がこの町を襲い、その城を含む歴史的建造物のほとんどを破壊した。それ以来時が流れ、琥珀の間は歴史から姿を消した。

琥珀の間を梱包していた木箱が、何の痕跡も残さずに消え去ってしまうとは信じ難いと思われるし、この謎を解くために膨大な労力が払われた。その木箱が爆撃によって破壊されたと発言する者がいるし、どこか別の場所か、あるいはケーニヒスベルクの周辺に隠されていると主張する者もいる。もう一つの学説として、1945年にロシアがケ

ーニヒスベルクに近づいてくると、琥珀の間の木箱は避難民の船に積み込まれたが、ソ連の潜水艦がその船を撃沈したため、バルト海の底に沈んでしまった、というものがある。

木箱の捜索はその後も続けられた。東ドイツの情報機関シュタージの捜査員たちは、数百万マルクを投じて、数十年間にわたって無駄な捜索を続けた。1998年には、ライバル関係にある二つの捜索チーム——一つがドイツ、もう一つがリトアニア——が、失われた木箱の場所を特定したと主張した。ドイツ人のグループは、ベルリン南部の銀山に埋められていると言い、一方でリトアニア人は、リトアニア西部のネリンガの町の近くにある薄暗い池の底に隠されていると断言した。しかし、どちらのグループも、財宝のありかを見つけられなかった。2008年にも同じようなことが起きた。トレジャー・ハンターたちが、ドイツとチェコ共和国の国境にある村の近くに人工的に作られた地下洞窟があり、そこが琥珀の間の隠し場所だと確信したのである。その3年後には、別の調査グループが名乗りを上げた。ドイツのザクセン州ケムニッツの近くにある小さな町アウワースバルト郊外の森の中で発見された地下防空壕のどこかに、琥珀の化粧板が隠されている、と主張したの

上：1937年にミュンヘンで開催された退廃芸術の展覧会を訪れたナチスの宣伝相ヨーゼフ・ゲッベルス。この展覧会は、「逸脱したデカダン派」の芸術を紹介することを目的としていた。これらは、ナチスが「ユダヤ人やボルシェヴィキ」の作品として無視してきたものであった――これらは全て、ヨーロッパの文化を破壊するものとされていた。

次頁：1937年5月のミュンヘンのドイツ芸術の家の除幕式でのヒトラー、建築家パウロ・トローストの未亡人、アドルフ・ジーグラー、そしてヨーゼフ・ゲッベルス。「2000年のドイツ文化」を記念して選ばれた芸術作品が展示された。

である。さらなる調査でも失われた琥珀の間の痕跡を見つけることはできなかった。

失われたのか、それとも破壊されたのか？

ナチスは、単に空前の規模で美術品を略奪しただけではなく、破壊も行なっていた。いわゆる退廃芸術展を1937年にミュンヘンで開催し、そこに大挙して押し寄せた。この展覧会の目的はシンプルであった。すなわち、現代芸術を嘲笑することであった。

ヒトラーは、数十年前にウィーンにいた頃、無一文の画学生であった。当時の芸術界は、建物や風景を丹念に写実していたヒトラーを無能なアマチュアの作品と見下していたので、その当時の芸術の秩序に復讐することは、ヒトラーにとって絶好の機会であった。その夏、ヒトラーは固く誓った。「作者自身が理解できないくせに、その存在を正当化するために偉そうな解説書を必要とするような芸術作品は、二度とドイツ国民の目に触れることはないだろう。」

この展覧会では、112人の芸術家の作品が展示された。その中に

は、国際的な名声を得ている抽象芸術や表現派の画家による絵画——マルク・シャガール、パウル・クレー、オスカー・ココシュカ、グスタフ・クリムト、パブロ・ピカソ、アンリ・マティスなどの作品——があった。それ以外に、ドイツのモダン主義を代表するマックス・ベックマン、オットー・ディクス、ゲオルグ・グロッス、エルンスト・ルートヴィッヒ・キルヒナー、エミール・ノルデなどの作品もあった。目録の説明によると、展覧会全体の目的は、「このような主義の背後にある哲学的、政治的、民族的および道徳的目標と、それに伴う破壊を推進する力を暴露すること」であった。

ナチスは、退廃芸術は逸脱的で堕落的であり、これを実践している者はみな陰謀の一部であり、その目的はヨーロッパの文化を破壊することであると大々的に宣伝していた。彼らは一人残らず「ユダヤ人たちとボルシェヴィキたち」である。

ナチスによる展覧会は、これらの芸術とその製作者たちがナチスを侮辱している、ということを視覚的に強調するような展示方法がとられていた。絵画は、意図的に斜めに掲示された。壁は、展示されている作品と作者を侮辱する落書きだらけであった。その狙いは、これらが全て奇妙なものであり、おまけに滑稽であることを印象づけることにあった。

絵画は、分類に従って様々な部屋に分けて展示された。軽蔑するようなラベルを使って紹介された。神を冒瀆する芸術である、ユダヤ人か共産主義者が作成した芸術である、ドイツの兵士を非難する芸術である、ドイツ人女性の純潔を犯す芸術である、といったラベルが貼られた。抽象芸術だけが並べられている展示室には、簡単に「精神異常者の部屋」と表示されたのだ。これらを説明するために、目録には次のように書かれていた。「この恐怖の部屋に掲示されている絵画とデッサ

ンから、筆や鉛筆を握っていた者たちの異常な頭脳はどのような中身であったのか、皆目見当がつかない。」

ミュンヘンでの発見

そのねらいは明確であった——もしくはそう感じられた。あらゆる退廃芸術は処分されるべきであった。その多くは、物理的に破壊されたと考えられていた。しかし2012年にミュンヘンのアパートで偶然発見された作品から、ナチスと現代芸術の捻じれた関係という定説が、ほぼ完全にひっくり返された。

1937年に開催された展示会以降、ナチスが入手したいわゆる退廃芸術は全て破壊されたか、ナチス政権の通貨の価値を上げるために、海外に売却されたと広く信じられていた。マネー・ロンダリングの証拠を探していた税関当局が、80歳の世捨て人コルネリウス・グルリットの家を捜索した際、長らく行方不明であった現代芸術の名作1,500点以上が秘蔵されているのを掘り当てた。そこには、セザンヌやピカソ、マチス、ムンク、ルノワール、クレー、ノルデ、マルク、ディクス、ココシュカの絵画があった。この発見は、数ヵ月間秘密にされた。このニュースが公表されたのは、2013年末になってからであった。

グルリットは、ハンブルクの美術商ヒルデブラント・グルリットの息子であることがわかった。ナチスが退廃芸術の押収を大々的に始めたときに、父親のヒルデブラントはユダヤ人の混血であったにもかかわらず、利用価値の高い美術専門家としてナチスに採用されていた。ヒルデブラントは、これらの作品の大半を破壊したり売り払ったりする代わりに、秘密裏に集め、ドイツ第三帝国が抵抗むなしく最後の降伏に向かって大混乱におちいっている最中に入念に隠したのである。ドイツ降伏の直後にアメリカ人が何点か発見したが、ヒルデブラントは、それらの絵画は合法的に入手したものであると納得させ、最終的に手元に返させた。彼が言うには、収集した作品の残りは、戦争が終わるわずか2ヵ月前の1945年2月に、イギリス空軍がドレスデンを爆撃した際に火災で焼失したとのことであった。

グルリットのように美術品をため込んでいる人物が他にもいるのか、もしいるとするならば、彼らが自分たちのために失われた名作を密かに着服した可能性はあるのか、といった疑問が残っている。たとえば、クリムトの「ウィーン大学の天井画」三部作や「ピアノを弾くシューベルト」に実際に何が起きたのか？　「ウィーン大学の天井画」は、ウィーン大学の大講堂を飾るためにクリムトが作成したものであり、彼の芸術作品の中でも最も急進的で議論の的となるものと長らく考えられていた。「ピアノを弾くシューベルト」や他の9作品とともに、1945年に破壊されたはずであった。これらの作品は、1943年以降、オーストリア北東部のインメンドルフ城に保管されていた。しかし、ドイツが連合国に無条件降伏した5月7日、親衛隊の部隊がこの城を爆破してロシア人の手に落ちないようにしたのである。

その後の運命が定かではないと思われるもう一つの芸術作品が、ヴァン・ゴッホの「制作に赴く途上の画家」（または「タラスコンへの道を行く画家」として知られる）である。その絵には、ヴァン・ゴッホ自身がその素晴らしい面影とともに、旅行中の一人の画家——麦わら帽子に絵の道具、それにステッキという完璧な姿——として描かれていた。ヴァン・ゴッホは、ヒトラーの退廃主義的芸術家のブラックリストの上位に名を連ねており、この絵もすぐに押収されて展示から外された。アメリカ国立公文書館によれば、これまで、この絵は連合軍の空爆によって破壊されたと考えられており、失われた10万点の芸術品の一つとしてリストアップされている。しかしミュンヘンでの大発見をみると、それらの作品のいずれかが発見されるかどうか、まだ結論は出ていない。

上：オーストリアの画家エゴン・シーレによる「ワリーの肖像」。ワリーは、シーレお気に入りのモデルであり、シーレの愛人となった。

左：フランツ・マルクの「風景の中の馬」。2012年にミュンヘンのコルネリウス・グルリットのアパートで発見された絵画の一つ。

第7章
ルドルフ・ヘスの
奇想天外な事件

それは、世界を驚愕させた、途方もない事件であった。1941年5月10日、ヒトラー・ナチスのナンバー2であったルドルフ・ヘスがスコットランドにパラシュートで降下したのである。ヘスが自らを捕えた人物に語ったところによると、彼の任務は、戦争の即時終結を求めることであった。しかしヘスは、ヒトラー総統には知らせず、許可も得ないままイギリスまで飛行したことを認めていた。ヒトラーの反応は早く、ヘスが発狂したと非難した。ヘスを捕えたイギリス人も、最終的には同じ判断を下した。

ヘスが平和使節としてイギリスに飛ぼうと思ったきっかけは、いまだに謎である。ヘスは、ヒトラーは自分の意図について事前に何も知らなかったと言い続けてきたが、実際にはヒトラーがヘスの計画に気づいていたと推測する者もいた。イギリスを説得し、折り合いをつけて講和を結ぶことは、ドイツがソ連に向かって西進した場合に二つの戦線で戦争を行なわずにすむことを意味する。確かにヘスは、イギリスが最終的にはこの攻撃に加わってくれるかもしれないという期待すら抱いていた。

　　この主張を裏付ける有力な証拠が少なくとも一つは存在する。2011年、ドイツ人歴史家がロシアの国立公文書館で28ページの手書きの文書を発見した。この文書は、ヘスの元副官カール＝ハインツ・ピンチュが、ソ連の捕虜だったときに書いたものであった。それによると、実際にはヒトラーは、ベルリンとロンドンの間で和平交渉を開始するきっかけとするため、ヘスのイギリス行を許可していたというのである。ピンチュによると、ヘスは、「自分で使えるあらゆる手段を駆使して、少なくともイギリスの中立だけは実現しようとした。」ソ連がピンチュの自白を強要した可能性はあるものの、ピンチュがそれを真実だと信じていた――もしくは知っていた――可能性も同じぐらいあった。

　　他には、ヘスがイギリス秘密情報部（MI6）による「罠」の被害者ではないかと推察する者もいる。この説によると、MI6がありもしない話を注意深く漏らしたのである。その内容とは、イギリスの著名な人物がチャーチルを転覆させる計画を練っており、その後に妥協による和平

上：ヒトラー・ナチスのナンバー2であったルドルフ・ヘスは、1941年5月にイギリスに飛んだ。ヘスの見当違いは、イギリスを説得して講和を結ぶとともに、ソ連との戦いでイギリスをドイツ側に加わらせようとしたことであった。

前頁：ヘスの搭乗していた〈メッサーシュミットMe110〉の残骸。イギリス軍警備兵の監視下に置かれている。ゲーリングはヒトラーに対し、ヘスはスコットランドまでたどり着けず、北海に墜落するだろうと断言していた。

上：飛行中の〈メッサーシュミット Me110〉。ヘスは、アウクスブルクから離陸し、ドイツと北海上空を飛行してスコットランドにたどり着き、グラスゴーの外れで航空機から脱出した。

次頁：1941 年 3 月に撮影されたグループ写真。左端がルドルフ・ヘス。この頃ヘスは、ヒトラーの秘書官マルティン・ボルマンとの権力闘争に敗北しつつあった。

の交渉を開始する、というものであった。この説を唱えた人物は、ヘスはイギリスのこの誘いに乗って罠にはまったのだと考えている。もう一つの可能性としては、ヘスは、公式にはヒトラーとゲーリングに継いで3番目の重要人物であったが、自分がますます脇に追いやられており、党における自分の地位がしだいに脅威にさらされていることに気づきはじめていた。そこで、自ら課した任務を実現することで、ヒトラーに最も近く最も信頼される友人としての立場を取り戻そうと考えたのではないか、というものである。

「一つの未来像に圧倒されたようであった」

ヘスはヒトラーと同じように、第1次世界大戦中は歩兵であった。しかし総統とは違って、ヘスの昇任は早かった。彼は、ルーマニアでの戦闘中に負った重傷から回復すると、ドイツ帝国航空隊に転属となった。パイロットとしての飛行訓練を終えたヘスは、西部戦線における最後の航空戦に間に合った。彼は同世代の多くのドイツの青年と同様に、1918年にドイツが降伏したことに怒り、苦しみ、そして失望を感じていた。

休戦後、ヘスはミュンヘン大学の学生となり、すぐに過激な右翼活動に巻き込まれていった。反ユダヤ主義の秘密結社であり、もっぱら北欧人の民族的優秀性を主張するトゥーレ協会に加入し、元兵士の一群で構成されたドイツ義勇軍に加わって共産主義の叛乱を鎮圧した。1920年7月、ミュンヘンの小さなビアホールでヒトラーの演説を聞くと、ヘスはまだ生まれたばかりのナチス党に加わった。彼は、16番目の党員であった。

ヘスは、ヒトラーとの最初の会合と、そのときに未来の総統から受けた衝撃を一度も忘れたことはなかった。「一つの未来像に圧倒されたかのような」感じを受けたと語っている。ヒトラーこそドイツの自信を再生し、ドイツの威信を取り戻してくれる唯一の人物であると確信した。このときから、ヘスはヒトラーを全身全霊で慕うようになり、最も忠実な副官という役職に自分の適所を見つけたのである。

ふたりの男は、1923年のビアホール一揆で失敗した後にランツベルク刑務所に一緒に収監されて親交を深め、その間、ヘスは、未来の総統の政治理念を明らかにした『わが闘争』の執筆作業を手伝った。ヒトラーが10年後についに首相に就任すると、長年にわたる忠実な業務の報酬として、即座にヘスをナチス党のナンバー2に据えた。新たに副総統に任命されたヘスは、確固とした忠誠心

と盲目的な服従心の持ち主であった。ナチスがついに政権を獲得した後に集まったあるパーティーで、ヘスは次のように語っている。「我々は、誇りを持って、ひとりの人物があらゆる批判を乗り越えている姿を見ており、その人物とは、我々の総統である。彼は、常に正しく、これからもずっと正しいということを誰もが感じているし、知っているからである。我々全員の国家社会主義は、無批判な忠誠に根ざしている。総統への服従とは、個別に理由を尋ねるものではなく、総統の命令を黙々と実行することなのである。総統は、ドイツの歴史を作るために、より高邁な使命に従っていると我々は信じている。このような信念に、批判は存在しない。」

しかし、ヘスとヒトラーは性格が全く異なっていた。ヘスは内気で臆病であり、演台から距離を置いていた。一方のヒトラーは自信に溢れていた。ナチスの外国組織部のトップであったヴィルヘルム・ボーレによると、ヘスは、「これまでのドイツ人の中でも最も高潔な理想主義者であり、

きわめて物腰が柔らかい人物であった。」ヘスの副官の一人も同じ意見であった。ヘスは、「ほとんど女性のような感受性」の持ち主であったという。ヘスは、ヒトラーの破壊的な残酷さに少しも共感を持っていなかった。またヘスは、イギリスを大いに崇拝していた——彼は流暢な英語を話した。このような崇拝の気持ちが、イギリスに赴いて使命を果たすという計画に彼を駆り立てる重要な役割を担ったのだろう。これは、愛する母国と心底崇拝していた国との間の戦争を終結させるための、紛れもなく誠実ではあるが単純な取り組みであった。

スコットランドへの飛行

ヘスが平和使節の計画に取りかかったのは、1940年7月にフランスが敗北した後のことであった。その年の8月、ヘスはイギリス問題に関する最も重要な助言者であるアルブレヒト・ハウスホーファーに相談を持ちかけ、和平の譲歩についての交渉を希望しているイギリスの高官と接触する

方法について検討を始めた。可能性のある目標としては、戦前に融和政策を唱えていた著名人、すなわち、ウェストミンスター公やロンドンデリー卿、バクルー公、1940年にベッドフォード公の後を継いだタビストック卿、そして悪名高い姉妹ユニティ・ミットフォードとダイアナ・ミットフォードの父親であるリーズデイル卿などであった。しかし最終的には、戦前に英独フェローシップのメンバーであったハミルトン公が選ばれた。

　ハウスホーファーは、1936年のベルリン・オリンピックの際にハミルトン公と会っており、ドイツに好意的であると感じていた。また、ハミルトン公が最近、国室家政長官に任命されたことも知っていた。その役職は国王ジョージ6世に直接連絡が取れる。しかし、ハミルトン公が戦争前にドイツに対して持っていた共感がどのようなもので

上：イギリスは、ヘスの飛行の公表についてはドイツ側に任せていたが、宣伝については事件の直後から開始した。このビラは、イギリス空軍がドイツ上空でばら撒いた数十万枚の一つである。

前頁：ヘスが〈メッサーシュミット〉からパラシュートで脱出して着地した場所と、機体が破壊された場所を示した解説付き空中写真。ヘスは足首をひどく捻挫しただけだった。

料タンク2本と特殊な無線方位測定器であった。彼はまた、特に北海の気象条件について観察するようになった。

1941年5月10日の天候は、ヘスが目的を果たすにはうってつけであった。午後遅くにアウクスブルクのメッサーシュミット社の飛行場に到着すると、すぐに離陸の準備を始めた。搭乗機のコックピットに乗り込む準備をしているとき、ヘスは飛行場まで一緒だったカール＝ハインツ・ピンチュに4通の手紙を託した。1通はヒトラー宛であり、他の3通はそれぞれヘスの妻、ウィリー・メッサーシュミット、そしてヘルムート・カーデン宛であった。カーデンは、ヘスが飛行服を盗み取ったパイロットであった。管制塔にはノルウェーが目的地であることを告げ、その日の午後5時45分に離陸した。

「人道的任務」

午後10時をちょうど過ぎた頃、イギリス北東海岸のレーダー基地は、未確認機がイギリスの空域に接近してくるのを探知した。イギリスの海岸に近づくと、未確認機は速度を増すために急降下し、スコットランドの国境を越え、低高度でおおむね西の方向に向かって飛行した――実際、あまりにも高度が低かったため、迎撃のために緊急発進した3機の〈スピットファイア戦闘機〉は、この未確認機を完全に見失ってしまった。

この飛行機は、ヘスの〈メッサーシュミットMe110〉であった。陸地が見えてくると、ヘスはその上を飛んだが、満月であったにもかかわらず目標地点を特定することができなかった。内陸部に向かって飛行する前に、クライド湾上空を通過した。この時点で航空機の燃料タンクが空となり、航空機から脱出するか、緊急の不時着をする以外に手はなくなった。ヘスは前者を取り、ハミ

あれ、彼が徹底的な愛国主義者であり、今やイギリス空軍の中佐として勤務していたことを、ハウスホーファーは全く気づいていなかったようである。

ヘスはハウスホーファーに、ハミルトンへの手紙の執筆を依頼した。内容は、リスボンまたは中立国のスイスで二人だけの会合を提案するものだった。しかしこの手紙は、イギリス秘密情報部が没収し、ハミルトン公の手には渡らなかった。これらのことは全部、ハミルトン公の忠誠心を調査するために軍情報部第5課（MI5）が始めたものであった。その間、ヘスは、飛行機の操縦を練習しはじめていた。これは、グラスゴー近くのダンゲイブル・ハウスに住んでいるハミルトン公に会うために、スコットランドまで飛行しなければならない場合に備えてのことであった。ヘスは、友人のウィリー・メッサーシュミットに、〈メッサーシュミットMe110戦闘爆撃機〉を使わせてくれるよう依頼し、メッサーシュミット社のナンバーワンのテスト・パイロットであったウィリ・ストーアの指導の下で飛行訓練を開始した。ヘスのリクエストにより、この〈メッサーシュミットMe110〉には長距離飛行のための特別装備が取り付けられていた。巨大な900リットル入り落下式燃

ルトン公の邸宅からわずか19キロの月明かりに照らされた野原に、パラシュートで静かに舞い降りた。ヘスは後に、「言葉では言い表わせないほどの高揚感と大成功を痛感した」と書いている。搭乗機はすぐ近くに墜落し、衝撃でバラバラになった。

　この残骸に最初に近づいたのは、現地の農夫デヴィッド・マクリーンだった。彼は、上空を飛んでいた〈メッサーシュミットMe110〉の音を聞いていた。彼は、足首を捻挫したヘスが地面に横たわっているのを発見した。ヘスは、自分のことをアルフレッド・ホーン大尉だと説明し、ダンゲイブル・ハウスに連れて行ってくれるように頼んだ。その際、「ハミルトン公宛の極秘かつ緊急のメッセージ」を持っていると述べた。マクリーンは、ヘスをハミルトン公の邸宅ではなく、すぐ近くの自分の小屋に連れて行った。妻が紅茶を勧めたが、ヘスは丁重に断り、代わりに水が欲しいと言った。

　警察と郷土防衛隊がすぐに現場に到着した。ヘスは、ハミルトン公のところに連れて行ってくれるようくり返し頼んだが、現地の郷土防衛隊司令部に連行され、その後はグラスゴーの軍病院へと運ばれた。その間、イギリス空軍のターンハウス空軍基地からハミルトン公に、電話で問い合わせがあった。彼は、ホーンと呼ばれる人物のことは一度も聞いたことがないと言ったが、それでも翌朝には軍病院まで車を走らせた。ヘスは、戸惑っているハミルトン公に対し、すぐに自分の本当の正体を明かした。そして、イギリスとドイツの間で戦いが続けば不必要な殺戮が生じる、それを止めるための「人道的任務」によりスコットランドまで飛んできた、と説明した。ハミルトンは、ヘスが話すことに根気強く耳

上：シュパンダウ刑務所の独房で読書をするヘス。1987年の彼の死も、いまだに謎に包まれている。公式には自殺と判断されているが、家族は殺害されたと主張した。

前頁：ヘスが乗っていた〈メッサーシュミットMe110〉の胴体の一部。現地の博物館に展示。

を傾け、自分の上官たちに報告するために病院を離れた。その日の午後には、ヘスの予期せぬ訪問をチャーチルに直接知らせるために、南に向かって飛んだ。

　チャーチルはハミルトンの話に驚いたが、何をすべきかを正確に理解していた。和平交渉の希望など論外であった。ヘスは一人の交渉人として歓迎されるのではなく、一人の戦争捕虜として扱われることになった。首相は、外務省の高官でドイツの専門家であったアイヴォン・カークパトリックにグラスゴ

ーまで飛行してヘスを尋問するよう命じた。カークパトリックの結論は、ヘスの自己の任務に対する妄想は、ほとんど偏執狂ともいうべきものである、とのことであった。ヘスは、カークパトリックの尋問が終わるとイギリス南部に送られた。ロンドン塔に数日間閉じ込められた後、MI6に引き渡され、戦争の残りの期間は、ロンドン近くの邸宅で厳重な監視下に置かれた。

ヘスは正気を失っていたのか？

チャーチルは、ヘスが飛来したニュースを極秘扱いするように命じた。しかし、ヒトラーの反応は違った。ヘスは、ヒトラーに手紙を渡すようピンチュに依頼していた。ヒトラーはこの手紙を読み終えると、すぐになりふり構わず対応した。ゲーリングは、すぐにバイエルンにあるヒトラーの別荘ベルクホーフに呼び出された。そして、ヘスがイギリス上陸に成功した確率は非常に低いと言って、ヒトラーを安心させようとした。この恰幅の良いドイツ帝国元帥は、ヘスと搭乗機が北海に墜落したのはほぼ間違いないだろうと説明した。

ヒトラーは安全策を取り、ヘス自身が考えていた提案に従って行動することに決めた。ヘスの妻イルゼによると、ヒトラーへの手紙の結びは次のようなものであった。「総統閣下、もし私の任務が失敗に終わった場合、私と距離を置き、私が狂ったのだと宣言してください。」ヒトラーは、まさにこのとおりに事を進めた。5月10日にラジオの特別番組による公式声明の放送が行なわれ、ヘス副総統が無許可で飛行し、帰らぬ人となったと告げた。さらに番組は、「副総統が残した手紙から、不幸にも精神障害の痕跡が確認されました。これは、彼が幻覚の犠牲になっていた可能性を証明しています」と説明した。放送では直接触れなかったが、ヘスはいまや狂気の淵にいる夢想家のように印象付けられていた。

戦争が進むにつれて、ヘスの状態を監視していたイギリスの医療専門家も、同じような結論に達した。当初は、誰もヘスの精神の安定に疑問を感じていなかった。「驚くほど普通である……きわ

左：1945年のヤルタ会談における
チャーチル、ルーズヴェルト、そして
スターリン。ヘスの飛行事件の時点で、
スターリンはヘスがチャーチルと直接
交渉し、ヒトラーに加わってソ連を攻
撃することを説得しているのではない
かと信じていた。現実には、チャーチ
ルは、一度もヘスに会わなかった。

右：ニュルンベルク裁判の被告席のヘ
ス。当初ヘスは、申し立てには耐えら
れない健康状態だと考えられていたが、
その後、裁判官に対して、記憶喪失の
振りをしていたと話した。

めて健全であり、薬物常用者でないことも確かで
ある。健康にはやや問題があるが、それは彼の食
事制限に関する嗜好の問題である。」しかし時間
が経つと、ヘスの行動はますます異常になってい
った。自分の食事に毒が盛られている、薬が混ぜ
られている、と騒ぎ立て、その後は記憶を完全に
失ったと言い張った。階段の吹き抜けから飛び降
りて自殺を試みたので、精神分析医は次のような
結論を下した。すなわち、ヘスは「間違いなく、
精神不安定と狂気の間の一線を越えている。」

ニュルンベルクからシュパンダウへ

ヘスには、人びとを驚かせることがもう一つあっ
た。1946年にニュルンベルク裁判が開始される前
に10人の精神分析医がヘスに対して出した結論
は、精神障害者ではないが、裁判を受ける判断能
力は完全に欠けている、というものであった。法
廷がまさにこの結論にもとづこうとしたとき、ヘ
スが発言の許可を求めてきた。彼は判事たちに自
分は記憶喪失の振りをしていただけだ、と述べた
のである。「やや低下したのは集中力だけであ
る」と言ってのけ、他の被告人とともに、自らの
役目を果たしたのである。

それから数ヵ月間、ヘスは被告席の中でますま
す耳目を集めるようになっていた。事態の進展を
完全に無視しているように見えることも時おりあ

った。彼が再び口を開いたのは、
最終陳述を行なう時期になって
からのことであった。ヘスには免
責特権が与えられており、次の
ようなことを述べた。「私は、長
年にわたって我が国民が3,000年
の歴史の中で生み出した偉大な末
裔の下で働いてきた。たとえでき
たとしても、私の実体から、その
期間のことを消し去ろうとは思わ
ない。私は、私の国民のための義
務、ドイツ人としての義務、国家
社会主義者としての義務、そして
我が総統の忠実な部下としての義
務を果たせたことを知り、とても幸せである。私
は、全く後悔していない。」法廷は、ヘスに終身
刑を言いわたした。

ヘスは、ベルリンにあるシュパンダウ刑務所で
残りの46年間の人生を過ごした。この刑務所は、
連合軍の四つの国の混成部隊が交代で警備してい
た。ヘスの警備兵たちは、囚人第7号という呼び
名しか知らされていなかった――本名を話すこと
は禁じられていた。シュパンダウに収監されてい
た他の戦争犯罪人たちは、徐々に釈放が認められ
出所していった。釈放の最後は1966年のアルベル
ト・シュペーアとバルドゥール・フォン・シーラ
ッハであり、残されたヘスはシュパンダウでたっ
た一人の受刑者となった。ソ連は、ヘスの仮釈放
を断固として拒否していたのである。

1987年8月17日、93歳になったヘスは、刑務所
の中庭にある休憩所の窓の掛け金で、首吊り自殺
を図ったとみられている。この最後の行動も議論
の的となった。ヘスの息子を含めた多くの者が、
ヘスは自ら命を絶つことができるほど体力はなか
ったと考えていた。彼らは、戦争中の厄介な秘密
をヘスが明らかにするのを止めようとして、誰か
が秘密裏に殺害したのではないかと主張した。ロ
シア人がついにヘスの釈放を承諾しそうだという
発表が、殺害のきっかけだったのではないかと考
えられたのである。

第 8 章

警告あれども
準備せず

*1939 年 8 月末、ナチスの外務大臣ヨアヒム・フォン・リッベント
ロップは、ヨシフ・スターリンと不可侵条約を締結するために、
モスクワに飛んだ。このときは、世界中が完全に不意打ちを食らっ
た。しかし、ヒトラーの軍隊が 1941 年 6 月 22 日にソ連に襲いか
かったとき、不意打ちを食らったのは明らかにスターリンだけで
あった。ドイツが今にも攻撃を仕掛けてくるという警報が数多く
発せられていたにもかかわらず、なぜソ連の独裁者はそれを無視
したのか？*

ヒトラーは、スターリンと折り合う方法について迅速に決断した。このような決断は、ご都合主義という言葉で要約できよう。ヒトラーは、ポーランド侵攻を計画してから2週間もしないうちに、イギリスとフランスがポーランドの独立を保障していたことから、戦争が始まった場合には、ソ連が連合国の一員として参戦しないことを担保する必要があった。

何週間もの間、イギリスとフランス両国は、本腰を入れないままソ連との交渉を続けたが、ほとんど、もしくは全てが無駄であった。会談は最初から最後まで不手際の連続であったが、驚くことではなかった。というのも、実際のところ、イギリス首相のネヴィル・チェンバレンは最初の段階から、戦争に乗り出すことを決して望んでいなかったからである。ヒトラーにはそのような抑制心はなかった。ナチス・ドイツとソヴィエト・ロシアは長年にわたって不仲であった。しかしヒトラーは、たとえナチスと共産主義の政治的イデオロギーが全く正反対であったとしても、スターリンと合意に至ることが戦術的に不可欠であることを理解していた。もしスターリンがポーランドおよび西側につくことを決断したならば、彼はかなりの軍事力をポーランドに展開しなければならなかったからである。

リッベントロップとソ連外相ヴャチェスラフ・モロトフが合意した条約は、一般的な条件としては表面的には無害であった。両国は、少なくとも10年間は、互いに戦争は行なわないこと、いずれかが第三国と戦争状態となった場合は、その国を支援しないことを約束した。また、相互貿易を拡大することについても合意された。毒は、秘密条項の中に盛られていた。その条項では、東ヨーロッパのある地域における両国の「影響範囲」——

上：1941年に捕えられたロシア人捕虜たちの一群。ヒトラーのソ連攻撃に、スターリンは完全に不意打ちを食らった。

前頁：モロトフとリッベントロップが1940年10月にベルリンで会っているところ。その前年に二人は、独ソ不可侵条約について交渉を進めていた。

つまり、将来の支配地域——が明記されていた。スターリンは、帝政ロシアが支配していた領土のうち、第1次世界大戦で失われた全ての領土の支配を望んでいた——それがこの条約で確約されたのである。ポーランドに関しては、領土を分割した上でビスワ川よりも東部をドイツが、西部をソ連が占領することとされた。

リッベントロップとモロトフがこの条約に署名したのは、8月24日のことであった。その8日後、ドイツは西方からポーランドに侵攻し、すぐに激しい電撃戦が始まった。9月17日には、今度は60万以上のソ連軍が東方からポーランドに侵攻し、合意済みの分割線まで速やかに進軍した。数日のうちに、ソ連赤軍はポーランドの半分を占領した。

スターリンは、同時にリトアニア、エストニア、ラトビアのバルト諸国に進出した。これには、将来ナチスが攻撃してくる可能性から自らを守るために、ソ連の国境を西方に拡大して緩衝地帯を作り出そうという意図があった。またスターリンは、フィンランドに対して、その領土の外縁

左：攻撃に向けて
突進するドイツ軍
〈Ⅳ号戦車〉。

次頁上：ヒトラー
を打ちのめす騎兵
の理想像を描いた
ソ連のトランプ。

次頁下：「冬将軍」
がロシアを助ける
ようになると、ド
イツ軍の進撃は鈍
化し、そして止まっ
た。

部を譲るよう恫喝した。これにより、レニングラード（現在のサンクトペテルブルグ）周辺における防御のための突出部を生み出すことができた。しかしフィンランド人は断固として拒絶した。11月末、スターリンは、赤軍に攻撃を命じ、短期間かつ簡単にフィンランドに勝利できると期待していた。その後に起きたいわゆる「冬戦争」は、ソ連にとって大参事の一つとなった。戦争は長期化し、数千人のロシア軍の最精鋭部隊が犠牲になった。最終的にフィンランドはソ連の数の重圧に圧倒されたが、ソ連軍の指導層が明らかに無能であることが世界中に暴露されたのである。

独ソ不可侵条約が与えた影響

この条約の締結により、ソ連と西欧列強諸国との関係は劇的に悪化した。フランスでは、政府が9月27日にフランス共産党の解散を命じた。共産党の35人の国会議員は投獄され、党の代表モーリス・トレーズは、拘束を恐れて軍を脱走し、中立国ベルギーに逃れたが、市民権を剥奪された。彼は亡命先から、スターリンの指示に従って、開き直った態度で共産党の新しい政策──「帝国主義者

の戦争」の継続に全力で抵抗する──ことを宣言した。

身分を隠した共産主義扇動者たちは、フランス陸軍の最前線で反対の声を上げ、一方で本国の兵器産業を弱体化させるための妨害工作に取り掛かった。きわめて性能のよかった〈ルノーB1重戦車〉は、格好のターゲットとなった。ある報告文書では、妨害工作がこの戦車の生産に与えた損害について詳細に記されている。「ナット、ボルト、さまざまな古い金属片がギアボックスや変速機の中に放置されていた……クランクケースの中には、削りかすや研磨剤があり、旋盤でエンジンオイルとガソリンの配管に初期亀裂が作られた。これらは全て、エンジンを数時間動かしただけで、バラバラに壊れるように意図したものであった。」

ソ連に対するさらなる直接的かつ積極的な行動についても議論された。イギリスとフランスの政府の首脳は、フィンランドへの軍需物資の供与を許可することで合意した。ただし、フィンランドが最終的に降伏してしまったため、フィンランドを援助するために連合軍の派遣部隊を展開するこ

とはできなかった。また連合軍は、ソ連からドイツ第三帝国への石油の移送を止めようと、バクー、バトゥーミ、そしてグロズヌイを爆撃することも計画していた。この計画はパイク作戦と呼ばれていたが、幸いなことに実行に移されなかった。

　それに引き替えヒトラーは、新たな同盟国と息がぴったり合っていた。早くも1939年9月末には、スターリンはリッベントロップに対して、ソ連は決してドイツの敗北に手を貸したり、黙認することはないと約束した。後にスターリンは、それまでドイツと結んだ約束を全て否定したが、最近情報公開されたソ連の公文書から、彼の発言が包み隠さず明らかになった。スターリンは、「あらゆる予想に反してドイツが困難な状況におちいった場合でも、ソ連の人民は必ずやドイツを助けに行き、ドイツが絞殺されるのを許すことはないだろう。ソ連は強力なドイツに期待しており、ドイツが敗北することは許されない」と断言していた。

　スターリンのこの発言が何を意味しているのかについては、疑問の余地がある。確かにこの頃、ヒトラーはスターリンを信じているようだった。宣伝相のヨーゼフ・ゲッベルスは10月1日の日記に次のように書いている。「総統との私的な会合にて。総統は、ロシアの忠誠心を確信している。」

転換点
いくつかの出来事のために、スターリンは否が応でも危険な二枚舌

上：スターリンは、ヒトラーがイギリスを敗北させる
前にロシアに攻撃を仕掛けるほど愚かな人物だとは
思っていなかった。

の行動をとるようになった。きっかけとなったのは、ヒトラーが1940年5月にフランスに対して開始した得意の電撃戦であった。スターリンは、ドイツ国防軍の「鮮やかな勝利」に対して公然とヒトラーを祝福した。しかし、ナチスの勝利の迅速さと規模の大きさに完全に度肝を抜かれていた。スターリンが予想していたのは、長期間にわたって相互に破壊し尽くす消耗戦であった。つまり、この戦争の勝利国がどこであろうとも、参戦国は国力が弱まるため、ソ連に脅威を与えるようなことにはならない、ということであった。スターリンを信奉する側近の一人であった若きニキータ・フルシチョフは、自分の主人について次のように記憶している。「スターリンは、タクシーの運転手のように辺りをうろつき回っては悪態をついた。フランスを罵り、イギリスを罵った。どうして彼らは、ドイツのなすがままに敗北し、粉砕されたのか？」

　イギリスの敗北を信じていたスターリンは、イギリスからの関係改善の試みを拒絶していた。しかしヒトラーは、結局のところロシア人たちを信用することはできないと確信するに至っていた。ヒトラーは、ソ連が一方的にルーマニアのブコヴィナ地方を併合したことに激怒していた。というのも、この地域は、独ソ不可侵条約において、ロシア側に割り当てられた場所ではなかったからである。イギリスが強情に和平交渉の開始を検討しようともしないことで、それまで以上に猜疑心の強まっていたヒトラーは、チャーチルとスターリンが密かに何かを企んでいるのではないかと信じるようになった。7月31日、ヒトラーは将軍たちに、もしイギリスがドイツとの和平交渉を拒み続けるのであれば、ソ連への攻撃を決意することになると告げた。ヒトラーは、「ロシアは、イギリスが最も頼りにしている要素である」と結論付けた。そして、「ロンドンで何かあったに違いない。イギリスは、完全に打ちのめされたのに、今では再び活況を取り戻している。ロシアを叩けば、イギリスの最後の期待は粉々になるだろう。ロシアの壊滅が早ければ早いほど良い。1941年5月に対ソ戦を開始できるのであれば、5ヵ月で仕事は終わるであろう」と述べた。

ヒトラー総統との宥和

スターリンとしては、戦争をできるだけ長い期間回避しなければならないことを知っていた。フィンランドとの「冬戦争」で実証されたように、ソ連赤軍はドイツ国防軍に立ち向かえるほどの状態にはなかった。12月初旬、モロトフが決定打のないベルリン訪問から帰国すると、スターリンは部下の将軍たちに問いかけた。「ヒトラーが大勝利に酔いしれていることを我々は知っている。そしてヒトラーは、我が赤軍の戦争準備が整うまで少なくとも4年が必要であると信じている。明らかに、この4年という期間は十分すぎる。しかし我われは、もっと早く準備を整えなければならない。あと2年は戦争を遅らせるよう努力するつもりである。」

　ソ連にとって必要な時間を稼ぐために、スターリンはヒトラーと宥和することに決めた。1941年1月10日、ソ連はドイツとの新しい貿易協定を批准した。これは、ウクライナからドイツ第三帝国に送る穀物の量を倍にするというものであった。さらに多くの貿易上の譲歩が続いた。ソ連は、ドイツが必要とするリン酸肥料の約4分の3、ドイツが輸入しているアスベストの3分の2以上、ごく少量のニッケル、そしてきわめて重要なことに、ドイツの輸入している原油の3分の1以上を供給していた。しかし、ヒトラーはこれでも攻撃準備を思いとどまることはなかった。ドイツ陸軍総司令官ヴァルター・フォン・ブラウヒッチュ元帥と陸軍参謀総長フランツ・ハルダー大将に対し、「ロシアは劣勢である」と断言した。「ソ連軍には指導者がいない。」さらに続けて、フランスに侵攻して敗北させたことに比べれば、ソ連軍を粉砕することは赤子の手をひねるようなものである、と語った。

　ポーランドに降った雪が融け、凍てついた地面が暖まりはじめると、ドイツ東部で人員と装備の大々的な集積の動きが始まった。フィンランドの国境とバルト海から、南方の黒海の奥地深くまで、数千キロの前線に沿って、最終的に300万人以

上：空から襲いかかろうとしている〈ユンカース Ju87 スツーカ急降下爆撃機〉。ドイツ空軍は、ロシア西部にあるソ連空軍の大部分を地上で捕捉し、撃破した。

次頁：「ドイツの占領軍に死を」という単刀直入なメッセージを伝えるソ連のプロパガンダのポスター。

上のドイツ兵に加え、ルーマニアやフィンランド、その他の同盟国から50万人以上がソ連に対する攻撃準備を整えた。彼らは3,600両の戦車と60万台の自動車、70万門の大砲を配備していた。さらにドイツ空軍の半分以上が航空支援を行なうことになっていた。

　ソ連軍最高司令部内の多くの者が、このような集結は近いうちにドイツ軍の攻撃が始まる前兆であると懸念していた。しかしスターリンは、このような懸念を全て退けた。ソ連赤軍士官学校の卒業生の一団に対し、「ドイツとの戦争は避けられない」と話していたにもかかわらず、ヒトラーはさらに多くの経済的な譲歩を確保しようと強気な態度を取っているにすぎないと確信していたのである。スターリンは、ヒトラーがイギリスを敗北させるか、もしくはイギリスと和平を締結するのを待たずして、先に東方での攻撃開始の決断を行なったことを理解できなかった。「我々は幻想を抱いてはならない。」スターリンは、共産党の政治局員たちに警告した。「ファシストのドイツがソ連に対する攻撃を準備中であることは明らかである。」そして彼は、重大な警告を述べた。「ヒトラーがイギリスと条約を締結しなければならないのはなぜか」と問い掛け、「なぜなら、ヒトラーは二正面作戦を避けたいからである」と続けた。

上：生産ラインから続々と送り出されてくるソ連軍〈T-34型戦車〉。ドイツ軍は、この戦車の出現に驚かされた。その分厚い前面装甲によって対戦車砲弾は跳ねかえされるだけであった。

新たに参謀総長に任命されたゲオルギー・ジューコフ将軍とティモシェンコ将軍も、「複雑化した軍事と政治の状況を考慮すれば、遅滞することなく、西部戦線における欠陥を是正するための緊急の措置を取る必要がある」と警告した。スターリンは耳を貸さなかった。その代わりに、心配する将軍たちに対して、「ロシアが手段を有しない非現実的で気違いじみた計画」を実行しないように釘を刺した。スターリンは将軍たちに、自分の情報によるとポーランドに集結中のドイツ軍部隊は単なる演習のためである、と説明した。

チャーチルからの警告

スターリンが、部下の高級将官たちからの助言を無視していたことから、チャーチルからの警告に適切に対応した可能性もきわめて低い。イギリスは、それまでモスクワから断固として拒絶されていたにもかかわらず、それでもチャーチルは再度警告を試みることを決心していた。1941年4月、チャーチルはソ連の指導者に書簡を送り、次のように説明した。すなわち、「信頼できるある情報筋」──実際には、このときの情報源は解読されたエニグマの通信文であった──によると、ドイツがソ連に対してすぐにでも攻撃を開始することについて、イギリスは事前に警告している、という内容であった。

スターリンは、この働きかけをあっさりと無視した。そしてその翌月、ルドルフ・ヘスが独断でイギリスとの和平を行なっているというニュースがモスクワに届いた。スターリンの恐るべき諜報機関の責任者キム・フィルビーの息子であり、ソ連がイギリス秘密情報局の心臓部に送り込んだスパイであるセルジオ・ベリアは、この最新情報をロシア人の監督者を経由してロシアに送ったが、それはチャーチルがこの情報を受け取るよりも早かった。スターリンはこの情報を受け取ると、破

滅的な結果になるに違いないと早合点した。

スターリンは、最初からチャーチルの動機に疑いを持っていたが、今や、それが完全に明らかになったと感じ取った。スターリンが受け取ったチャーチルからのメッセージやイギリス情報機関の報告は全て卑劣な陰謀の一部であり、その狙いは、ドイツに対して先制攻撃をけしかけるための罠に違いないと思っていた。彼は共産党中央委員会で次のように語った。「チャーチルは我々に対して、ヒトラーの侵攻の意図には気をつけろというメッセージを直接送ってきている。他方でこのイギリス人は、間違いなくヒトラーの腹心であるヘス副総統と会い、彼を通じてドイツとの交渉を行なっているのである。」

スターリンによれば、考えられる結論は一つしかなかった。「チャーチルが直接警報を送ってきたときは、明らかに我が軍事機構が"活動"できる状態にあると信じていたのだろう。同時にヒトラーには、ソ連に対して先制的に聖戦を行なう直接的かつもっともな理由があるのだろう。そこで我々は、ヒトラーに対して攻撃の口実を絶対に与えてはならない。ヒトラーと我々の関係を悪化させてはならない。」

戦争へのカウントダウン

それから数週間、スターリンは断固としてこの結論に固執し、次から次へと届くドイツの攻撃が差し迫っているという警報を無視した。ナチスの反応を誘発してしまうようなことは、一切してはならないと命じた。スターリンはくり返した。「独ソ条約で規定された義務を慎重に履行しなければならない。そうすればドイツは、ソ連側の条約違反をわずかでも指摘することはできないだろう。」駐モスクワ大使館付武官であったハンス・クレープス大佐はヒトラーに対して、「ロシアは戦争を回避するためには何でもするでしょう」と報告している。

6月12日、スターリンは部下の将軍たちに対し、「ヒトラーは、ソ連を攻撃することで二つ目の戦線を作るつもりはないと私は確信している。ヒトラーはそれほど愚かではない」と伝えた。その2日後、ソ連の国営タス通信社は、クレムリンからの最新の声明を伝えた。「ソ連周辺の意見として、ドイツが条約を破ってソ連に攻撃を開始するという噂が存在するが、この噂は全く根拠がない。ドイツの平和政策と足並みをそろえているソ連は、独ソ不可侵条約を遵守してきたし、遵守するつもりである。したがって、ソ連がドイツとの戦争準備を進めているという噂は、全くの嘘であり、挑発である。」

スターリンは、今度は将軍たちに怒りの矛先を向けた。彼らは、少なくとも部分的な動員を認めるべきだと迫っていたのである。「諸官らは我々に戦争の恐怖を味わわせたいのか？ それとも諸官らは勲章が足りないとか階級が低すぎるという理由で戦争を望んでいるのか？」スターリンは、ジューコフをはじめ、ソ連軍参謀本部の参謀たちを怒鳴りつけた。「諸官らは、ドイツが単独でソ連に攻撃を挑むことは決してないことを悟るべきである。このことを理解すべきである。」スターリンは会議場を飛び出し、そして数分後に再び戻ってきた。「もし私の許可なく部隊を動かして前線のドイツ軍を誘発するようなことがあれば、諸官らの首が飛ぶことになるだろう」と言った。

6月21日夜、スターリンは、週末を首都の西にある田舎の別荘で過ごすべく、クレムリンを離れた。神経の疲れる政治局の会議が終わった後、ベッドに潜り込んで数分で眠りに就いた。それからちょうど2時間後の午前3時30分、電話の音がしつこく鳴り響いた。内務人民委員部（NKVD）の当直保安将校が電話を取り、「どなたですか？」と訊ねた。相手は、「参謀総長のジューコフだ」と答えた。「スターリン同士に連絡を取りたい。大至急だ。」ヒトラーは、ナポレオンがロシアに侵攻したのと同じ日にロシアに侵攻を開始した。こうしてロシア人が最終的に「大祖国戦争」と名付けた戦争が始まったのである。

第9章
太平洋戦争のミステリー

アメリカ軍の〈ロッキードP-38 ライトニング戦闘機〉が、1943 年 4 月 18 日に日本海軍の連合艦隊司令長官山本五十六大将の搭乗していた航空機を撃墜した。アメリカ人パイロットたちが殺害したのは、真珠湾のアメリカ太平洋艦隊に対して行なった奇襲攻撃の立役者として、歴史に名を残した人物であった。しかし、この攻撃の計画作業は、全て山本大将自ら行なったものだったのだろうか？ あるいは、ほとんど評価されなかったアメリカとイギリスの海軍の専門家たちが開戦の数年前に提案したアイデアを利用しただけなのだろうか？

山本大将は、軍事的天才の一人であった。同時に、大多数の日本の将校たちほどには島国根性がなく、はるかに進取の気性に富んでいた。彼は、1919年にハーバード大学に留学しており、その7年後にアメリカに舞い戻って、ワシントンの日本海軍の武官として2年間勤務した。その結果、彼は英語の読み書きに堪能であった。このアメリカ滞在中に、西欧の専門家が書いた海軍戦略に関する本や論文を学ぶ機会を利用したのは当然のことであった。

そのような論文の一つに、並外れたものがあった。『太平洋におけるアメリカのシーパワー』と題する論文であり、海軍問題の専門家であったイギリス人著作家ヘクター・バイウォーターが書いたものである。その中の重要な部分では、太平洋で起きるかもしれない将来の戦争のパターンを論じていた。この論文は1925年にイギリスで発表され、その後、日本語も含めていくつかの言語に翻訳された。バイウォーターは、発表直後に論文——あるいは少なくとも、太平洋でアメリカと日本の間で行なわれる未来の戦争を直接論じている部分——を長編小説へと膨らませ、『太平洋大海戦』というタイトルを付けた。たちまち論文と小説がともに、列強の全ての海軍大学で推薦図書に選ばれたのである。

バイウォーターの経歴は、実に興味をそそるものであった。ウェールズに生まれ、1901年に10代で家族とともにイギリスからアメリカに移住した。新聞記者になると、『ニューヨーク・ヘラルド』誌の特派員に任命された。日露戦争の取材で有名になった後は、特派員としてヨーロッパに戻された。ヨーロッパでは、取材活動と同時にイギリス海軍本部のためにスパイ活動を行ない、ドイツの海軍増強計画の進捗状況について報告していた。1915年にアメリカに戻ると、ニューヨークの港湾地区でドイツの破壊活動を阻止する手伝いをした。

1921年のワシントン海軍軍縮会議——参加国の列強が公式発表を行なう前に、最終的な合意内容をスクープして世界の度肝を抜いた——が終わると、バイウォーターは、太平洋上で日本とアメリカが海戦に突入する可能性について著作活動を開始し、それらは後日、『太平洋におけるアメリカのシーパワー』および『太平洋大海戦』になった。その結果、バイウォーターは幾分有名になったが、その名声は比較的短命に終わった。その頃、彼は山本大将に会うことさえ可能であった。

将来予測

バイウォーターの数多くの予言が驚くほど正確であったことが、後の出来事によって証明されている——しかし、日本海軍による真珠湾への奇襲攻撃で太平洋の戦争が開始されることは予想していなかった。彼の予言していた太平洋戦争の開戦は、日本とアメリカの艦隊によるフィリピン沖の大規模な海戦であった。しかし、そういった海戦では、空母艦載機が主要な役割を果たすことは予想していた。この予想自体は特異なことではなかった。というのも、1920年代中頃には、イギリス海軍、アメリカ海軍、および日本海軍は全て、誕生間もない空母艦隊を保有していたからである。航空機が軍艦に対して何ができるのかについては、すでに1921年の夏に有力な実証実験が行なわれていた。この実験では、アメリカ海軍と陸軍航空隊の爆撃機による連合部隊が、第1次世界大戦後にアメリカに引き渡された数隻のドイツ軍艦を攻撃した。その中には、戦艦〈オストフリースラント〉もあった。

ウィリアム・"ビリー"・ミッチェル准将の指揮する航空機によって実施された一連の爆撃実験の中で、〈オストフリースラント〉の沈没はクライマックスであった。ミッチェルは、1920年代のアメリカでは、エアパワー支持者として最も有名

左：真珠湾のアメリカ海軍基地に対して日本海軍が奇襲攻撃を行なった後、炎に包まれて沈没している戦艦〈ウェスト・ヴァージニア〉。ルーズヴェルト大統領は、この日を「屈辱の日」と呼んだ。

な——そして最も物議を醸した——人物であった。彼は自分の〈デ・ハビランドDH-4爆撃機〉に搭乗して、この実証実験を直接率いた。爆撃機は、〈オストフリースラント〉以外にも、ドイツ海軍のUボート1隻と、目標艦として無線操縦に改修された戦艦〈アイオワ〉、駆逐艦1隻、軽巡洋艦1隻を攻撃した。しかし、最も見栄えが良かったのは〈オストフリースラント〉であった。ミッチェルの報告によると、この実験で「最新型の戦艦も含め、あらゆる種類の水上艦艇は、航空機から投下される爆弾によって容易に破壊可能であり、しかも爆弾は最も効果的な破壊手段である」ことが証明された。

バイウォーターがミッチェルの実験を知っていたかどうかは不明である。本当に注目すべきは、日本軍がその後グアムとフィリピンに対して行なった攻撃についての彼の説明部分である。彼の文章によると、「グアムは日本軍の激しい空爆と砲撃を受け、その後、日本軍は挟撃するために島の東西の海岸に上陸するだろう。アメリカ軍部隊は、この攻撃に反撃できず、間もなく降伏を余儀なくされるだろう。」

これは、日本軍が1941年12月に太平洋で攻撃を開始したときに起こったことと、ほとんど同じであった。日本軍のフィリピン侵攻について、バイウォーターの説明と実際に起きたことの類似性も、驚きに値する。彼の予想では、島の西側を航走中の空母機動部隊から発進した航空機が、大規模な航空攻撃を開始して戦いの火蓋が切られるというものであり、現実もその通りであった。それに続いて日本軍は、ルソン島のリンガエン湾とラモン湾、そしてミンダナオ島のシンダンガン湾に上陸し、三方向から侵攻を行なうと予想した。

ルソン島上陸は、バイウォーターが予想したとおりに行なわれた。日本軍は、内陸部に向かって進撃し、マニラを二方向から攻撃した。シンダンガン湾上陸の予想だけが見当違いであった。しかし、日本軍は、ミンダナオ島西部のシンダンガン湾に上陸する代わりに、南東端にあるダバオ湾に上陸した。

これら全てが、バイウォーターの予測どおりであったとは決して言えない。彼が予測していたのは、アメリカ軍が最終的に太平洋を奪還する方法であった。すなわち、強力な海軍戦力の助力を得て、入念に計画された一連の飛び石作戦によって、日本本土に向かって容赦なく突き進むというものであった。またバイウォーターは、敗北に直面した日本が、使用可能な資源をひとつ残らず——特攻機を含め——戦いに投入するだろうと予言していた。

太平洋での大勝利という日本の夢は、最終的には海軍の決戦で打ち砕かれるであろう。その戦いは、この戦争が始まったのと同じ場所で行なわれるだろう——それはフィリピンとは離れた場所である。妙なことだが、バイウォーターは、エアパワーが戦闘で果たす役割を評価していなかった。1944年末に実際にそのような戦いが起きたとき、敵対する部隊は空母艦載機という手段を用いて競い合った。水上艦隊が、敵を視野に捉えることは滅多になかったのである。

タラントの教訓

結局のところ、バイウォーターの予想と太平洋戦争の序盤戦に山本大将のとった戦略はあまりにも似ていたため、偶然の一致ではないように思われる。またバイウォーターは、海洋戦で運用される航空機の主な機種が、雷撃機となることも予想していた——この点においても、彼は完全に正しかった。

開戦前に何年もかけて海軍航空の発展を指示してきた山本大将が、自らの持論をさらに裏付けるものを必要としていたならば、それはイギリスにあった。日本が真珠湾攻撃を行なう1年余り前の1940年11月、イギリス海軍の〈ソードフィッシュ雷撃機〉が魚雷と爆弾を搭載して、タラント港に停泊していたイタリア艦隊を攻撃した。見事なま

上：真珠湾攻撃の立案者、山本五十六大将。山本大
将自身は、アメリカとの戦争には反対であった。

上：1945年に連合軍の飛行場に向けて飛んでいる日本軍の一式陸上攻撃機〈ベティ〉。降伏を意味する緑十字の機体マークが塗られている。山本大将が撃墜されて戦死したのは、この機種に搭乗しているときであった。アメリカ軍は、日本海軍の暗号を解読して山本大将の飛行計画経路を察知した。

次頁：1921年に、かつてのドイツ海軍戦艦〈オストフリースラント〉に対して空から爆撃を行なうウィリアム・"ビリー"・ミッチェル准将。ミッチェル准将は、主力艦であっても航空攻撃には脆弱であることを実証しようと決意していた。

でに実行された夜間攻撃において、〈ソードフィッシュ〉は、イタリア海軍で最も近代的な3隻の戦艦と2隻の重巡洋艦を無力化した。イタリアは、戦艦2隻と重巡洋艦1隻を航海可能な状態まで修復するために、6ヵ月の期間を要した。〈コンテ・ディ・カブール〉ともう1隻の巡洋艦は、廃棄せざるを得なかった。

この攻撃は、イギリス地中海艦隊司令官アンドリュー・カニンガム提督のアイデアによるものであった。イタリア艦隊は、出港してイギリスと水上戦闘を行なおうとしなかったため、カニンガムは、航空攻撃の実施が最善の行動方針であると決断した。その計画は大胆なものであった。この攻撃を行なうためにカニンガムが頼りにしていた〈ソードフィッシュ雷撃機〉は、あまりにも低速かつ厄介な航空機であった――近代的な戦闘機にとっては無防備な攻撃目標であり、対空機関砲が適切に運用されれば簡単に撃墜できた。カニンガムは、この攻撃のために最大21機の〈ソードフィッシュ〉を集めた。

11月11日、カニンガムの指揮下にある唯一の空母〈イラストリアス〉――空母〈イーグル〉は、作戦中に損傷を受け修理中であ

った――は、1時間の間隔をあけて、二波の〈ソードフィッシュ〉を発進させた。各波のうちの2機は、イタリアの防御を混乱させるため、高々度を飛行して照明弾を投下した。他の攻撃機は、海面スレスレを飛行して港を横切り、投錨中のイタリア艦船に対して魚雷を発射した。〈コンテ・ディ・カブール〉は、艦首に魚雷が命中し、艦首上甲板が爆発炎上した。この戦艦は、停泊していた場所で沈没した。戦艦〈リットリオ〉には2発の魚雷が命中した。〈ソードフィッシュ〉の第二波は、戦艦〈カイオ・ドゥイリオ〉に魚雷を命中させ、再びリットリオに損害を与えた。カニンガムは、この攻撃によって2機の〈ソードフィッシュ〉を失った。イタリアの戦闘艦隊は、半数以上が作戦不能となった。

東京における論争

タラントの教訓が山本大将に伝わらないわけはなかった。山本大将にとってみれば、カニンガムの偉業は、主力艦が航空攻撃に対して脆弱か否か、という議論についに決着をつけるものであった。1932年にハワイで行なわれたアメリカ海軍の演習は、空母部隊が気づかれないように真珠湾に接近し、夜明け前にハワイの基地に壊滅的な奇襲攻撃を仕掛けることが可能である理由を自ら実証するものであった。この演習は広く公表されたことから、山本大将はこの演習からも教訓を得たはずだ。また、山本大将が若き大佐であった頃に、日本の海軍大学で行なわれた兵棋演習に参加したときのことを振り返っていたのかもしれない。その演習では、真珠湾に空母機動部隊が攻撃を行なう

可能性の検証もしていた。

　1940年12月、山本大将は、先行的にこの攻撃の計画立案に着手した。彼の大変な労力により、日本海軍軍令部は、この作戦が実行可能であると納得するようになった。最大の懸念は、そのような攻撃の実行にはあまりにも大きなリスクが伴う、ということだけであった。1941年9月11日に開催が計画されていた兵棋演習に、真珠湾攻撃の計画の検証も含めることが合意されたのは、8月になってからのことであった。9月24日、山本大将は、この計画は破棄されたと告げられた。連合艦隊内の部下の提督たちですら、実行可能性には疑問を感じていた。誰もがこの攻撃に反対していたのである。

　山本大将は諦めなかった。彼は、疑い深い部下の提督たちに対し単刀直入に話しかけ、自分は司令長官であり、そしてその配置にあるかぎりは、攻撃のための計画立案を先に進めると告げた。1940年9月から1941年11月まで海軍大臣を務めた及川古志郎大将に対しては、「きわめて早い段階からこの戦争の命運を決するために、我々は最善を尽くさなければならない」と説明し、最後の申し出を行なった。真珠湾を急襲するというこの計画が認められなければ、山本大将と連合艦隊司令部の全参謀は辞任するつもりであった。海軍軍令部は降参した。すでに軍令部総長永野修身大将以下、軍令部の中心人物たちは、アメリカとの戦争がますます不可避なものになりつつあるという結論に達していた。山本大将は、準備に着手することを正式に承認されたのである。

実際には何が起きたのか？

空母機動部隊は、11月26日に日本周辺の海域を出発した。空母機動部隊の司令長官を命ぜられたのは、南雲忠一中将であった。空母機動部隊には、日本海軍屈指の6隻の空母と、それを護衛するために戦艦2隻、重巡洋艦2隻、軽巡洋艦1隻、駆逐艦9隻、そして前方哨戒用に潜水艦3隻が配備された。また、機動部隊がハワイまで往復するためには、太平洋上で燃料補給が必要であった。そこで、油槽船7隻が機動部隊に随伴した。

　各空母には、それぞれ約70機の航空機が搭載されていた——水平爆撃と雷撃用の〈中島97式艦上攻撃機〉、急降下爆撃機の〈愛知99式艦上爆撃機〉、そして〈三菱零式艦上戦闘機〉を混成したものであった。ハワイへの航路については、アメリカ軍の哨戒艦に発見される可能性を少なくするため、慎重を期して、距離は長くなるが北寄りのコースを取ることになった。あらゆる灯火を消した艦隊は、厳格な無線封鎖を続けながら、荒れ狂

う海洋を突き進んだ。ハワイの北方約320キロの攻撃開始位置に到着したときだけ、日本からの簡潔な通信文を受信した。その文面は、「ニイタカヤマノボレ一二〇八（攻撃開始日を12月8日と定める）」だけであった。これは、攻撃開始の合図であった。

　12月7日午前6時、日本軍機の第一次攻撃隊が空母から発艦を開始した。第二次攻撃隊は、その70分後に続いた。攻撃目標までの飛行時間はおおよそ1時間50分で、パイロットたちは、ホノルルの位置を知るために、ラジオ放送に周波数を合わせた。最初の攻撃が始まったのは、午前7時49分ちょうどであった。その4分後、爆撃機と雷撃機

が襲いかかったとき、攻撃部隊の指揮官であった淵田美津夫中佐は、待機している空母に対して「トラ、トラ、トラ（我奇襲に成功せり）」を打電した。これは、戦術奇襲が完璧に成功したことを確認するものであった。

　午前10時、全ての日本軍機がその任務を完了した。現場を最後に離脱したのは淵田中佐機であった。彼は、上空で待機して二波にわたる攻撃状況を観察し、攻撃部隊が与えた損害の程度を評価した。それは、間違いなく見事なものであった。日本が攻撃を開始した際に、穏やかに投錨していた8隻の大型主力艦のうち、戦艦〈アリゾナ〉、〈カリフォルニア〉、〈ウェスト・ヴァージニア〉

は、その場で沈没した。戦艦〈オクラホマ〉は転覆し、戦艦〈メリーランド〉、〈ネバダ〉、〈テネシー〉、〈ペンシルベニア〉、そして3隻の巡洋艦と3隻の駆逐艦が大破した。再び海に出るためには、完全に一から建造し直さなければならないほど損害を受けた艦艇もあった。日本軍は、アメリカ軍の航空基地も攻撃した。92機の海軍機と71機の陸軍航空隊機が地上で破壊され、それぞれ31機と128機が損害をこうむった。

上：日本で戦争するという大きな計画の一部として、島から島へ飛び石伝いで太平洋を渡っていくアメリカ軍部隊。

計画の断念

そこまでは、あらゆることが山本大将の計画通りに進んだ——実際には、攻撃は山本大将の大それた予想以上の成功を収めていた。しかし、今や状況は悪化しはじめていた。淵田中佐と、この航空攻撃の詳細計画立案の責任者であった源田実中佐は、山本大将の当初の狙い通り、南雲中将に第三次攻撃隊の出撃を具申した。用心深い南雲中将は、空母機動部隊の参謀長であり、最初からこの作戦に反対であった草鹿龍之介少将の助言を受け、作戦の中断を決心した。

源田中佐は二人の提督に嘆願したが、無駄に終わった。源田中佐は、攻撃は成功したものの、主要な目標——中でも注目すべきは、真珠湾の巨大な石油タンク——はまだ無傷で残されていると指摘した。2隻の空母は、ウェーク島の強化のために海上で戦闘機を発進させた後、真珠湾に引き返している最中であり、少なくとも日本の空母は、アメリカ太平洋艦隊の2隻の空母の位置を特定し

攻撃できるようになるまで、現在の位置に留まるべきである、と主張した。しかし南雲中将は、決心を変えなかった。アメリカの空母の居場所は全くわかっておらず、アメリカ側が日本の空母を発見して先制攻撃をしかけてくることを恐れていた。南雲中将は、空母機動部隊に帰還を命じた。

高度な情報

南雲中将は、アメリカの空母を追い詰める代わりに、その時点での戦果に満足することを選んだため、戦略的には重大なミスを犯してしまった。しかし、そのミスの重大さは、すぐには表面化しなかった。日本軍が太平洋南方への攻勢を続けながら勢力を増していったことから、日本は明らかに、アメリカ海軍の部隊や航空基地の場所について、ほぼ正確な知識を持っていた。

日本がこのような情報を入手した方法は、戦争が終わるまで謎であった。戦後になって、1941年4月以降、海軍航空隊の特別部隊がアメリカの軍事基地の上空を内密に偵察飛行していたということがわかった。この部隊の偵察機が写真撮影していたものの中には、フィリピンのルソン島南西部にあるレガスピ、ホロ島、ミンダナオ島、ラバウル、そしてグアム島があった。この偵察機が1機でもアメリカ軍に発見された場合には——アメリカ軍は、それが偵察飛行であるとは全く気付いていなかったが——その地域の偵察任務を止めた。日本は、実際の攻撃計画の立案作業を進める際に必要な空中偵察情報を全て持っていたのである。

上：真珠湾攻撃を記念して作成された日本の宣伝ポスター。日本の二つの同盟国ドイツとイタリアの国旗が、はためく旭日旗のすぐ後ろに描かれていることに注意。

第 10 章

ロサンジェルスの「戦い」

真珠湾攻撃から2ヵ月後、ロサンジェルスをはじめとするカリフォルニア南部の多くの町は、パニック状態におちいっていた。1942年2月25日午前2時ちょうど、ロサンジェルスで空襲警報のサイレンが鳴り響き、探照灯が空に浮かび上がり、第37沿岸砲兵旅団の対空機関砲が火を噴いた。町が日本軍の奇襲による航空攻撃を受けていると信じた数千人の市民が道路に飛び出した。

れは２月25日未明のことであった。ハリウッドで流行りのトロカデロ・クラブで食事をしていた人たちは驚き、ショックのあまり押し黙った。突如、ロサンジェルス全域にわたって照明が消え、空襲警報が鳴り響いたのだ。サーチライトが空を舐めまわし、この町の重要な航空機工場や造船所を防御するための高射砲が動き出した。ロサンジェルスは、敵の航空攻撃に晒されつつあるのか？　あるいは、カリフォルニアの障害の無い長く伸びた海岸に日本軍が上陸したのだろうか？

当時９歳だった作家のラルフ・ブラムは、確信を持っていた。後に「日本軍がビバリーヒルズを爆撃していると思っていた。サイレン、サーチライト、そしてロサンジェルスの空に向かって高射砲が火を噴き続けていた。父は、第１次世界大戦中に気球の観測員だったので、サイレンが鳴り響いた場合の奥の手を知っていた。父は母に、赤ちゃんだった妹を連れて地下の映写室——わが家には、ハリウッドの道具一式が大量にあった——に降りるように命じた。一方で、私と父は２階のバルコニーに向かった」と回想している。ブラムと父親は、信じられない思いでその後に起こった出来事を見上げた。「何て眺めだったことか！　朝の３時過ぎであった。サーチライトは西の空を照らしていた。曳光弾の光の筋が上空に向かっていた。ものすごい騒動だった」と書いている。

『ロサンジェルス・ヘラルド・エギザミナー』紙の編集部員ピーター・ジェンキンスは、ロングビーチ警察署長のJ・H・マクレランド同様に目撃者の一人であった。ジェンキンスは「25機ほどの銀色の飛行機が、ロングビーチ方向に、Ｖ字編隊で上空をゆっくり飛んでいくのがはっきりと見えた」と報じた。マクレランドは、「７階建てのロングビーチ市役所の上空から現れた、第二波の飛

左：ロサンジェルス上空を照らす対空機関砲の嵐のような射撃。1942年2月25日の早朝、この町の人びとは日本軍の爆撃に晒されていると信じた。

行機と言われたものを見つめていた。私には飛行機が何も見えなかったが、私と一緒にいた若い男性たちは見えたといっていた。高性能なカール・ツァイス製の双眼鏡を持っていた経験豊富なある海軍の観測員は、サーチライトの明かりの中に9機を確認できた、色は銀だったと話した。」

マクレランドの話は続く。「その航空機の集団は、高射砲に晒されながらも一つのサーチライトの光の中から、別のサーチライトの光の中へと移動していった。彼らは、レドンド海岸とマッカーサー要塞の陸側にあるイングルウッド市の方からサンタ・アナ市とハンティントン海岸の方向に向かって飛んで行った。高射砲の射撃があまりにも激しかったため、我々には航空機のエンジン音が聞こえなかった。」『グレンデール・ニュース・プレス』紙によると、その地域に現れた航空機は、200機以上であったと主張する者もいた。

翌朝

この「戦い」は20分ほど続いた。午前２時21分、ジョン・L・ドゥヴィット中将は、高射砲部隊に射撃中止を命じた。好奇心旺盛な数十万人のカリフォルニアの人々は、夜が明けるとすぐに道路に飛び出して、何か厄介なことが起こっていないかどうかを確認しようとした。『グレンデール・ニュース・プレス』紙は、「日が昇ると、警報解除の知らせが届いてきた。ロングビーチは、復活祭のエッグハント遊びを大規模に行なっているようであった。子どもはもちろん、大人までもが道路や空き地に駆けつけ、金属片の大きな塊を拾っては、まるでそれが自分たちの持ち物の中で最も価値があると自慢しているかのようであった」と報じている。

カリフォルニアの通勤者たちは、停電の余波で生じたとんでもない交通渋滞に巻き込まれる羽目になった。数千人が１時間以上も出勤に遅れたが、その大半が遅刻のことは気にしていなかった。それは「一大ショー」であり「睡眠時間を数

時間削るだけの価値がある出来事」だったのだ。

　この事件で、数人の犠牲者が出た。空襲を監視していた要員と弾薬運搬車を運転中の一人の州兵が、明らかに心臓発作と思われる症状で死亡した。一人の女性がアルカディアで起きた自動車とトラックの衝突事故に巻き込まれて死亡した。そしてロングビーチ警察署の巡査部長が、空襲監視所に向かう途中に交通事故で死亡した。他にも事件はあった。３人の日系人——男性２人と女性１人——が、海岸の防波堤近くで懐中電灯を使って海に信号を送っていた疑いで、ベニス地区で逮捕された。25歳の日系アメリカ人の野菜農家ジョン・Y・ハラダは拘束され、灯火管制を無視したとして起訴された。どうやら、カリフラワーを積んだ車で市場に向かっている途中で止められ、トラックのライトをロービームにするよう指示されたことを拒否したために拘束されたようであった。

沖合からの砲撃

警報が解除された直後から論争が始まった。すなわち、ロサンジェルスは日本の航空攻撃で被災したのか、あるいはそもそもその時点で日本軍機はロサンジェルス周辺には全く存在しなかったのではないか、という論争である。ワシントンのフラ

ンク・ノックス海軍長官は、穏やかな口ぶりで、今回の事象を即座に鼻で笑った。ノックスは記者会見で、「昨晩、ロサンジェルス上空には、航空機は1機も存在しなかった」と自信を持って断言した。「きわめて広範囲にわたる偵察を行なったが何も発見されておらず、これは警報の誤りにすぎなかった」ときっぱりと主張した。

ノックスの結論は、「太平洋沿岸地域における敵の航空活動に関する報告によって、非常に神経過敏になっていた可能性がある」というものであった。『ロサンジェルス・タイムズ』紙は、即座にアメリカ陸軍西部防衛軍の主張を取り上げて反論した。西部防衛軍によれば、爆弾は投下されていないし爆撃機も撃墜していないことは

上：出港中の日本軍の伊号級潜水艦。サンタバーバラの北部のカリフォルニア海岸にあったエルウッド製油所を一時的に砲撃したのは、この潜水艦の同型艦であった。

前頁：日本軍の爆撃機を探して、無意味に上空を探索するロサンジェルスのサーチライト。非常に多くの人びとが、町が攻撃に晒されていると信じてしまった理由は全くの謎である。

認めたものの、市の上空に未確認の航空機が現れて以降に、突然の停電が起き、そして対航空機対処活動を行なったのは間違いない、とのことであった。『ロサンジェルス・タイムズ』紙は、大げさに問いかけた。「ノックス長官殿。神経質なのは世論ですか、それとも陸軍ですか？」

西海岸での緊張が高まっていたことは、何ら不思議ではなかった。2月23日、ロサンジェルスに空襲があったと想定されている日の2日前、西野耕三中佐が指揮する日本海軍の〈伊号第17潜水艦〉が、サンタバーバラ市の北19キロのところにあるゴリータの町の海岸から800メートルのところに、日没後30分ほど浮上していたのである。浮上から5分後、町の近くのエルウッド油田に向けて甲板砲の射撃を開始した。潜水艦の砲員は、砲撃を終えるまで合計で16発から26発を発射した。その後、西野艦長は潜水艦を潜水させて外洋に向かった。

3発の砲弾がエルウッド油田内のバンクライン製油所に命中した。この精油所が攻撃目標だったのは明らかであった。600メートルほど内陸部にあった油井や掘削装置、ポンプにも砲弾が命中したとの報告があった。ただし、油井に隣接していた石油貯蔵タンクは無傷であった。近傍の2ヵ所の農場にも複数の砲弾が落下した。1発目は起爆したが、2発目は起爆せず、地面に深さ1.5メートルの穴を開けただけであった。それ以外の砲弾は陸地まで届かず、何の害も及ぼすことなく太平洋に落下した。

潜水艦と水上機

アメリカの本土が敵の軍隊から直接攻撃を受けたのは、1812年の米英戦争以来のことであった。日本軍は、6月と9月にも再び攻撃を行なった。

6月21日、日本軍の〈伊号第25潜水艦〉は、オ

上：フランク・ノックス海軍長官。彼は、ロサンジェルスに対する
日本軍の航空攻撃は誤警報以外の何物でもないとしてはねつけた。

右：潜水艦から発進可能な〈零式小型水上偵察機〉は、アメリカ本土の爆撃に成功した唯一の日本軍機であった。また1942年9月には、オレゴン州の森林に数発の焼夷弾を投下している。

レゴン州コロンビア川の河口付近で、漁船群の航跡を追尾することによってアメリカの機雷敷設水域を巧妙にすり抜けた。そして浮上し、約6キロの沖合から、スティーブンス要塞の一部であるラッセルズ砲台に17発の砲撃を行なった。砲弾はほとんど、もしくは全く損害を与えなかった——1発が要塞の野球場のバックネットに命中し、砲弾の破片で一部の送電線と電話線にわずかな損傷を与えただけであった。この攻撃が失敗に終わったのは、それほど不思議ではないだろう。〈伊号第25潜水艦〉の艦長田上明次中佐が後に「陸上に向かって射撃する際、照準器は全く使わなかった——撃っただけである」と語っている。田上中佐は、アメリカ海軍の潜水艦基地を攻撃していると思っていた。ラッセルズ砲台の射撃手は、自分たちの位置が敵に暴露されてしまうことを恐れて、〈伊号第25潜水艦〉の砲撃に対して撃ち返さないよう命じられていた。

　〈伊号第25潜水艦〉は、それから3ヵ月もしないうちに再び攻撃するために戻ってきた。9月9日、オレゴン州の沖合で、小さく折り畳まれた三菱の〈零式小型水上偵察機〉を甲板のカタパルトから発進させた。パイロットの藤田信雄飛行兵曹は、搭載した爆弾——2、3発の焼夷弾——をエミリー山脈周辺の鬱蒼とした森林地帯に投下することを命じられていた。これは、大規模山林火災を引き起こそうとしたものであった。

　その日は湿度が高く、霧が立ち込めていたため、藤田機は探知されることがなかった。幸いにも霧が晴れたため、森林レンジャーは、火災が広がる前に爆発による煙を発見することができた。

消火作業が終わった後、消防員たちは火災現場の中心に一つの穴を発見した。彼らはまた、金属製の鋼管の破片と酸化鉄の小粒が現場周辺に広がっているのを発見した。その鋼管には日本製の印がついていた。その翌日、藤田飛行兵曹は再び挑戦したが、同じような成功は収められなかった。

「ふ号」計画

戦争の行く末が厳しくなってくると、同盟国ドイツと同様に、日本の指導者たちも新たな報復兵器の生産準備に着手した。日本が発案した兵器は、ドイツの〈V1ミサイル〉や〈V2ロケット〉とは異なり、技術的に進んだものでも経費のかかるものでもなかった。日本が開発した兵器は、比較的安価で、かつ組み立てが簡単であった。

　この計画は「ふ号」と名付けられ、第9陸軍技術研究所所長であった篠田鐐中将の発案によるものであった。数千基の無人の気球をアメリカ本土に向けて放球し、高高度のジェット気流を利用して太平洋を横断し、カリフォルニアの沿岸部上空を通過してアメリカの心臓部深くまで到達させるという計画であった。気球には、焼夷弾2発と高性能爆弾1発を搭載する能力があった。

　これらの気球は手作業で組み立てられ、その後水素を充填して膨らませた。これらの作業は、通常は女学生が放課後に行なっていた。気球の

左：空へ上昇していく風船で運ばれる無人爆弾。日本軍は、このような風船爆弾を何千も作り、アメリカに向けて太平洋を横断させた。

右：日本軍は、約9,000発の風船爆弾を打ち上げた。ほんのわずかしか目標に到達せず、ほとんど被害を与えなかった。

直径は約10メートルで、こうぞで作った和紙でできていた。さらに、ガス漏れ防止のために、こんにゃく糊で補強された。制御装置や錘、爆弾を保持するためのアルミ製のリングがケーブルで球皮から吊り下げられていた。

　この風船爆弾は、日本の本州の東海岸の基地から発進させることを意図したものだった。上昇しはじめた気球が巡航高度9,150メートルに達すると、球皮に充填された水素が膨張し、完全な球状となる。夜間になって水素ガスが冷えはじめると、球皮は縮小し、気球は落下しはじめる。この問題を解決するために、事前に設定された高度以下になると、小型の電気発火式爆薬を起爆させる気圧高度計が搭載された。この火薬が作動すると、2袋の錘が切り離され、それによって軽くなった気球は再び上昇し、ジェット気球の高度帯に戻るようになっていた。このサイクルは、気球の長旅の最中くり返された。気球が高度限界を超えてしまった場合には、気圧計がバネ式のバルブを作動

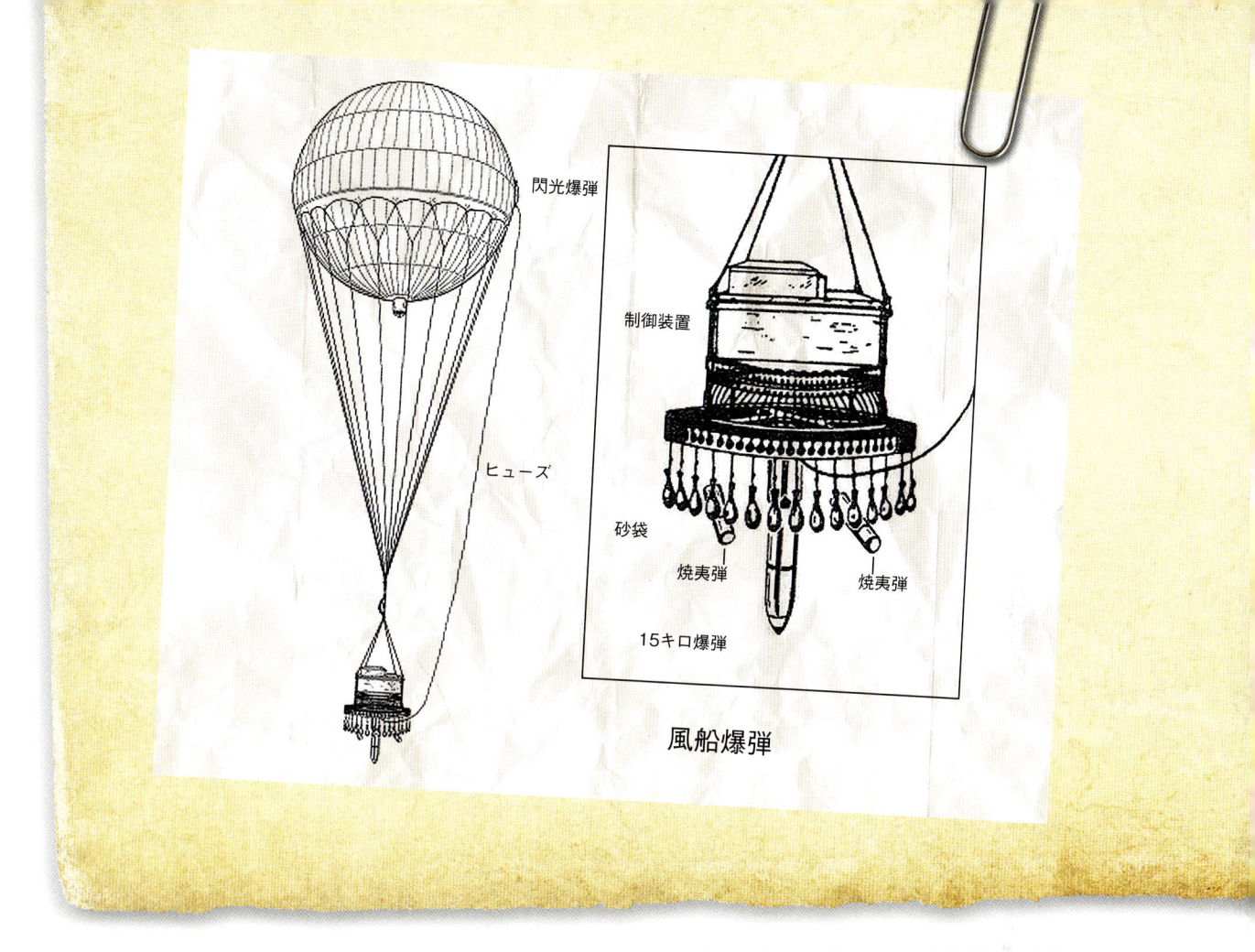

閃光爆弾

ヒューズ

制御装置

砂袋

焼夷弾　　　　　焼夷弾

15キロ爆弾

風船爆弾

させ、水素ガスを放出することになっていた。

　日本は、この風船爆弾が太平洋を横断して目標地域に到達するまで、約3日を要すると見積もっていた。全てが計画通りに運べば、敵の領土上空で起爆用の点火装置が発火し、気球の爆弾が爆発することになる。その後、気球に取り付けられた閃光爆弾が球皮を燃やすことになっていた。焼夷弾のアイデアはどこからきたのか、そもそもどのようにして目的地にたどり着こうとしたのか、さらに謎は増す。

「ふ号」計画の開始

最初の風船爆弾が空に舞い上がったのは、1944年11月3日、明治天皇誕生日で祝日であった。11月末までに約700発、12月には1,200発が打ち上げられた。この数字は増え続け、1945年1月には2,000発、2月と3月には2,500発に達した。しかし4月上旬には、わずか400発まで落ち込んだ。そして4月末の時点で、この作戦は放棄された。日本軍は、風船爆弾が与えた損害の少なさに失望したのである。日本は、確実な予測にもとづいてこの巨大な戦争を始めたわけではなかった。カーチス・ルメイ将軍が、日本の最も重要な産業中枢に対して大規模な焼夷弾爆撃作戦を開始したせいで、気球を飛ばすために必要な水素が不足していたこともあった。

　かなりの数の風船爆弾が太平洋上に落下したため、計画した攻撃目標の付近まで到達したものは

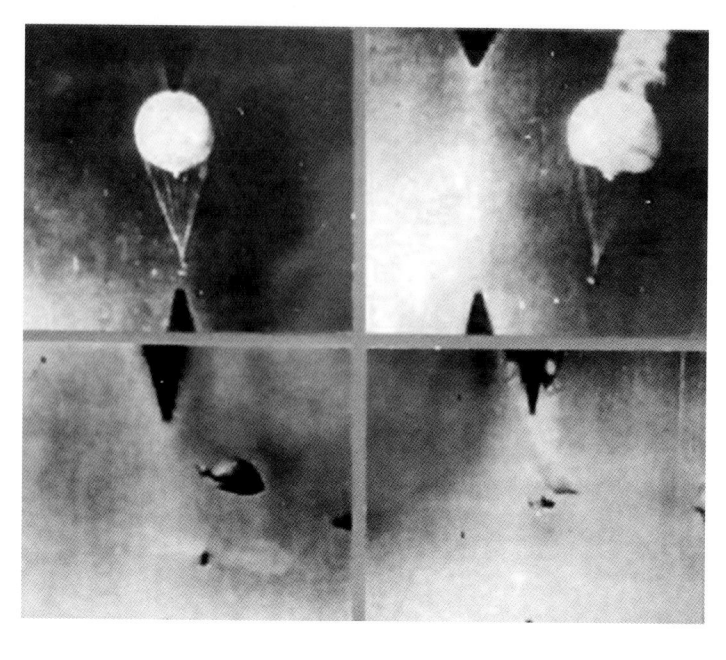

なかった。しかしアメリカ側の記録によると、北はアラスカから南はカリフォルニアとメキシコの国境まで、東は五大湖まで到達したものもあった。アメリカ当局は、可能なかぎり沈黙を守った。当局の最大の懸念は、風船爆弾が搭載しているかもしれない兵器の種類であった。1944年12月の2週目に、ワイオミング州サーモポリスとモンタナ州カリスペル付近で風船爆弾の破片が発見された後、メリーランド州フォート・パトリックの細菌学者マレー・サンダース大佐が協議のために急遽呼び出された。

　サンダース大佐の任務は、アメリカ人が集めた残骸の山を分析し——その多くはアラスカとサスカチュワンで発見された——日本が生物戦を行なっているという証拠を探すことだった。サンダース大佐は、後にこう書いている。「気球が持ち込まれ、我々は全員、その周りを囲むように立った。気球を調査し、そして各人で報告を書くために解散した。私の報告は、当局者たちを怖がらせた。私は彼らに、気球のどこかに日本脳炎ウィルスが隠されていた場合、非常にまずいことになると告げた。我々アメリカ人は、日本脳炎に対して全く無防備であった。私の考えでは、感染した者は、5人中4人が死ぬことになるだろう。」

　この細菌学者は、次のような予測により、さらに当局の関係者に動揺を与えた。「炭疽菌は、強力な微生物である。日本軍は中国で炭疽菌を使っていた。カナダ、アメリカ西部および南西部に炭疽菌をばら撒くことができるし、牧草や森を汚染し、全ての牛や羊、馬、豚、鹿——加えて、かなりの数の人間——を殺すこともできる」との見解を述べた。

　サンダース大佐は、「パニックは恐るべきものになるだろう。目には見えないが殺傷力のある兵器というのが生物戦の強みの一つである。」

〈晴嵐〉の作戦

間違いなく日本軍は、アメリカに対して生物兵器を投入する手段を持っていたが、現実にはそれを使用しなかった。おそらく、アメリカからのその後の報復を恐れていたのであろう。「ふ号」作戦は失敗に終わった。同様に、最高機密であった大型の〈伊400型潜水艦〉から水上攻撃機〈晴嵐〉を発進させ、ニューヨークとワシントンDCを爆撃するという計画も失敗であった。この水中の怪物は、第2次世界大戦中に日米両国で生産された

潜水艦の中で最大級の大きさであった。1隻あたり3機の〈晴嵐〉を搭載可能であり、長さ35メートルの防水構造の甲板格納庫に収納できるよう、この攻撃機の翼は折り畳み可能であった。3機は45分以内に組立てて兵装し、発進させることができた。潜水艦自体は、無給油で地球を1周半できる航続能力があった。

しかしこの潜水艦のデビューは、あまりにも遅すぎた。完成した〈伊400型潜水艦〉は3隻のみで、日本が無条件降伏する前に実戦に参加することはできなかった。パナマ運河の水門を破壊するという大胆な計画と同様に、ニューヨークとワシントンを爆撃する計画は、長い間放置されたままであった。15隻のアメリカ海軍の空母がウルシー泊地に集結し、艦載機を出撃させて日本本土を攻撃する準備を進めていたことから、パナマ攻撃計画は1945年6月に中止され、〈伊400型潜水艦〉をこれらの攻撃に転用することになった。そして〈伊400型潜水艦〉が攻撃可能となる前に、日本は降伏した。3隻のうちの1隻は、戦闘配備に向かう途中に沈没した。残りの2隻は、アメリカの潜水艦によって拿捕された。

第11章
〈ノルマンディー号〉に放火したのは誰か?

大西洋横断航路の定期客船〈ノルマンディー号〉は素晴らしい船であり、フランスの誇りであった。しかしそれは、第2次世界大戦が勃発し、ニューヨークの港でドック入りするまでのことであった。その2年後、アメリカ政府用の巨大兵員輸送艦に改装される最中に火災に見舞われ、係留場所で転覆した。この巨大船は、全焼してしまった。〈ノルマンディー号〉の破壊をもたらした謎の火災の原因は、事故だったのか? それともナチス・ドイツの妨害工作によるものだったのか?

上：第88番埠頭で火災を起こしている〈ノルマンディー号〉。左側に傾きはじめ、最後には転覆した。

1941年が騒々しくも暮れていく頃、〈ノルマンディー号〉は、ハドソン川の第88番埠頭に停泊していた。そこは、慌ただしいニューヨーク市42番街の目と鼻の先にあった。この船は、第2次世界大戦勃発直後に避難場所を求めてこの埠頭に係留したまま廃船になっていた。この船の抑留を管理していたのは、アメリカ政府であった。

それからさまざまな出来事があった。フランスは、ヒトラーの国防軍との戦争で敗北した。イギリス空軍は英本土航空戦を戦い抜き、ドイツの電撃戦は最高潮に達していた。〈ノルマンディー号〉に関しては、将来のことは全くわからなかった。船を港に繋ぎとめておくため、フランスの運航会社は一日当たり1,000ドルのハドソン川の埠頭の停泊料を負担していた。最終的には、フランスから乗り組んでいた船員のほとんどが解雇された。船長のエルヴェ・レユード以下、基幹要員だけが船に残っていた。1941年5月、そこに約150人のアメリカ沿岸警備隊が加わった。彼らは財務省の命令にもとづき、〈ノルマンディー号〉を管理し破壊活動から防護するために、この船と第88番埠頭の保全を担当していた。

アメリカは、日本軍がハワイの真珠湾を攻撃した12月7日に第2次世界大戦に巻き込まれることになった。その4日後、ヒトラーはドイツ第三帝国を激励する演説を行ない、「アメリカの代理大使に対して、帰国するためのパスポートを渡すよう手配した」と語った。すでに1920年代の時点で、ヒトラーは、ある時期になったらドイツはアメリカと戦うことになるだろうと信じていた。そしてその瞬間がやってきたのである。イタリアの仰々しい統領であり、長年にわたってナチス・ドイツの支持者であったベニート・ムッソリーニは、ヒトラーの例に倣った。今や世界中が戦争状態に移行したのである。

〈ノルマンディー号〉から〈ラファイエット号〉へ

アメリカは、公式には依然として中立を保っていたにもかかわらず、数ヵ月の間でアメリカとドイツ第三帝国の間の緊張が高まっていった。ニューヨーク市とニュージャージー州は、ナチス・ドイツのスパイとその同調者の行動によってハチの巣をつついたような騒ぎになっており、彼らの多くはマンハッタンやニュージャージー、ブルックリンの波止場で職を得ていた。中には、もっと高級志向の者もいた——オーストリアの難民と偽っていたモデルのリリー・スタインは、流行のマンハッタン地区でおしゃれなドレスの店を経営していた。この店は、ドイツ国防軍情報部（アプヴェーア）の郵便受けとなっていた。

ヴァルデマー・オトマーは、典型的なナチス・ドイツのスパイであった。彼は1919年にドイツからアメリカに移住し、1935年にアメリカの市民権を得た。ニューヨークの女性と結婚して落ち着き、家庭を持った。感じが良く、親しみやすいこの人物が、実際にはアプヴェーアの潜伏スパイであるとは、誰も夢にも思わなかった。親独協会のメンバーでさえ疑問を持っていなかった。オトマーは、この協会のニュージャージー州トレントン支部長となっており、同時にブルックリンの海軍造船所で働いていた。そこから、ヴァージニア州ノーフォークのペンドルトン基地に移った。彼のスパイ活動が最終的に発覚したのは、1944年のことであった。

いずれにしても、アプヴェーアとその狡猾な司令官ヴィルヘルム・カナリス提督は、長期間にわたって〈ノルマンディー号〉を注視し続けていた。カナリスは、フランスが敗北してからわずか2週間後にアメリカ国内のスパイ網に対して、〈ノルマンディー号〉を監視する命令を出していた。ドイツ軍最高司令部が恐れていたのは、もしドイツ第三帝国とアメリカが交戦状態になれば、この船が徴発され、ヨーロッパにアメリカ軍の部隊を運ぶための巨大な兵員輸送船に改装される可能性があったからである。見積もりによれば、〈ノルマンディー号〉は1回の大西洋横断で、1万人以上のアメリカ兵を難なく運ぶ能力があった。

そして、事態はそのとおりになった。真珠湾攻撃から5日後、そしてヒトラーがアメリカに宣戦布告した翌日の1941年12月12日、アメリカ沿岸警

備隊が〈ノルマンディー号〉を丸ごと占拠したのである。レユード船長と基幹要員は下船させられた。〈ノルマンディー号〉の贅沢な調度品は全て取り払われ、兵員輸送船に改装されることになった。まさにナチス・ドイツが恐れていたとおりになった。船名までも変えられ、〈ラファイエット号〉と命名された。ラファイエットとは、アメリカがイギリスとの独立戦争を戦った際に、アメリカ側について戦った18世紀のフランス貴族であり、彼に敬意を表して名付けられたものであった。

混乱状態

ニューヨークの港湾には、〈ノルマンディー号〉を収容できる大きさの乾ドックがなかったため、第88番埠頭に接岸させたまま、新たな役割のための改装を行なうことが決まった。すぐにこの巨大船には、数百人の民間請負業者があふれかえった。業者たちは、厳しい改装工事の期限に直面していた。アメリカ海軍は、この船が最終的に運航可能となる時期についてアメリカ陸軍と何度か協議し、1942年2月14日には出港準備が整わなければ

ばならないと主張した。最初の寄港先はボストンで、大西洋を横断して運ぶ最初の部隊の荷物を積載することになった——おそらく行先は北部アイルランドであり、アメリカ陸軍の計画によると、そこにはヨーロッパで最初の基地および訓練キャンプが設立されることになっていた。

改装作業は、予定よりも遅れていた。この船の船長に指名されていたロバート・S・コマン大佐がニューヨークに到着した時点で、当初の計画であった1月31日までに作業が終わらないことは明白であった。それに加えて、コマン大佐は別の問題も抱えていた。大佐には、458名の乗組員しか割り当てられなかった——「この人数は、この船を海の上で効率的に運航するために必要な人員数の半分以下である」と不満を漏らしていた。彼と海軍第3地区隊資材管理局のクレイトン・M・シマー

上：海上の〈ノルマンディー号〉。この快適な大西洋横断定期客船は、当時の最も豪華な客船の一つであった。

右：ヴィルヘルム・カナリス提督。アプヴェーアの司令官であり、アメリカにおけるドイツの情報活動の責任者であった。

ズ大佐は、すでに海軍艦船局に対して、この改装作業は海軍が示した期限までに完了できないと助言しており、出港を延期するようワシントンの海軍省に呼びかけていた。当初、海軍省は改装作業の遅れに合意したが、その後、決定を変更した。海軍省は、〈ノルマンディー号〉はスケジュール通り出港しなければならない、と主張したのである。

〈ノルマンディー号〉では、労働者の集団が、刻一刻と時が過ぎ行く中で換装を終えるために、絶望的な作業に苦闘していた。これ以上納期の延長を認めないという海軍省の姿勢が外部からの圧力となって、すでに船上に広がっていた混乱がいっそう拡大していった。後に海軍長官フランク・ノックスは、次のようなことを認めている。「〈ノルマンディー号〉の増築と改装を延期することによる影響はあまりに大きく、準備に関わる者たちの肩にきわめて大きな重荷を背負わせることになった。その結果、手抜き工事をせざるを得なくなり、経験と能力が不足する者たちに、通常の納期の場合の作業よりも大きな責任を与えなければならなくなった。」コマン大佐とシマーズ大佐は、不満を訴え続けた。2月8日の午後、この2人はトップレベルの会議に召喚された。この会議の目的は、〈ノルマンディー号〉が出港できる正確な時期を最終的に決定することであった。

この会議が始まることはなかった。というのも、午後2時半に〈ノルマンディー号〉で火災が発生したからである。19歳の作業員チャールズ・T・コリンズは、その時何が起きたかを回顧している。「私は、仲間たちと一緒に作業をしていました。何本かの柱の周りで作業し、切断された柱をゆっくりと下に降ろしていました。2人の男がアセチレンバーナーを操作していました。その部屋には、30人から40人が働いており、大量のマットレスが置いてありました。マットレスの一つに火花が引火し、火災が発生しました。我われは大声で火災監視員を呼び、私と仲間のルロイ・ローズは、手で火を消そうとしました。ローズの服に火が移り、私は彼を運び出しました。凄まじい煙と熱でした。」

火事から大災害へ

コリンズの証言は、二つの点で間違っていた。溶接工のクレメント・デリックがバーナーの炎を調整しているときに複数の火花——1回の火花だけではなかった——が引火したのは、大広間に一時的に保管されていた山のようなコットン製の救命胴衣であった。とっさの行動により速やかに失火を鎮火できる可能性はあったのだが、致命的なミスがあった。勤務中の火災監視員がおらず、誰も火災報知機の場所を知らなかった。いずれにしても、火災報知機は断線していた。何とか消火ホースを開こうとした者がいたが、すぐに水が出なくなった。

コートや絨毯の切れ端、その他、手元にあったあらゆるものを使って、鎮火のための無駄な努力が続けられた。このときの炎は、「引き裂くような火災」、「梱包材の表面で燃え盛る炎」、「野火」などさまざ

上：〈ノルマンディー号〉の側面図。ニューヨーク市消防局がこの設計図を入手していれば、船を救うことができたかもしれなかった。

まに形容されるものだったが、強い北西風にあおられて容赦なく拡大していった。この風は、船の左舷側区画で吹き溜まったため、炎は船首に向かって広がっていった。最終的に炎は、３階の上甲板まで飲み込んだ。

　ニューヨーク市消防局が消防隊を招集するまで12分を要し、最初の消防車が第88番埠頭に到着するのにさらに15分を要した。消防隊員が活動を開始するためには、まずパニックにおちいっていた作業員や沿岸警備隊員、そして水兵たちの集団を除かなければならなか

118　第２次世界大戦のミステリー

った。そして埠頭の消防車や船の左舷側に集まっていた消防艇から、数千リットルの水が〈ノルマンディー号〉の甲板上や船内に放水された——この必死の努力は全て、大惨事を鎮圧して災害に見舞われた船を救うためのものであった。

　真っ黒の渦巻く煙がマンハッタンの地平線に広がり、数千人のニューヨーカーが外に飛び出して、何が起きているのか知ろうとした。最大で3万人が12番街に集まり、この光景を見守っていた。数百人以上の人びとが海辺に押し寄せ、一方で、どうなっているのかを見ようとマンハッタン中の摩天楼の窓がすべて開けられた。

　ニューヨーク市長のフィオレロ・ラガーディアは、すぐに現場に向かった。市長は、ラジオ演説の真っ最中であり、地下鉄の料金を5セント値上げするつもりはないことをニューヨーク市民に確約しているところであった。そのとき、この災害のニュースが市長のところに飛び込んできた。市長は、演説を切り上げてスタジオから退出し、第88番埠頭に駆けつけた。その後、火災が最終的に「鎮火」されて「後片付け」が進んでいることが確認できたので、市長と海軍第3地区隊の司令官アドルファス・アンドリュース提督は、〈ノルマンディー号〉に乗船してみることにした。2人が乗船タラップに近づくと、激しく損傷していた船体が突如として左舷に1メートルほど傾いた。これがこの船の終焉の始まりであった。

〈ノルマンディー号〉の転覆

今や〈ノルマンディー号〉にとっての最大の脅威は、火災ではなく、消防士たちが船を救うために必死になって放水した2万3千リットルもの水であった。水は、容赦なく船の最下層に流れ込んだ。つまり〈ノルマンディー号〉はますます左舷

に傾いていったのだ。真夜中頃、船を立て直そうとするあらゆる努力が失敗に終わると、アンドリュース提督は、船の放棄を命じた。2月9日午前2時45分、ついに〈ノルマンディー号〉は転覆し、左舷を下にして約80度の角度で止まった。船尾は第88番埠頭の下に潜り込み、船首は第90番埠頭に向かって飛び出していた。

　船の傾きがますますひどくなっていく中で、〈ノルマンディー号〉を救うことができたかもしれない人物が、なす術もなく埠頭に立ち尽くしていた。その人物こそ、この船の実質的な設計者であるウラジーミル・ユルケビッチであった。彼は、この災害を耳にすると第88番埠頭に駆けつけた。彼は、自発的に船に乗り込んで、迷路のような船内の通路や廊下を通って船底までの道を切り開き、浸水のバランスを取るために海水弁を開けようとしたのである。もしこの行為が上手くいっていたならば、〈ノルマンディー号〉は完全に転覆することなく、バランスを保ったままハドソン川の水底の泥の上に着底するだけで済んだかもしれなかった。しかしユルケビッチは、野次馬を波止場に近づけないために警察が設置した立ち入り禁止線によって、船に近づくことを制止された。警官は、ユルケビッチが何者なのかを知らず、また彼の不明瞭なフランス訛りの言葉のために、必死になって訴えていることを理解されなかった。ユルケビッチは、船体が対応不能の事態におちいるまで傾いていくのを見ているしかなかった。

事故なのか、それとも放火か？

〈ノルマンディー号〉が転覆した直後から、この大惨事のきっかけについていくつかの噂が広がった。この火災は、悲劇的な事件だったのか、それともナチス・ドイツまたはフランスのヴィシー政府の妨害工作員が意図的に行なったものなのか？　なぜ火災を鎮火することがそれほど難しかったのか？　誰かが消火ホースを切り裂いたのか？　どうして火災はそれほど速く広がったのか？　国民は、その答えを求めていた。

　確かに東海岸地区では、スパイ活動は活発であった。わずか1ヵ月前には、ブルックリンの法廷

上：待機していたタグボートに牽引されてニューヨーク港に到着した〈ノルマンディー号〉。背後に自由の女神が見える。

右：ニューヨークの波止場に停泊した〈ノルマンディー号〉。その大きさゆえに、世界最大級の客船という記録を5年間保持していた。

で30人ものドイツ諜報員がスパイ行為で有罪判決を受け、総計で懲役300年以上の刑を言いわたされた。このスパイ組織は、42歳のドイツ系アメリカ人ウィリアム・シーボルドによって暴露された。彼は、アメリカ連邦捜査局（FBI）に雇われて、二重スパイとして働いていた。J・エドガー・フーヴァーFBI長官の部下たちは、42番街のあるオフィスで準備を整え、全く疑っていなかったスパイとシーボルドが会っているところを、マジックミラーごしに監視し、会話を盗聴した。これらのスパイ活動は、単なる氷山の一角だったのか？ どのくらいの数のナチス・ドイツの諜報員と枢軸国の同調者が活動していたのだろうか？

　災害の全容を調査する必要性が急速に高まっていった。『ニューヨーク・タイムズ』紙のある編集者は、「この調査は情け容赦なくやるべきである。損害を受けた船は、一隻に留まらなかったかもしれない。救助が間に合わなければ、反対側の舷側にいた連中も死んでいたかもしれない」と声を荒げていた。ルーズベルト大統領も、そのような考えに同調した者のひとりであった。火災事故の直後に彼が最初に考えたことは、ノックス海軍長官に対して、ナチス・ドイツの諜報員や親ナチス・ドイツの第5列員（敵を支持するグループ）が〈ノルマンディー号〉での作業に携わっていたのかどうかについて、質問することであった。

マフィアのコネクション

ナチス・ドイツの妨害工作は、非難すべき対象として疑う余地のない候補の一つであった。しかしだいぶ経って、マフィアの関与が噂されるようになった。指摘された人物は、ニューヨークの地下社会で無冠の王であったチャールズ・"ラッキー"・ルチアーノであった。彼は、刑務所から自分を釈放してもらおうとして、子分に〈ノルマンディー号〉での妨害工作を行なうよう命じたと疑われていた。

　ルチアーノは、不法売春の罪で30年から50年の刑が言いわたされ、1936年からニューヨーク州北部の刑務所に収監されていた。彼は、仲間のマフィアのボスのフランク・コステロ、メイヤー・ランスキー、そしてムー・ポラコフらと共謀して、自分たちを仮釈放するようアメリカ政府を脅したのである。アルベルト・アナスタシアとその兄弟の"タフ"・トニー——トニーは、国際港湾労働者協会の重要人物であった——も関わっていた。

　ルチアーノは1962年に死亡したが、16年後に出版された彼の手記によれば、その計画は、次のようなものであった。〈ノルマンディー号〉で火災が起きれば、アメリカ海軍情報部は、これ以上の妨害活動からニューヨークの埠頭地区を守るために、ルチアーノに手助けを求めてくるだろう。ルチアーノや配下の幹部たちが港湾地区の大半を支配しているので、自分が指示すれば、妨害活動からニューヨークの埠頭地区を守ることは容易だろう、というものであった。

　この疑惑に満ちた主張が真実であったかどうかは、今でも誰にもわからない。確かなことは、〈ノルマンディー号〉の火災事故の後、ギャングのボスたちと海軍の情報機関の代表者たちの間で会合が開かれたことである。第2次世界大戦後、ルチアーノは刑期が短縮されて釈放され、イタリアに向けて出国したことも事実であった。彼は、二度とアメリカには戻らなかった。

　しかし、公式な答申からは、妨害活動に関する噂はすべて除外されている。議会の調査報告も、次のように結論付けている。すなわち、この災害は、「火を扱う作業方法に関する不注意」が原因で起きたものであり、それに加えて「船上のさまざまな組織の間の適切な連携の欠如、分割された権限、そして統一された指揮の欠落」があり、さらに、「行き過ぎた軽率さ、優柔不断、そして改装作業と密接に連携した入念な計画の欠如」があった。要するに、原因は失態であった。〈ノルマンディー号〉は、その失態の代償であった。

第12章
「アメリカ計画」

ヒトラーは、ドイツ第三帝国に対する連合軍の空襲に報復するためには、アメリカ本土で最大の都市に空襲するしかないと考えていた。それは失敗に終わったが、ニューヨークを廃墟に変えるというヒトラー総統の夢の実現に、ナチス・ドイツはどこまで近づいたのだろうか？ ニューヨークまで往復できる航続距離を持った超大型爆撃機の開発は、どこまで進んでいたのだろうか？ あるいは、ナチス・ドイツは、ミサイルによる壊滅的な攻撃をしかける計画だったのか？

上：飛行中の〈ブローム・ウント・フォスBV222 "ヴィーキング" 飛行艇。この巨人機は、わずか14機しか生産されなかった。航続距離は約6,100キロで、タンカー型のUボート潜水艦によって洋上で燃料補給を受けることができた。

アドルフ・ヒトラーは、1938年末にその年の最重要人物として『タイム』誌の表紙に選ばれた。ヒトラーは、相変わらずアメリカそのものと、アメリカを象徴するあらゆるものを嫌悪していたため、このことは彼にとって大変な驚きであった。したがって、戦争の行く末がドイツ第三帝国に対してますます厳しいものになっていくと、アメリカに対するヒトラー総統の復讐の熱意が異常なまでに高まっていったのも無理はなかった。アメリカは、空からの報復攻撃にとって格好の攻撃目標となり得る潜在的な場所であった。

　アルベルト・シュペーアは、『シュパンダウ日記』に次のように書き残している。「戦争が終わりに向かうにつれ、精神錯乱状態にあった総統が、猛火でニューヨークを破壊することを妄想して、あれほどまでに完全に我を忘れてしまうのを見たことがなかった。総統は、ニューヨークの摩天楼が、どのようにして燃え盛る巨大なたいまつへと変わっていくのか、どのようにしてビル群が次から次へと崩れ落ちていくのか、そしてどのようにして燃え盛るニューヨークの炎が夜空を照らし出すのかについて、語っていた。」ヒトラー総統のこの幻想を不気味な現実へと変えるのは、軍需大臣としてのシュペーアの仕事の一部であった。

攻撃計画の策定

ドイツの長距離爆撃計画が明らかになったのは、1972年のことであった。実際のところ、多くの軍事史家や研究者たちは、そのような計画が一度でも考案されたことがあるのかどうか、疑問に感じていた。そのような計画は、戦争末期に失われたか破棄されたと主張する別の考えもあった。ドイツ人の軍事史家オラフ・グレーラーが、東ドイツのポツダムにある軍事書類の保管庫で調査を行なっていた際に、重大な資料を発見した。見つかったのは、ドイツ空軍が策定した大西洋横断爆撃攻勢の計画書の写しであった。

　ドイツ空軍の専門家グループは1942年4月27日に計画作業を完了した。彼らは、5月12日にヘルマン・ゲーリング国家元帥にこの計画を手わたした。提出された最終案は、33ページものボリュームであった。添付されていた世界地図には、可能性のあるさまざまな攻撃目標と、そこに向かう飛行経路が描かれていた。また注釈には、この攻撃を実行するために利用できる長距離航空機の種類について書かれていた。

　この計画をまとめ上げた責任者は、ディートリヒ・シュベンクであった。彼は、高い評価を受けているドイツ空軍大佐であり、エアハルト・ミルヒ元帥の直属の部下であった。ミルヒは、時おりゲーリングの補佐役を務めるとともに、ドイツ空軍の航空兵器総監でもあった。アメリカ東海岸に関する限り、シュベンクと彼のチームは次のような報告書を提出した。「アメリカの沿岸部には、数多くのアルミニウム工場、航空機エンジン工場、プロペラ工場、武器工場が存在する。これらの目標を攻撃できるのは、DB613エンジンを搭載した〈メッサーシュミットMe264〉だけである。この航空機に5.5トンの爆弾を積み、ブレストから発進させる。中継飛行場としてポルトガル領アゾレス諸島を使用できるのであれば、目標まで到達可能な航空機は、爆弾を2トン搭載した〈ハインケルHe177〉（要燃料補給）、4.5トン搭載した〈ブローム・ウント・フォスBV222〉（要燃料補給）、5トン搭載した〈ユンカースJu290〉、そして6.5トン搭載した〈メッサーシュミットMe264〉である。」

　中立国のポルトガルを説得してアゾレス諸島を前進飛行場として使用できるようにすることは、すでに議論済みであった。1940年11月14日付の海軍の状況説明書によると、ヒトラーは、「戦争になった場合には、この島からアメリカを攻撃する」ための計画を準備していたという。1941年3月24日に、ヒトラー総統は、これが自らの意志であることを正式に認めている。自分の副官の一人に対して、アメリカ東海岸に対する航空攻撃は、「ユダヤ人たちに一つの教訓を与えるために」不可欠であると打ち明けている。

　シュベンクが具体化した攻撃目標の中には、コネチカット州イースト・ハートフォードのプラット・アンド・ホイットニー社の航空機エンジン工場、ブルックリンのスペリー・ジャイロスコープ工場、そしてニュージャージー州コールドウェルのカーチス＝ライト工場があった。しかしシュベンクは、警告も加えている。「海上で燃料補給を

受けられない限り（〈BV222〉の場合）、上記の航空機によってパナマ運河を攻撃することは不可能である。」ドイツ空軍の爆撃機専門家であるヴィクター・フォン・ロスベルク大佐も、同じ結論に達していた。8月初旬に彼が行なった提案は、〈BV222〉に大西洋を横断させ、ニューヨークから1,280キロのところに待機させているUボート潜水艦と合流し、燃料補給を受けるとともに、8トンまで爆弾を追加し、それから目標に爆弾を投下するための飛行を行なうべきである、というものであった。この作戦は、〈BV222〉がヨーロッパに帰還した翌日の夜もくり返されることになっていた。

ロスベルクは、自ら〈BV222〉の操縦を買って出た。彼は、主に焼夷弾を使ってニューヨークを爆撃することを提案した——彼の計算では、1機の〈BV222〉による一度の攻撃で、この都市に4,000発の焼夷弾を投下することができた。爆撃目標は、ロスベルクが「ユダヤ人地区」と呼んでいた場所か造船所であった。このような攻撃で、ニューヨーカーがパニック状態におちいることを

強く期待していた。彼は、ミルヒに次のように説明している。「重さ22キロのマグネシウム爆弾には、4分から10分後に起爆する爆破機構が備わっている……もしこれらがニューヨーク一帯に散らばり、手榴弾のように消防士たちの耳の近くで爆発し続ければ、恐るべき効果を発揮するだろう。」ドイツ海軍と〈BV222〉の製造会社ブローム・ウント・フォスも、この計画を支持していた。しかし、ドイツ空軍参謀総長ハンス・イェションネク将軍は、この計画を実現不可能として却下した。

「アメリカ爆撃機」

イェションネクの判断は、この場合は正しかったかもしれない。飛行艇をニューヨーク爆撃に用いることは、おそらくあまりにもリスクが高かった。ニューヨークのような目標を効果的に破壊するためには、ドイツにはもっと多くの航空機が必要であった。これにふさわしい航空機が必要であった。ドイツ空軍には、ヨーロッパから北アメリカ大陸までノンストップで到達し、爆弾を投下

左：〈ハインケルHe177〉は、ドイツで運用されていた唯一の重爆撃機であった。連結式のエンジンは飛行中に頻繁に火災を発生したため、航空機全体の信頼性は低かった。ヒトラーは、優美でないという理由で、この航空機を「ガラクタ」と形容していた。

上：ロケット推進の弾道飛行機の製作を計画していたオイゲン・ゼンガー。この機体であれば、ニューヨークまで簡単に到達し、爆撃することが可能であった。この計画はあまりにも先進的であったため、1941年に中止された。〈シルバー・バード〉と呼ばれていた機体は、一度も離陸することはなかった。

し、再びヨーロッパまで安全に帰還できる長距離爆撃機がなかった。

〈ハインケルHe177〉と〈ブローム・ウント・フォスBV222〉を別とすれば、シュベンクがリストに挙げた航空機は、設計図面の上にしか存在しないか、せいぜい試作機段階に近づいている程度であった。しかし〈BV222〉は、ドイツ空軍司令部によって、適切ではないと判断が下されていた。〈He177〉に関しては、信頼性が低く、機体の構造上の欠陥や重大な機械的トラブルに悩まされていた。飛行中に主翼が荷重によって曲がってしまうことが多々あり、一方で直列に連結されたエンジンは、上空で頻繁に火災を発生した。激怒したヒトラーは、後にこの航空機を「ガラクタ」と呼び、「これまで生産させた航空機の中で、最悪のガラクタであることは明らかである」と馬鹿にしてお払い箱にした。

ゲーリングは、第2次世界大戦以前から、長距離爆撃機を保有できなければ、ドイツ空軍の軍備に大きな穴が開いてしまうということを理解していた。彼は、ドイツの主要な航空機製造会社の集会で、次のような話をした。「私は、5トンの爆弾を搭載してニューヨークまで往復できる爆撃機を一つも有していない。向こうからやってくる尊大

な連中の口を封じられる爆撃機があれば、とても幸福に感じるに違いない。」

　ゲーリングの課題に最初に応じたのは、ウィリー・メッサーシュミットであった。1937年、彼はヒトラーから直接命令を受けて、航続距離の長い〈メッサーシュミットMe261〉の設計作業に着手した。この航空機は、"アドルフィーネ"として広く知られ、1940年にオリンピックが開催されることになっていた東京まで、ベルリンからオリンピックの聖火を運ぶことになっていた。かなり信頼できる噂によると、ヒトラーは、自らそのフライトの乗客になるつもりだったらしい。

　当然ながら、"アドルフィーネ"と並行して長距離爆撃機の開発を行なうことは、メッサーシュミット社にとって理に適うものであった。プロジェクト1061と命名された計画の最初の作業が始まったのは、1937年末であった。しかしメッサーシュミット社の設計部門にはより緊急の依頼があったため、実際には1940年の中盤になるまで設計作業は始まらなかった。メッサーシュミット氏は、

プロジェクトがスケジュールどおりであると直接ヒトラー総統に保証していた——彼は、ヒトラー総統に「この航空機は試験飛行が完了する前であっても、特別な目的のためなら使用可能です」と説明していた——が、彼は不可能なことを期待させていたのである。さらに、完成した機体だとヒトラーが思い込んでいたものまで見せていた——実際には、それは単なる実物大モデルにすぎなかった。

　〈Me264〉と名付けられた最初の試作機がようやく初飛行にこぎつけたのは1942年12月であり、スケジュールから丸1年も遅れていた。この初飛行によって、メッサーシュミットは最初の28機を製造し、試験的にニューヨークやその他のアメリカの目標に対する作戦行動の実行を承認させる狙いがあった。しかしスケジュールが大幅に遅れたため、この計画は打ち切りになった。メッサーシュミット社に認められたのは、試作機3機の製造だけであった。これら3機は、1944年7月の連合軍の空爆によって全て破壊されてしまった。

ニューヨーク上空のドイツ空軍

メッサーシュミット社が失敗した時点で、ユンカース社が勝利を収めるかのように思われた。他のライバルたち——フォッケウルフ社の〈Ta400〉とハインケル社の〈He277〉——は、ドイツ空軍が開発作業の中止を命じた時点で、まだ風洞試験モデルから先に進んではいなかった。6発のエンジンを搭載した怪物のような〈ユンカースJu390〉は、試験済みの〈Ju90〉と〈Ju290〉の機体構造を活用したものであった。ユンカース社の記録によると、この試作機が初飛行したのは1943年10月20日のことであった。そのちょうど1ヵ月後、ヒトラー総統の司令部からそれほど遠くない東プロイセンのインステルブルクまで飛行し、ヒトラーの視察を受けた。ユンカース社は、この機体に「ニューヨーク爆撃機」というニックネームを付けたが、おそらくライバルの〈メッサーシュミットMe264〉との差別化を図るためだったのだろう。

　ドイツ空軍は、すぐにこの航空機を26機発注した。しかし、2機目の試作機が製造されただけであった。1944年6月にこの契約はキャンセルされた。アメリカ軍部隊が試作機を製作していたデッサウの工場に近づいてきたため、ドイツ人たちは1945年4月にこれらの試作機を破壊して彼らに入手されないようにした、と考えられている。

　〈Ju390〉は、十分に任務を遂行できた——つまり、さまざまな人

上左：ウィリー・メッサーシュミットの「アメリカ爆撃機」〈Me264〉の試作機。1942年12月に初飛行した。1943年10月にこの航空機に関するあらゆる作業が中止され、メッサーシュミット社は、〈Me262ジェット戦闘爆撃機〉に生産を集中するよう命じられた。

上右：地上で優雅な姿を見せる〈メッサーシュミットMe264〉。しかし、性能はライバル機よりも劣っていた。上昇率は低く、操縦が困難で、飛行中の安定性に欠けていた。

物の主張によると、試作1号機は実際にニューヨークまで飛行し、戻ってきたと信じられているのである。このような主張の最初のものは、1955年および1956年の『イギリス空軍フライング・レビュー』誌に掲載された複数の手紙の中にあった。2通目の手紙によると、その飛行は1944年の後半に行なわれ、〈Ju390〉は、ニューヨーク北方の東海岸から19キロのところまで到達し、フランスの基地まで戻ったというのである。多くの専門家はこの話をあり得ないとして無視したが、航空関係者の間ではすぐに伝説となった。

　続く2番目の主張は、2011年『ベテラン・トゥデイ』誌のある論文によると、1943年8月に1機の〈Ju390〉が占領中のノルウェーのベルゲン郊外の飛行場から飛び立ち、アイスランド上空で空中給油を受けて大西洋を横断した、というものである。この航空機は、パリ近郊のドイツ空軍の飛行場に戻る前に、ミシガンの工場を撮影し、ニューヨーク上空を通過し、そしてアゾレス諸島で再び燃料補給を受けたようである。論文の著者は、この〈Ju390〉の副操縦士が女性——アンナ・クリースリング、いわゆる「ドイツ空軍の白いオオカミ」——であったとも主張している。このようなあだ名があったのは、彼女の「凍ったようなブロンドの髪と冷たい青い目」のせいであった。

　第2次世界大戦の航空機に関する第一人者たちは、この論文の主張を即座に非難した。彼らの疑問は次のようなものであった。すなわち、〈Ju390〉が、公式に認められている初飛行の日からわずか2ヵ月しか経っていないのに、どのようにして大西洋を横断したというのか？　ユンカース社やドイツ空軍の記録文書のいずれにも、この飛行について全く触れられていないのはなぜか？

　また別の者たちは、この話は真実だがこの論文は日付を取り違えている、と述べている。彼らの考えでは、飛行が実際に行なわれたのは、1944年1月であった。

　誰一人として、この真実を知っている者はいない。もし、そのような飛行が実際に行なわれたとするならば、ドイツ空軍の第200爆撃航空団という謎めいた部隊によって実行されていた可能性が高い。この部隊に関する記録は、いまだに秘密扱いか、あるいは喪失したか、破棄されている。

ヒトラーのステルス爆撃機

奇異なことだが、軍事情勢が悪化し、ドイツ空軍が空から一掃されてしまうという差し迫った脅威に直面しても、高名なナチス党員はいまだにニューヨークを爆撃する夢にしがみついていた。もはやドイツの主要な航空機メーカーは、この計画には直接関与していなかった。航空機メーカーは、必死になって爆撃機よりも戦闘機を大量生産していた。とはいうものの、現実問題として燃料とパイロットが不足していたため、ドイツ空軍は、航空機メーカーが無我夢中で生産した航空機の多くを離陸させることも飛行させることもできなかった。

　こうして、アメリカ爆撃のための革命的な新型機の考案は、航空業界の異端児たちに頼ることになった。その中で最も有望だったのは、ライマールとヴァルターのホルテン兄弟であった。彼らは、昼間戦闘機や長距離爆撃機として飛行していた機体の派生型として、独創的な「全翼」ジェット機の設計を考案した。〈ホルテンHo229爆撃機〉は、その成果であった。

　ホルテン兄弟はまだ30代であったが、固定観念を完全に打ち破った。彼らは数年前から「全翼」機の構想を持っていたが、その理論をテストできる機会が与えられたのは、このときが初めてであった。1944年初めには、ゲッティンゲンでエンジンなしの試作機の製作作業が始まった。その年の末には、最初の機体の飛行——むしろ滑空であった——に成功した。それに続いて、エンジンを搭載した試作2号機の飛行が1945年初頭に行なわれた。

　〈Ho229〉は2トンの爆弾を搭載し、1万5,000メートルをわずかに上回る高度限界を、最高時速1,000キロで飛行し、燃料補給を受けずにニューヨークまで往復飛行できるよう設計されていた。この機体は、BMW003Aターボジェット・エンジンもしくはユンカース・ユモ004Bターボジェット・エンジンを搭載した純粋なジェット機となる予定であった。これだけでも十分に革新的なのに、ライマール・ホルテンは、木炭の粉と木材用接着

上：〈ハインケル He177〉の銃座に座る後方機銃手。ドイツ空軍はこの機体を数百機も発注した――しかし飛行したのは、わずか数機であった。

中：革命的な「全翼機」〈ホルテンHo229〉。1945年初頭に初飛行したが、ジェット・エンジンを搭載した試作機は、数回の飛行試験の後に墜落した。

下：ドイツ空軍特殊任務部隊の第200爆撃航空団司令ヴェルナー・バウムバッハ。アメリカ爆撃機が生産されていれば、それを飛行させるのはおそらく彼の部下たちであったろう。

右：プラット・アンド・ホイットニー社のコネチカット航空機エンジン工場。

左：高射砲弾の破片が落下してくる危険性を警告したドイツのポスター。

剤を混ぜて機体をコーティングするというアイデアを思いついた。これは、〈Ho229〉独特の滑らかな形状と相まって、事実上、敵のレーダーによる探知を不可能とするものであった。つまり、〈Ho229〉は、人類史上初のステルス（見えない）爆撃機であり、40年も時代を先取りしていた。

　最初のエンジンなしの試作機は、どうにか戦争を生き残り、計画されていたすべての派生形の設計図とともにアメリカ軍に接収された。エンジン付き試作機は、試験飛行中に上空でユンカース・ユモ・エンジンが出火し、緊急着陸しようとして大破してしまった。この爆撃機の試作に残された時間はわずかであった。1945年3月に作業が再開されたが、完成することはなかった。

宇宙航空機とミサイル

もうひとりの型破りな人物は、オーストリア人技術者オイゲン・ゼンガーであった。彼はとてつもない構想を持っていた。それは、ほとんど宇宙空間に近いところを飛行するロケット・エンジンの爆撃機から、搭載した1発の4,000キロのテレビ誘導爆弾でニューヨークを攻撃するというもので、1930年代中盤の時点では非現実的であった。

　ゼンガーの弾道飛行機〈シルバー・バード〉は、ロケット式のそりによって空中に打ち出される。発射後、このロケットそりは長さ3,250メートルのレールの上を進んで減速する。高度が1,675メートルに達すると、内蔵したロケット・エンジンに点火し、機体を宇宙空間手前の高度145キロまで押し上げる。それから、攻撃目標に到達するまで、密度の濃い大気圏の層にまさに吹き飛ばされながら飛行を続ける——それはむしろ、水面を跳ねながら飛ぶ石に似ている。この〈シルバー・バード〉は、爆弾を投下した後、アメリカ大陸を横断し、太平洋の上空を越えて日本の管轄する領土に着陸することになっていた。

　しかし、1941年の時点では、まだロケット・エンジンの実規模試験のための設備が建造中であり、ドイツ空軍大臣は1941年末にこの開発計画の中止を決定した。ゼンガーは、政府の支援を得ようと1944年に再び試験を開始したが、あまりにも遅すぎた。〈シルバー・バード〉が飛ぶことはなかった。

　その他のアイデアも、実現することはなかった。たとえば、技術者のボードー・ラフレンツのアイデアは、Uボート潜水艦で巨大な浮上式コンテナをアメリカ東海岸から160キロ以内のところまで曳航し、そこから〈V2ロケット〉を発射するというものであった。3個のコンテナの試作が1945年初頭に始められたが、完成する前に、製造していた造船所がソ連軍の部隊に占拠されてしまった。ヴェルナー・フォン・ブラウンと仲間のロケット技術者たちは、ペーネミュンデで多段式の〈A10/A9ニューヨーク・ロケット〉を製造するという計画を提案したが、全く具体化されなかった。しかし時間さえあれば、このプロジェクトは、十分に成功した可能性があった。

第13章
赤毛女性殺人事件の謎

第2次世界大戦のさなかの激動の2年の間、美しい赤毛の名花ジェーン・ホーニーは、スウェーデンの上流社会における無冠の女王だった。彼女は、ストックホルムの多忙な社交界における有名人として、たびたびパーティーを開き、多数の有力な人士たちと交流した。彼女は、単に欲深い野心家だったのか？ 連合国の情報員だったのか、ナチスのスパイだったのか、はたまた両陣営のために働いていていたのか？ 彼女が殺された事件と同様に、謎は未解決のままである。

第 2次世界大戦中のヨーロッパにおいて、交戦国の外交官や他の代表者たちが互いに頻繁に接触することが可能な中立国の首都が二つ存在した。一つはポルトガルのリスボンで、もう一つはスウェーデンのストックホルムだった。

　スウェーデンの産業界が連合国とナチス・ドイツの両者と取引していたため、連合国とナチス・ドイツの双方にとって、スウェーデン人と日常的に近しく連絡をとることは不可欠なことだった。その方法は、多くの私的な交渉と多数の秘密の郵便物であった。ストックホルムはスパイであふれていた。そのうえ、ストックホルムはドイツ第三帝国の捕虜収容所へ宛てた郵便物の中継地だった。アメリカ陸軍航空軍とイギリス空軍の搭乗員たちもまた、スウェーデンに降り立った——その中には、あえてウェーデンに聖域を求める者もいた——一方、ヒトラー・ドイツの捕虜収容所から脱走し、銃撃されたりした後に、なんとか捕まらないように脱出ルートを見つけてやって来る者もいた。

　ナチス・ドイツに占領された母国から自由を求めようとする多くのノルウェー人たちは、イギリ

上：食料を求める人びとの列は、戦時中のスカンジナビア諸国の日常生活におけるありふれた光景であった——それは、中立のスウェーデンでさえ起きていた。

左：自分の車の運転席で撮影されたジェーン・ホーニー。魅力的な野心家である彼女は、短い生涯において連合国とナチス・ドイツの両陣営のスパイであったかもしれない。

スにたどり着くために小型ボートで北海を横断するという明らかな危険を冒す代わりに、別の脱出ルートとしてスウェーデンを利用した。連合国の上層部の人びとは、このノルウェーの努力を支援していた。1942年3月には、ルーズヴェルト大統領自ら、スウェーデンからスコットランドにノルウェー人の同志を週に50人輸送するために2機の〈ロッキード・ロードスター旅客機〉を手に入れようと、ロンドンにいるノルウェー空軍センターを積極的に支援した。彼らの一部は、連合国とともに戦う機会を18ヵ月もの間待っていた。

軍需品をめぐる戦い

さらに決定的なことは、イギリスはスウェーデン

から、ボール・ベアリング、工作機械用特殊鋼、精巧なバネ、そして電気抵抗器といった特別な工業製品を輸入していた。ドイツも同じように輸入していた。とりわけボール・ベアリングは、連合国とナチス・ドイツいずれの軍事力においても欠かせない軍需品であった。1942年、スウェーデンは、ボール・ベアリングについては、ドイツ第三帝国の需要の59%、イギリスの需要の31%を供給した。

ボール・ベアリングの継続的な供給を確実にすることは、両陣営にとって重要と思われた。1943年に、イギリス軍需省ベアリング監督官は、「最小限の遅延でスウェーデンからできるだけ多くのベアリングを得ることが最も重要だ」と忠告した。アメリカ第8空軍がシュヴァインフルトにあるドイツの最も重要なボール・ベアリング工場を爆撃した後、イギリス政府の2人の高官は、〈モスキート爆撃機〉でスウェーデンへ飛んだ。それぞれの〈モスキート爆撃機〉

上：ジェーン・ホーニーは、1937年にヘイレ・グランベルクと結婚した。彼は当時、親ナチスのスウェーデンの新聞社のベルリン特派員だった。結婚生活は、4年後の離婚という形で終わった。

次頁：民間のイギリス海外航空のカラーを塗ったイギリス空軍の〈モスキート機〉。高速で飛行できたので、ドイツ空軍の要撃を受けることなく、重要な乗客を乗せてイギリスとスウェーデンの間を往復した。

は、1人の乗客を爆弾倉に乗せて運ぶために特別に改造されていた。高官の任務は、ドイツ人がボール・ベアリングを入手するのを阻止するために、全てのスウェーデンのボール・ベアリングの輸出を独占しようというものだった。彼らのこのもくろみは、部分的には成功していた。興味深いことに、巨大なスウェーデンの産業複合体SKF社のドイツの子会社は、シュヴァインフルト工場群の最も重要な部門をコントロールしていた。

陰謀の温床

その年、ストックホルム——北ヨーロッパにおいてまだ毎晩明かりが灯されていた唯一の都市——は、陰謀の温床だった。戦争が重要な段階に入ると、秘密の陰謀とその対策は、ストックホルムの最も高級なナイトクラブやレストランで絶えず行なわれていた。それは華やかな

光景であった。そこでは、パーティーや娯楽は、陰謀や裏切りと表裏一体のものであった。

1943年の初め、ジェーン・ホーニーという名の20代半ばの美しい赤毛の女性がスウェーデンの首都にやって来て、ストックホルム社交界に旋風を巻き起こした。彼女がスウェーデンの上流社会における無冠の女王として君臨したのは、たった2年でしかなかったのだが、その間、彼女はスウェーデンにいる外交官の半数を虜にした。そして1945年1月に彼女は突然消え去り、後には謎が残った。その謎は、今日まで未解決のままである。

ジェーン・ホーニーとは誰だったのか？

ジェーン・ホーニー、または本名エバ・シャルロッタ・ホーニーは、おそらく1918年にストックホルムで生まれたスウェーデン人である。実はスコットランドで私生児として生まれて、後にスウェーデン人の養父とデンマーク人の母に養女として引き取られたという人もいる。誰も彼女の出生について正確な事実を知らない。知られていることは、彼女がいつも何らかの冒険を求めていた、ということであった。彼女は背が高くて威厳があり、社交的で、人付き合い——特に男性との——が好きだった。

1939年にジェーンは、グリーンランドへ旅行したときに出会ったジャーナリストのヘイレ・グランベルクと結婚した。2年後、夫妻はベルリンへ転居した。グランベルクは、親ナチスのスウェーデンの新聞『アフトンブラーデット』紙の特派員であった。その2年後に彼らは離婚し、ジェーンはスカンジナビアへ戻った——最初は親類がいるコペンハーゲン、次いでストックホルムに行っ

上：戦時中の駐スウェーデン・ソ連大使だったアレクサンドラ・コロンタイ。彼女は、スターリンに全面的に信用されていた数人のうちの一人だった。

次頁：〈モスキート機〉が登場する前は、アメリカの〈ロッキード・ロードスター旅客機〉がイギリスとスウェーデンの間を飛んでいた。ドイツ空軍に撃ち落とされないよう、彼らは夜間または悪天候の中でしか飛行できなかった。

た。彼女は、若く、魅力的で、自由奔放だった。数週間のうちに、彼女はストックホルムのパーティーの花形となった——そして、彼女のエスコート役を務めたのは、たいていさまざまな国籍の上級の外交官や名の知られた秘密情報部員であった。

スパイか二重スパイか？

ジェーンがたとえどのようなゲームをしていたとしても、それは暗く、深く、そして危険なものだった。まもなくイギリス人は、彼女がドイツのスパイであると確信した。デンマーク人もそう確信していた。彼らの多くは、1940年4月にドイツ国防軍がデンマークに侵攻したときにスウェーデンに避難してきた人々であった。ドイツ人がデンマークにおける抵抗運動の重要人物のうちの何人かを探し出して逮捕するのを彼女が手伝った、という噂が広まりはじめていた。

イギリス人どころかデンマーク人も気づかなかったことは、ドイツ人がジェーンはイギリスのスパイではないか——または少なくとも二重スパイではないか、と疑っていたことである。彼女は、確かに、イギリス特殊作戦実行委員会の幹部であるロナルド・ターンブルおよびスウェーデン軍情報部に所属するオットー・ダニエルソンとマーティン・ルントクビストとも接触していた。ダニエルソンは、秘密情報とセックスを交換することについて、彼女は「何の良

心の呵責も感じなかった」と書いている。ジェーンは、またソ連内務人民委員部（NKVD）にも関わっていた。彼女は時々、NKVDのエージェントを兼ねていたストックホルムのタス通信社特派員アレキサンドル・パブロフのためのメッセンジャー役を務めていると思われていた。

　おそらく正確な真実は決して明らかにされないであろう。我々にわかっているのは、著名なデンマーク織物業者でデンマークの抵抗運動の一員であるヨルゲン・ヴィンケルが、ジェーンの恋人の一人になったということであり、そして彼を刑務所から出所させようとして、デンマークのドイツ秘密国家警察（ゲシュタポ）長官カール・ハインツ・ホフマンと浮気したことであった。その他の彼女の高位のドイツの友人たちの中には、ドイツのスカンジナビアの防諜活動を担当していたヘルマン・ザイボルト親衛隊中佐もいた。

　さらにわかっているのは、1943年夏に彼女がもう一人の新しいボーイフレンドと親しくなったということであった。彼は、54歳のホルスト・ギル

ベルトというコペンハーゲン在住のドイツ人で、表向きはスカンジナビア電報局を経営していた。だがそれは単なる隠れ蓑にすぎなかった。実際には、彼はドイツ国防軍情報部（アプヴェーア）の重要人物であり、おそらくアプヴェーア長官のヴィルヘルム・カナリス提督の直接の指示を受けて二重スパイを行なっていた。ギルベルトは、カナリスと同様に、隠れた反ナチス主義者であった。彼は、戦前にソ連赤軍の非公式アドバイザーとしてロシアに仕えていた間に、今やスウェーデンのソ連大使となっていたアレクサンドラ・コロンタイと親交を結んでいた。ギルベルトは、ソ連が、ドイツと個別に和平交渉を開始することに同意する可能性があるかどうかについて確認するため、仲介者としてジェーンを利用して再びコロンタイに連絡した。

　ギルベルトは、なんとか1944年10月14日まで生き延びることができた。その日、彼は、コペンハーゲンの中心部にある彼のオフィスで、元修道女のエラ・フォン・カペルンと彼女が所属していた

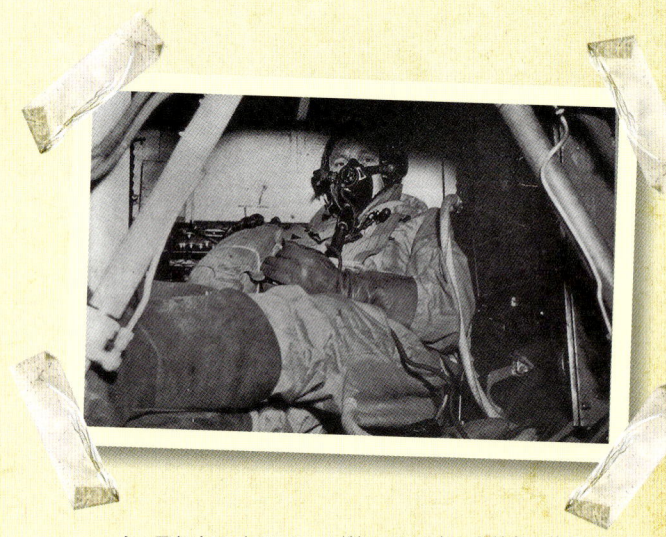

上：飛行中の〈モスキート機〉。1943 年から戦争の終わりまで、彼らはスコットランド北部のルーカーズ空軍基地とストックホルムの間を定期的に飛んでいた。

下：〈モスキート機〉は、一度に 1 人を爆弾倉に詰め込んで運ぶことができた。デンマークの物理学者ニールス・ボーアは、最初の乗客の一人だった。

次頁：中立国スウェーデンのペール・アルビン・ハンソン首相。彼は、連合国とナチス・ドイツの要求の間で際どい綱わたりをしなければならなかった。

デンマークの抵抗運動のメンバーによって撃たれた。彼は、そのときの傷が原因で 1 ヵ月後に死亡した。前年の秋、ジェーンは頻繁にストックホルムからコペンハーゲンへ彼を訪ねていた。奇妙なことには、彼女は、従来の手段ではなく、カテガット海峡とスカゲラグ海峡を渡って武器と難民を往復輸送するためにデンマークのレジスタンスが準備した秘密の輸送船によって移動していた。

陰謀とその対抗策

ジェーンが一方を他方に対抗させて漁夫の利を得るために何をしようと思ったのかは、誰にもわからない。たとえば1944年初頭、ジェーンは、占領された国の境界を無事に横断することを許可する特別なパスを携えて数回ドイツに行った。理由は不明だった。さらに複雑なことに、彼女はスウェーデンへ帰還する際に、スウェーデンの情報部にスカンジナビアにおけるナチス・ドイツ情報部の活動に関する情報を伝えていた。

1944年 3 月、ジェーンの最新のボーイフレンドは、ストックホルムのイギリス大使館付情報武官の少佐だった。この無名の軍人が、彼女と親しくなるという特定の命令を受けてストックホルムに送られたかどうかは定かではない。しかし、彼は確かにそう行動した。明らかにジェーンは、すっかり彼に惚れ込ん

でいた。数ヵ月間、彼らはずっと一緒にいたが、少佐は、突然情事を打ち切った。彼女について知るべきことは全て見出したため、関係を終了するよう命令されたのかもしれなかった。

いずれにしても、ジェーンは、ボーイフレンドとの破局によって悲嘆に暮れていた。彼女は、数週間ストックホルムからいなくなった。戻ってくると、彼女は以前にもましてドイツ人に注意を払っているように見えた——それがイギリス人の少佐と彼女の情事の悲しい結末のせいだったかどうかは、決してわからないだろう。ともあれ、デンマークの抵抗運動は、確かにますます彼女を疑うようになっていった。スパイたちは、至る所で彼女を尾行し、彼女と彼女が会った人びとの写真を撮った。その年の秋、デンマーク人から提供された情報に従って行動したスウェーデンの情報部は、彼女を逮捕して訊問するために拘束した。

スウェーデン側は、3週間にわたりジェーンを訊問した。結局、10月13日に、彼らはジェーンを放免した。彼らは、彼女を告発したデンマーク人に対し、ジェーンに関するあらゆる疑いは完全に晴れた、と言った。すると、デンマーク人は、表面的にはスウェーデン側の結論について満足の意を表明した。しかしデンマークの優秀なスパイは、裏ではジェーンがナチス・ドイツに雇われた危険なスパイであると確信していた。

冷血な殺人

デンマーク人は、以前にジェーンの殺害を企てたものの、中止していた。今度こそ、彼らは殺害を実行することに決めた。ともにデンマークの抵抗運動のメンバーであるスヴェン・アーゲ・ガイスラーとアスビヨルン・リンネがストックホルムに送られた。彼らは、ジェーンを信頼させて、自分

自身のスパイ活動の疑惑をきっぱりと晴らすために、彼らとともにデンマークに帰るよう説得することを命ぜられていた。ついにジェーンは、ガイスラーの魅力につられてその計画に同意した。

長い間ストックホルム社交界を虜にしていた美しい赤毛の女性にとって、時計の針が進み、時間が早く過ぎようとしていた。1945年1月16日に、ガイスラー、リンネ、ジェーンと、デンマークの抵抗運動の一員でもあった彼女の女友達のボディル・フレデリクソンは、ストックホルムの中央駅からマルメに向けて夜行列車に乗り込んだ。一行は、マルメに到着すると、部屋を予約してあったグランド・ホテルにチェックインした。そこでジャルマー・ラブンボという若い学生が合流した。彼は、デンマークの抵抗運動の一員でもあり、「イェンス」という名前で通っていた。

ジェーンは、自分の身に危険が迫っているとは全く気づいていなかった。実際、ガイスラーとリンネが自分たちは彼女と一緒にデンマークへフェリーで渡航をしないと告げると、彼女はお別れを言うため、次の夜にサヴォイ・ホテルで晩餐会を開くことを主張してゆずらなかった。午後10時に彼女は、ヘルシンボリの郊外にあるホガナスへタクシーで行くためにボディル・フレデリクソンとラブンボとともにホテルを出た。彼女は、ホガナスでデンマーク行きのフェリーに乗り込むことになっていた。

嵐の夜であったが、フェリーは時間通りに出航した。しかし途中で停船し、ジェーンは2、3人の他の男性とともに、並航していたデンマークの釣り舟のタマンに乗り換えさせられた。フェリーの乗組員のうちの何人かは彼らの乗り換えを見ていたが、特に注意を払わなかった。そのような秘密の乗り換えはよくあることだった。後で警察に

質問されてはじめて、彼らは不吉な何かが進行中だったことを理解した。

次に何が起こったかについては、推測の域を出ない。フェリーが航路を進んで行ってしまった後の暗闇のどこかで、ジェーンは冷酷にも殺された。おそらく彼女は2回撃たれたようだ。そして、彼女の遺体は重い鉄の鎖で巻かれ、凍るような海中に投げ落とされ、跡形もなく沈んだ。

終わらない論争

ジェーンの失踪は、今なお続くミステリーの結果というよりは、むしろ始まりにすぎない。戦後、彼女の父は、スウェーデン警察に彼女の失踪と死の可能性を調査するように圧力をかけた。調査官は、沈黙という壁にぶつかった。スウェーデン情報部は、デンマークがそうしたように、彼女に関するファイルを閉ざしてしまった。イギリスは、彼女については聞いたこともないと主張し、一方で彼女を知っていた元アプヴェーアの情報員、ゲシュタポ、そして親衛隊の将校たちは頑として口を割らなかった。

1947年に大きな進展があった。文書偽造の罪でスウェーデンの刑務所に短期間服役していたアスビヨルン・リンネが、ジェーンの殺人に関与したことを意外にも認めたのだった。しかし、後に彼は自供を取り下げ、自供を補強できる証拠がなかったため、スウェーデンは彼を釈放するしかなかった。ガイスラーもまた調査されたが、潔白であった。

月日が経つにつれ、噂は拡大していった。ジェーンは、殺されてなどいないと主張する者もいた。殺されたのはボディル・フレデリクソンで、彼女は何らかの理由でジェーンと入れ替わるよう説得されたというのだ。確かに、二人の女性は非常によく似ていた。グランド・ホテルの従業員は、二人の目立つ赤毛の女性が隣接する部屋に滞在したことを警察に確認している。二人のうちの一人は、後にマルメ駅でストックホルム行きの列車に乗り込むところを目撃された。それはボディルだったのか、ジェーンだったのか？ 誰にも確かなことはわからないだろう。

ボディルは、実際にジェーンと衣服を交換し、しばらく彼女になりすましたものの、それは密かに本物のジェーンをスウェーデンから出国させるというデンマークの計画の一部にすぎない、と自信をもって主張する人もいる。ジェーンの死は偽装であって、彼女がイギリス秘密情報部のためにロシア人をスパイするようイギリスに誘拐されたのだという別の仮説もある。これが真実だと決定的に証明する具体的な証拠は、これまでに示されなかった。全てのことは、元学校教師で現在マルチメディア・アーティストである人物が、二人のデンマーク人作家に仕掛けた悪ふざけであり、彼らがこの仮説を広めてしまったのだと考える人も多い。さらに極端な仮説としては、彼女がデンマーク王室のマルグレーテ王女ともう一人の人物をスウェーデンへ安全に密入国させることができるように、ジェーンの死が工作されたのだというものまである。

論争は続いている。デンマークでは、ジェーンの生涯がテレビのミニ・シリーズにさえなった。彼女が本当にトップクラスのスパイ、あるいは二重スパイであったかどうかに関しては、まだ結論は出ていない。さらに興味をそそる悲劇的な説明があるかもしれない――それは、ジェーンは野心を持った売春婦で、彼女を利用しようとした秘密情報部の男性たちの金で人生を謳歌し、彼らの裏をかいたというものだった。要するに、彼女は知りすぎていたために殺されたというのである。もし彼女が、特にデンマークの抵抗運動内部の腐敗疑惑について知り得たことを一度でも話したならば、それはたちまち政治的な困惑の種になっていたことであろう。

右：哀愁を漂わせた妖艶な雰囲気のジェーン・ホーニー。彼女には、多くの恋人がいた。

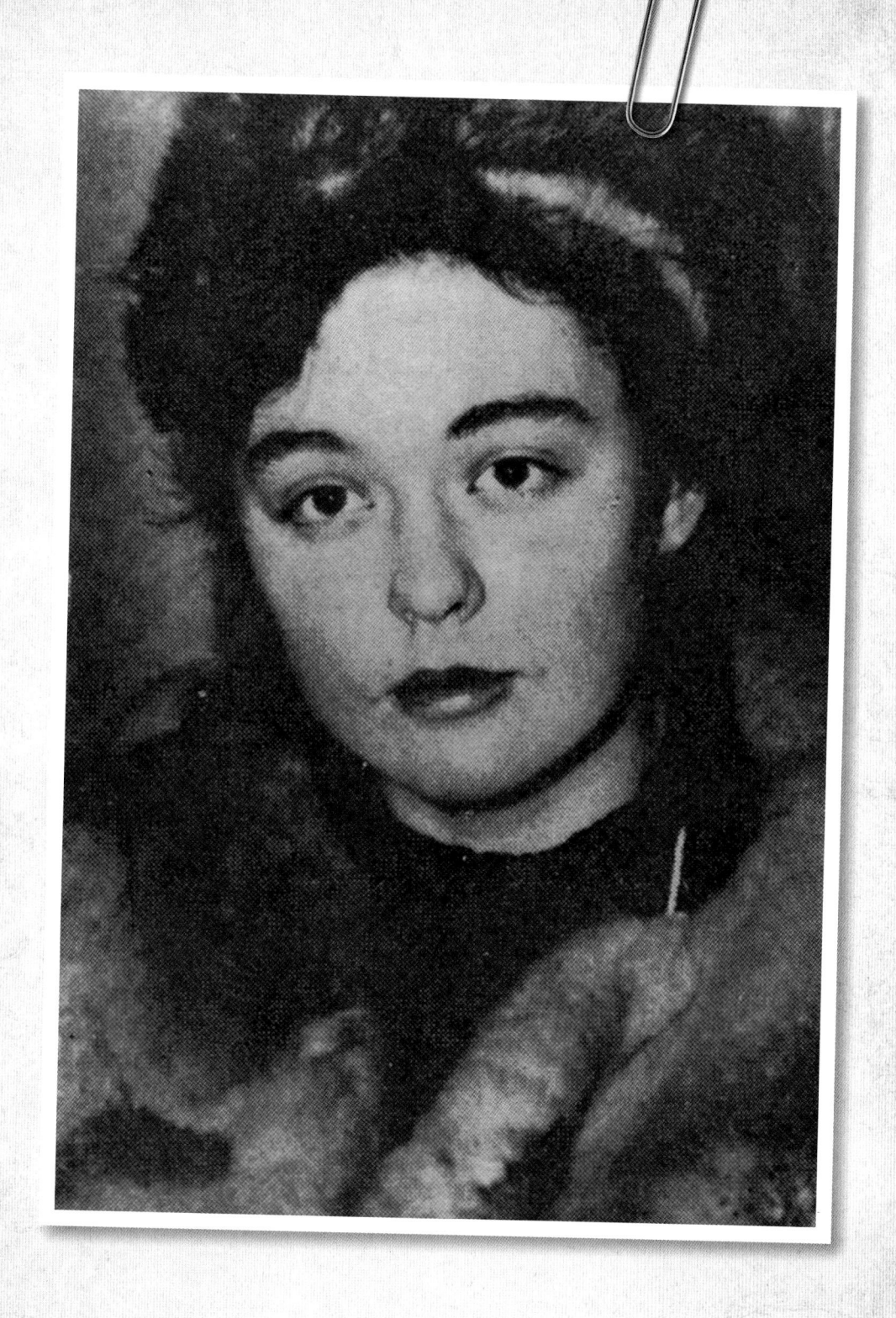

第14章
行方不明の〈B-24 リベレーター爆撃機〉

それは、1943年4月にイタリア爆撃から帰投中に起きた不慮の事故であった。行方不明から16年以上たった後、リビアのベンガジの南約710キロにあるリビア砂漠の乾燥した荒野で、ほぼ完全なままで埋まっている機体が発見された。通信機は、まだ機能していた。搭乗員の魔法瓶に入っていたコーヒーは、まだ飲める状態だった。それにしても、"麗しき淑女"号と呼ばれたこの〈B-24 リベレーター爆撃機〉で飛行した搭乗員たちにいったい何が起きたのだろうか？

見わたす限りこれといった特徴のないリビア砂漠の奥深くに、戦争に使用された爆撃機が不時着して横たわっていた。それは、〈コンソリデーティッドB-24リベレーター爆撃機〉であった。機首には64という識別番号、そして陽光でかすれかかった字で"麗しき淑女"号と書かれていた。

1943年4月4日午後1時30分、"麗しき淑女"号は、アメリカ陸軍航空軍第376重爆撃機群所属の24機の他の〈リベレーター〉とともに、地中海を横断して北に向かって約1,200キロを飛行し、ナポリ近傍の敵の飛行場を空襲するため、ベンガジ南部の海岸線にあるスルーク飛行場を離陸した。爆撃は、爆撃機の編隊がたそがれ時に目標を攻撃し、夜半に帰還できるよう計画されていた。暗闇のおかげで、ドイツ空軍やイタリア空軍の要撃戦闘機によるいかなる攻撃からも免れるだろうと考えられていた。記録によれば、〈リベレーター〉のうちの11機は第1目標を攻撃し、残りは第2目標を爆撃することになっていた。

何機かの〈リベレーター〉は、敵の対空火器で被害を受けており、その他はエンジン・トラブルに悩まされていたものの、1機を除いて全て深夜までに無事にスルーク飛行場に帰還した。例外は、"麗しき淑女"号であった。その後、深夜を少し過ぎた頃、ベニナの管制塔は、到着時刻を過ぎた航空機からの無線通信を受け取った。その航空機の機長で指揮官でもあったウィリアム・J・ハットン中尉は、管制官に母基地の位置がわからなくなった旨を告げた。なぜなら、北アフリカ海岸の上空は厚い雲におおわれており、〈リベレーター〉の燃料は枯渇しつつあったのである。ハットンは、ベニナ管制塔から無線で方向指示を受け

上："麗しき淑女"号の搭乗員たちの集合写真。彼らは、計画されていた最初の任務飛行に出発するちょうど1週間前にリビアに到着した。

前頁："麗しき淑女"号の機首と操縦席。驚くべきことに、破壊された機体は良い保存状態で残っていた――たとえば機関銃は据え付けられたままであった。

てベニナ飛行場まで飛び、緊急着陸しようとしていた。

ベニナ管制塔は、ハットンが要望している方向指示を与えたが、"麗しき淑女"号が到着することはなかった。翌日から空と海で捜索が始まったが、行方不明の爆撃機とその搭乗員については、いかなる痕跡も発見できなかった。彼らは、地中海に墜落して沈んだと思われていた。

行方不明機の発見

その出来事自体は何ら異常なことではなかった。その日は、ハットンと部下の搭乗員たちにとって

上：空から見る墜落した"麗しき淑女"号の機体。この写真は、1959年に石油採鉱者が遭難した機体を発見して少し経った後に撮影したもの。

下：驚くべきことに、機体の内部は全てが当時のままであった。通信機はまだ機能しており、搭乗員の魔法瓶に入っていたコーヒーは蒸発していなかった。

最初の任務飛行であったため、もっと経験を積んだ他の搭乗員たちに比べて、撃墜されたり、帰還に失敗したりする危険が大きかったのである。帰還飛行の途中で何が起きたのか。それは、"麗しき淑女"号の数奇な物語だった。

行方不明になって16年以上経った1959年、イギリスの地質学者たちが、アメリカ空軍ウィーラス基地の飛行支援を受けて、リビア砂漠で石油資源の探査をしていた。その時、彼らはベンガシの南710キロ付近で大破した大型の第2次世界大戦中の航空機を発見した。直ちに、調査員が搭乗した〈C-47輸送機〉が調査に向かった。

〈C-47〉は、遭難機のそばの砂利の多い地面に無事に着陸し、調査員たちは火傷しそうな熱波の中に降り立った。彼らは、直ちに墜落していた航空機を〈リベレーター〉と識別したが、破壊された航空機に近づいてみると驚くべきことが目に飛び込んだ。爆撃機の金属部品は全く腐食していなかったのである。乾いた砂漠の熱がもたらした乾燥した空気によって完全な状態に保たれていたのである。このため、〈リベレーター〉はあたかも昨日砂漠に置かれたように見えた。

機体内の調査

胴体着陸した"麗しき淑女"号は、翼を広げた鷲のように横たわり、右翼は少し上がり、左翼は砂に埋まっていた。胴体の尾部と尾

上：敵国を爆撃した後にイタリアにある飛行場に帰還する〈B-24リベレーター〉。
多くは、無傷で飛行場に帰還することはできなかった。

翼部は右後方に折れて横たわっていた。機体に装備されていた4発のプラット・アンド・ホイットニーR-1830ツイン・ワスプ空冷エンジンのうちの1発は脱落していた。左の脚は、格納室から落下していた。驚くべきことに、タイヤには空気が入ったままであった。

　飛散した破片が機体の周りに散らばっていた。そこには、酸素ボンベ、鉄のヘルメット、救急医薬品、弾帯、そして飛行服の装具があった。調査員たちは、注意深く機体の内部を観察した。そこには、遺体はなかった。機体の内部には、何もなかった。彼らは、火傷しそうなほどの暑さの中で内部を調査するために機体によじ登っていった。通信機をチェックしたが、いまだに機能していることがわかった。また、コーヒーが入っている魔法瓶も発見した。コーヒーは飲むことができる状態だった。

　〈リベレーター〉の燃料タンクは、消費し尽く

されて完全に空であった。また、4発あったエンジンのうち3発は飛行中に停止していたが、そのため、プロペラをフェザリング——空気抵抗を低減させるために全てのプロペラの角度を空気の流れに平行に固定させる——の位置にしていた。第4エンジンは、依然として衝突するまで作動していたことが明らかになった。尾部の脱出口の扉と機体の爆弾倉の扉は開いており、そしてパラシュートやメイ・ウエスト救命胴衣もなかった。

　これらのことから、搭乗員は"麗しき淑女"号が地面に衝突する直前に脱出したことが明らかだった。彼らは、機体が困難に直面していた時にも、パニックにおちいらなかったことは間違いなかった。〈リベレーター〉が着水や胴体着陸に成功することが難しい航空機であることは周知の事実であった。そのため、〈リベレーター〉は、多くの不満を持っている搭乗員たちから"空飛ぶ棺桶"というあだ名が付けられていた。そのあだ名

は、機体に入るときも機体から出るときも尾部からしかできないことに由来していた。このことは、操縦室にいる搭乗員たち——操縦士、副操縦士、航法士、無線通信士、機関士、爆撃手そして機首の機関銃手——が分秒を争う中で、胴体を通って尾部に移動し、かさばった落下傘を装着することを意味していた。

このような状況から、"麗しき淑女"号が最後の瞬間まで適切に設定された自動操縦装置によって飛行していたことは、ほぼ間違いないであろう。おそらくハットンは、搭乗員たちがうまく脱出できるように、機体を水平に維持して直進飛行させるよう操縦装置を手動から自動に切り替えたのである。自動操縦に切り替えることによって、彼にも操縦室から要領よく移動して墜落する前に脱出できる機会が生まれた。

二つの重大な疑問

今日、多くの人びとにとっては、真っ先に二つの疑問が浮かぶ。〈リベレーター〉には、戦闘による被害を受けた形跡が全くなかった。搭乗員たちは、明らかに燃料がなくなったために機体を捨てて

いた。しかし、本来の航路から何百キロも離れた砂漠の奥地でいったい何をしていたのか？　そして、搭乗員たちの身に何が起きたのか？

ウィーラス基地に戻った調査員は、事故現場で目撃したことをまとめて報告書を完成し、ワシントンに送った。アメリカ陸軍航空軍の戦時記録で爆撃機と搭乗員たち——そして彼らの最後の飛行——の細部が明らかになった。ただし、調査員たちが4月4日の夜に起きた出来事をつなぎ合わせても、真実は明らかにならなかった。運命の悲劇の連鎖の中で、明らかになったことは何だったのか。

ハットンが無線で方向指示を要求したとき、ベニナ管制塔は、"麗しき淑女"号は母基地の北西を飛行しており、そしてまだ地中海の上空にいると思っていた。ハットンが行なわなければならなかったことは、機体の速度、風速、そしてその他の航法上の要素を補正して針路を正しい方向に修正することであった。そうすれば、彼はベニナ飛行場まで安全に帰還できたはずである。"麗しき淑女"号は、飛行場の滑走路の上空をおおっていた密雲の中を"無線の指示に従って"安全に着陸

できたのである。実際には、〈リベレーター〉は、すでにベニナから遠く南東方面を飛行していたのであり、そしてリビア砂漠の荒野に向けて針路をとっていた。

状況から見て、ハットンに疑いが掛けられていた。最初の問題は、天候の急激な悪化である。〈リベレーター〉の搭乗員には知らされていなかったのだが、風向が北東に変化し、そして風速が強まることが予想されていた。上空の航空機の速度は、遭遇する風向と風速の影響を受ける。後方から予想もしない強い背風を受けたので、ハットンの航空機は、彼が認識しているより早い速度で南方へ飛行したのである。

第2の問題は、無線方向指示であるように思える。ハットンが、無線でベニナの管制塔に短波方向探知局による支援を要望したとき、彼は航空機はベニナから330度の方向にいると告げられた。しかしそこで、〈リベレーター〉の航法士も同時に330度と理解したため、航空機は正しい針路で飛行していると思ってしまった。そのためハットンは、航空機は依然として地中海上空におり、そして無事にベニナに向かっていると信じていたので

上：ルーマニアのプロエシュティ石油精製所の上空を傾斜して飛行する〈リベ
レーター〉。この爆撃は成功したが、合計53機が撃墜された。

右：墜落現場周辺には、装備の一部が散らばっている。"麗しき淑女"号は、4発のエンジンのうち1発を失っている。

ある。だが実際はそうではなかった。その代わりに彼は、誤ってどんどん南の奥地に飛行して、不毛の砂漠地帯に入ったのである。

遺体の捜索

ハットンと搭乗員に何が起こったかを発見するために、多くの人びとが捜索に参加した。1959年5月から8月にかけて行なわれた最初の調査は不成功に終わったものの、調査員が何も手がかりを発見できなかったことで、少なくとも〈リベレーター〉の搭乗員のうちの何人かは、なんとか生き延びたのではないかと予想された。

最初の手がかりは、事故現場から約30キロ離れた浅い窪地で見つかった。それは一足の飛行靴で、靴先は北に向けて置かれていた。調査員がさらに遠くを調べると、岩で重しをした落下傘の中に簡単な矢じりがたくさん置いてあるのを発見した。生存者たちは、陸と空から捜索が行なわれれば、これらの目印によって容易に発見されることを望んでいたのである。

目印は、広大な砂漠へ繋がる境界に溜まっていた。数ヵ月にわたって調査が行なわれたにもかかわらず、それ以上の物は発見されなかった。マイロン・C・ティラー大尉は、捜索の終了を決めた。彼は、次のように報告した。「捜索を断念する。装備が劣化して損なわれつつあり、そして航空兵たちは砂塵に完全に覆われる可能性が高いことから、実際にこれ以上の捜索を続けることは危険である。」

明らかにされた日記

1960年2月、石油を探していたブリティッシュ・ペトロリアム社の資源探査隊は、砂漠の中の高地で5人の搭乗員の遺体を発見した。彼らの遺体の近くにまとめて置いてあった物は、中身がなくなった1リットル入りの水筒、懐中電灯、落下傘の一部、飛行服、その他の装備品類、そして個人の所持品類であった。個人の所持品の中には、〈リベレーター〉の副操縦手のロバート・トナー少尉の日記があった。日記には、あわてて書いたようなメモが走り書きされていた。日記は、1943年4月4日から12日までの9日間を記録しており、航空兵の勇気ある生存闘争の悲痛な物語が綴られていた。

1943年4月4日　日曜日

ナポリ——28ヵ所——事はわけがわからないほど上手くいった——帰還する方向を見失った、ガソリンが足りない、飛び出した、早朝2時に砂漠に着地した。誰もひどい負傷はしていない、ジョンが見当たらない、他の者はいる。

5日　月曜日

北西に向けて歩きはじめる、依然としてジョンがいない。食料が少ししかない、水は水筒に半分、一日にカップ1杯。太陽はいくぶん暑い。北西から良い風が吹いている。夜はとても寒い。寝られない。休憩して歩く。

B-24G of the 376th BG at its Italian Base (USAF via NARA)

上：〈B-24〉は、特徴的なボックス型の編隊隊形をとることにより、ドイツ軍機の激しい連続攻撃からよく身を守ることができた。要撃してくるドイツ空軍戦闘機は、真の殺人者であった。

下：〈B-24〉の機関士が、機体に乗って地上整備員の整備の進捗状況を確認している。この機体は B-24G 型で、円形の機関銃座および機首に予備の機関銃が装備されている。

6日　火曜日

11時30分まで休んだ、太陽はとても暑い。風が吹かない、午後まで休む。地獄にいるようだ、飛行機はいない、その他もろもろ。午後5時まで休む。歩きそして夜の間休む。15分起きて5分寝る。

1943年4月7日　水曜日

同じことのくり返し、全員が衰弱している、早く歩けない、ずっと祈っている、再び午後。とても暑い、地獄だ。寝られない。全員が、地面で体を傷めている。

8日　木曜日

砂山に着いた、とても悲惨だ、良い風だがずっと砂を巻き上げている。今や全て（の者）は衰弱している、サムとムーアはとても元気だ。ラモッテの目が見えなくなった、全員の目もまた悪化している。依然として北西に向かう。

9日　金曜日

シェリー、リップ、ムーアが離脱したので助けにいこうとする、残りの者はみんなとても衰弱している、目が悪化している、歩くことができない、全員が死を望んでいる。依然として水はとても少ない。夜は摂氏約2度、心地良い風が吹く、休む場所がない、落下傘を一つ置いて行った。

1943年4月10日　土曜日

救助されるようにみんなで集まって祈る。何の兆しもない、つがいの鳥。北から心地良い風が吹

く——今は本当に衰弱している、歩けない。全身が痛い、依然として全員が死を望んでいる。夜はとても寒い。寝られない。

11日　日曜日
依然として救助を待っている、依然として祈っている。目が見えない、全員の体重が減った。体中が痛い、もし水が手に入れば、舌にふくませることもできる、すぐに救助される希望が生まれる、休めない、依然として同じ場所にいる。

12日　月曜日
救助は来ない、とても寒い夜だ。

こうして、彼らの物語が明らかになった。"麗しき淑女"号の搭乗員たちは、1943年4月5日午前2時に、乗っていた航空機から脱出した。爆撃手のジョン・S・ウォラフカ少尉は、最初の犠牲者——彼の落下傘は開かなかった——であり、残りの搭乗員たちは、犠牲者が出たことに気がつかなかった。8人の生存者たちは、砂漠を通って北に130キロの地点まで歩き、そこで発見されたのである。彼らの内の5人——ハットン中尉、トナー少尉自身、航法士D・P・ヘイズ少尉、機関銃手のひとりサミュエル・E・アダムス三等軍曹、通信士ロバート・E・ラモッテ二等軍曹——は、歩き続けるには衰弱しすぎていた。機関銃手のガイ・E・シェリィ三等軍曹とバーノン・L・ムーア三等軍曹、そして機関士のハロルド・J・リップスリンガー二等軍曹は、砂漠を抜け出して、救助を求めようと奮闘していた。

クライマックス作戦
5人の搭乗員の遺体の発見後、アメリカ陸軍とアメリカ陸軍航空軍は、行方不明の搭乗員を発見するため、捜索地域を拡大して最後の捜索を行なった。クライマックス作戦と呼ばれたこの捜索活動は、戦闘機による高々度からの広域写真偵察から開始された。地上の捜索隊は〈C-130輸送機〉で砂漠に入った。ヘリコプターが捜索を支援した。

最初に発見したのは、別のブリティッシュ・ペトロリアム社の資源探査隊であった。1960年5月12日、最初に5人の搭乗員の遺体の発見された場所から北西に34キロの地点で、地質学者がシェリィの遺体を見つけた。その5日後、捜索ヘリコプターが、空から捜索中に、シェリィが発見された場所から北へ42キロの地点にある高い砂山の東斜面で、リップスリンガーの遺体を発見した。

最後の2人の搭乗員の所在は8月1日まで不明であったが、その日、ブリティッシュ・ペトロリアム社の地質学者たちが、"麗しき淑女"号が墜落した場所から北東約20キロの地点でウォラフカの遺体を発見した。彼は落下傘を付けたままであり、高々度用の飛行服を着用していた。彼らは、そこから南西に1キロの地点で、放棄されていた落下傘の紐ともう一つの高々度飛行服を発見した。ここは、明らかに搭乗員たちが脱出後に集まった場所であった。ムーアの遺体は、発見されなかった。

これは避けられた事故であったため、悲劇はより深刻であった。誤った判断によって、北に向かうべきところを南に向かったことを止められなかったからである。"麗しき淑女"号の搭乗員たちが正しい方向を選んでいれば、墜落した航空機から食料と水を回収するとともに、救助のために通信機を利用できたのである。少なくともそうしていれば、生存の可能性は高まったのである。

かくして"麗しき淑女"号には幸運の女神は微笑まず、その搭乗員たちは誰一人として戦闘任務で亡くなったのではなかった。発見された遺体は、埋葬するためアメリカに移送された。"麗しき淑女"号の機体は、腐肉を食べる動物や土産物を探す猟師の餌食となった。結局、残されたわずかの物品は、1995年に石油会社がリビア砂漠から移動させてしまった。"麗しき淑女"号は、最後にトブルクの警察庁舎の裏庭に保管された。

第15章
レスリー・ハワードの
不可解な事件

1943年6月1日、ドイツ空軍の8機の〈ユンカースJu88〉が、リスボンからイギリスへ向かう途中の〈ダグラスDC-3旅客機〉をビスケー湾上空で撃ち落とした。乗客は全員死亡したが、その中には有名な映画俳優レスリー・ハワードと、その友人のビジネス顧問で、ウィンストン・チャーチルに非常に似ていたアルフレッド・チェンホールズがいた。ドイツ人たちは、チャーチルその人が旅客機に搭乗していると信じていたのか？ ハワードが目標だったのか？ それとも、全ては悲劇的な勘違いだったのか？

右：至る所に出没していた〈ユンカース Ju88〉。この捕獲された夜間迎撃戦闘型の〈Ju88〉は、イギリス空軍が試験評価中のものである──そのことは機体マークによって確認できる。

左：レスリー・ハワードは、イギリスで最も有名で人気のある俳優の一人だった。彼がイギリスのスパイでもあったという人もいる。

1943年6月1日午後12時54分に、ブリストルの近くのウィットチャーチにある飛行場の無線室に届いたラジオ・メッセージは、恐ろしいほどシンプルだった。それは、次のとおりだった。「G-AGBB（〈ダグラスDC-3機〉）からGKH（ラッセンデン飛行場）へ。敵機に攻撃されている。」その後、不吉な沈黙が訪れた。襲われた飛行機からは、もう一言も発せられなかった。

そのメッセージは、オランダの国営航空会社であるオランダ航空（KLM）から派遣されたオランダ人クルーによって運行されているイギリス海外航空（BOAC）の〈ダグラスDC-3ダコタ旅客機〉から発信されていた。KLMからは──パイロット、副操縦士、ラジオ・オペレーター、そしてフライト・エンジニアの4人が搭乗していた。また13人の乗客が搭乗していた。ハワードとチェンホールズのほか、ロイター通信社特派員ケネス・ストーンハウスとその妻ミセス・ローサ・ハッチェンと娘たちの11歳のペトラと1歳半のカロリーナ、ミセス・セシリア・パトン、ティレル・シャーヴィントン、石油会社重役のイヴァン・シャープ、イギリス商業会社のウィルフリド・B・イスラエル、

著名なイギリスのユダヤ人活動家のフランシス・コールリック、そしてゴードン・トンプソン・マクリーンである。

〈DC-3〉は、中立国ポルトガルの首都リスボンのポルテラ空港から、その6月の朝、イギリス二重夏時間［当時、夏季はさらに1時間の夏時間を実施していたのでこう呼ぶ］午前9時35分に離陸し、ウィットチャーチにあるBOACの飛行場へ向かった。フライトに関しては、特にいつもと異なることは何もなかった。民間機の〈DC-3〉は、イギリス、ポルトガル、そしてジブラルタルの間をほぼ毎日飛んでいた。しかし、ボルドー付近のドイツ空軍の飛行場に不愉快なほど近いビスケー湾を横断して飛ぶことが必要だったため、フライトは常に危険要素を含んでいた。

さらなる安全を確保するために、旅客機は全体的に淡青色に塗られ、赤、白、そして青の識別ストライプが翼の上に描かれていた。また民間登録マークが、機体上にはっきり見える書体で描かれていた。大型旅客機は、時おりドイツの要撃機に追撃されたが、敵のパイロットが〈DC-3〉を非武装の民間機と識別すると、通常の場合、要撃機

は去っていった。しかし、6月1日は例外であった。

なぜ777便なのか？

なぜ〈G-AGBB機〉——機首に「こうのとり」という名を冠した777便——は、ビスケー湾の上空で突然、予想外の悲劇に見舞われたのか？　乗客の中に、その死が敵を利することになるかもしれない人物は誰もいなかったのか、それともいたのか？

　乗客名簿は、土壇場で変更があった。当初、14人の名前が乗客名簿にあり、優先順に座席を与えられていた。リストの上部には官僚またはVIPたちが来て、その席はリスボンのイギリス大使館によって割り当てられた。そして、通常の長いウェイティング・リストの上位にいた乗客たちが続いた。もちろん、子供たちと旅行する女性やひとりで旅行する子供たちには優先権が与えられた。

　このとき、デレク・パートリッジという少年と乳母のドラ・ローが、文字どおり最後の瞬間に乗客名簿から外された。BOACの担当者が彼らにターミナルに戻ってほしいと頼んだとき、彼らはすでに飛行機に乗り込み、キャビンの席に座っていた。ハワードとチェンホールズが彼らの席を譲り受けた。もうひとりの予定されていた乗客であるローマ・カトリック教会のA・A・ホームズ神父は、イギリス大使館からの緊急電話の呼び出しによってリスボンへ戻ったために、そのフライトを逃した。

　ハワードは、非常に愛され、そして称賛された舞台と銀幕のスターであった。彼は、やせ型の金髪で、そしてどこか雲を掴むような振る舞いをする典型的なイギリス紳士であった。しかし実際には、19世紀末にイギリスに移住してきたハンガリー系ユダヤ人の家庭の出身だった。映画における成功の絶頂期に——「紅はこべ」ではパーシー・ブレイクニー卿役、ジョージ・バーナード・ショーによる「マイ・フェア・レディ」ではヘンリー・ヒギンズ教授役、そして「風と共に去りぬ」ではアシュレー・ウィルクス役を演じるなど大ヒット作に出演していた——彼は、違約金を払ってハ

リウッドとの契約を解除し、自ら戦争で何かを為すために、大戦の勃発とともにイギリスに帰国した。彼は、アメリカに向けて談話を放送し、情報省のために短い宣伝映画を製作した。

　帰国後にハワードが自ら監督し出演した2本の長編映画は、特にナチス上層部のヨーゼフ・ゲッベルスや他のお偉方を激怒させた。その2本の映画とは、「ピンパーネル・スミス」と「スピットファイヤ」だった。「ピンパーネル・スミス」では、ハワードは風変わりなケンブリッジ大学の教授を演じた。戦前のドイツで考古学的な発掘を指導するという仮面の下に、引率した学生たちと共謀してドイツの秘密国家警察の面前で、ナチスから迫害された犠牲者をドイツ第三帝国から密出国させるという役だった。「スピットファイヤ」は、わずか42歳の時にガンで亡くなった〈スピットファイヤ戦闘機〉の主任設計技師R・J・ミッチェルの伝記映画だった。それは、ハワードの最後の映画となった。

ナチスのブラックリスト

ハワードは、ナチスのブラックリストの上位にあった。ウィルフリド・イスラエルと鉱山技師のイヴァン・シャープも同様だった。イスラエルはもともとベルリン出身で、同胞の数千のユダヤ人がホロコーストから逃れるのを助けた反ナチス活動家たちのリーダーだった。彼の家族のカウフハウス・N・イスラエルは、ベルリンのアレクサンダー広場にある市庁舎の隣にあるヨーロッパで最も大きなデパートのひとつを、1939年にナチスによって強制収用されるまで所有していた。その後イスラエルは亡命生活に入り、ロンドンに住みはじめた。そこで、彼はユダヤ人難民救済組織を立ち上げた。彼は、ユダヤ人の子どもたちをイギリスに送る、いわゆる「キンダートランスポート（子供の輸送）」の影の立案者だった。およそ1万人の子供が開戦前にイギリスへ到着した。

　イスラエルは、ユダヤ人の機関の依頼によりポルトガルへ飛んで、ポルトガルとスペインに住んでいるユダヤ人の難民を、できるだけ多くパレス

"Strictly between you + me ...."

CARELESS TALK COSTS LIVES

上：不注意な会話の危険性について警告するイギリスの宣伝ポスター。しかし、ハワードの名前は、飛行機の乗客名簿にはっきり載っており、ドイツ人はそのコピーを入手していた。

チナへ脱出できるよう支援した。一部の歴史家によれば、ドイツ人たちは、イスラエルが連合国のために働かせるためにロケット工学と原子物理学についての特別な知識を持つ科学者を探しているものと信じていた。このことは、真実だったのだろう。事実、マンハッタン計画——原子爆弾を製造する連合国の試み——に携わった人びとのうちの何人かは彼によってスカウトされていた。

シャープは、ナチスが死を願うだけの十分な理由があるもうひとりの乗客だった。彼はイギリス政府から、たとえ非常につり上げられた対価を払うことになっても、買えるかぎり多くのタングステンを購入するという仕事を命ぜられていた。その意図は、ナチスの軍事力からこの欠くことのできない鉱物を奪おうとするものだった。シャープは使命を遂行した。彼は、タングステン1トンにつき5,000ポンドを支払うことに同意した——それは現在の価値のおよそ50倍にあたる。支払いは全て貨幣で行なわれたわけではなかった。シャープの孫によれば、彼の大叔母はかつて「台所のテーブルで小さな鞄を見つけた。中に何か硬い物質を感じて、大理石だと思った。しかし鞄を開けたと

き、ダイヤモンドの塊を見た。私は、彼がタングステンの代金を払うためにそれを使ったと思っている。」

人違いだったのか？

いわれのない攻撃について、もう一つのあり得る説明があった。アルフレッド・チェンホールズはウィンストン・チャーチルに酷似していたため、長年、友人から冷やかされていた。彼は、チャーチルと同様に恰幅が良く、ピンク色のふくよかな顔をしていた。彼は、まるで首相のように黒いホンブルグ・ハットをかぶっていた。そして彼はまた、長さ16.5センチのダブル・サイズのコロナ葉巻をたしなんでいた。

　首都リスボンと同じように、リスボン空港は、恒常的な陰謀の温床であった。ドイツ国防軍情報部（アブヴェーア）の情報員たちは、絶えず警戒していた。そして、イギリスに出入国を繰り返しているとおぼしき人物に気づいていた。イギリス人も同じように、誰がルフトハンザ航空の航空機で移動していたかを熱心に見張っていた。777便が出発することになっていたその朝早く、2人のアブヴェーアの情報員がなんとか乗客名簿を盗み見た。彼らはそこに、チェンホールズの名前を発見した——ドイツ人の好奇の目には、チャーチルに似ていなくもないと映っていた。彼らはまた、〈DC-3〉に乗り込む準備をしているいくらか肥満した人物を見つけた。その人物はベルト付きの青いモルトンのオーバーコートを着て、黒いホンブルグ・ハットをかぶり、長い葉巻を吸っていた。

　ナチス・ドイツ人にとって、立派な体格をして葉巻を吹かす人物であれば誰でも、首相そっくりに見えた。彼は本物のチャーチルなのか？　チャーチルは、北アフリカでの会議を終えてイギリス

右：アメリカでは「小数派の中の最初の人」という題名に変更されたイギリス映画「スピットファイヤ」で、レスリー・ハワードは、〈スピットファイヤ戦闘機〉の設計者R・J・ミッチェルを演じた。彼はまたこの映画の監督でもあった。

前頁：ジブラルタルの空港のエプロンで待機するイギリス海外航空の〈DC-3旅客機〉。この航空会社は、中立国のリスボンとニューヨークの間を結ぶパン・アメリカン航空の旅客飛行艇に乗り継ぐために定期運航していた。

へ戻る途上にいるということを彼らは知っていた。彼は、777便に乗らなければならないことになったのか？

　ドイツ人たちが見落したものは、飛行場のエプロンで微笑んでいる人物がイギリスの戦時中のリーダーより若く、より背が高かったということだった。いずれにしても、彼らとその上司は、安全策をとった。緊急メッセージがドイツ最高司令部に発信された。

死のフライト

777便が離陸した数分後、8機の〈ユンカースJu88 C-6型遠距離重戦闘機〉が、ボルドーの西方にあるカーリンのドイツ空軍飛行場から飛び立った。戦闘機は、第40爆撃航空団第5飛行隊、短縮するとV/KG40部隊に所属していた。この部隊は1942年9月に編成され、主要な任務は、ビスケー湾で活

上：イギリス海外航空（BOAC）に貸し出されたオランダ航空（KLM）の〈DC-3〉機。ブリストル近くの母基地にて撮影。ハワードが乗り込んだ〈DC-3〉は、全員がオランダ人クルーのKLM機であった。

動するUボートの上空援護であった。Uボートは、北大西洋の彼らの猟場へ行く途中で、イギリス空軍沿岸防備隊から送られる〈デ・ハビランド・モスキート爆撃機〉、〈ブリストル・ボーファイター戦闘機〉、〈リベレーター爆撃機〉、そして〈ショート・サンダーランド飛行艇〉によってますます執拗な攻撃を受けていた。

　ドイツ空軍筋によると、777便は、あえて目標とされなかった。むしろ、ビスケー湾で2隻のUボートの位置を確認して安全に支援するために、〈ユンカース〉は急派されたのであった。だが悪天候によ

りUボートの捜索は延期され、その代わりに〈ユンカース〉は、その空域で通常のパトロールを始めた。

　午後12時45分、〈ユンカース〉は、北へ向かって飛行している777便を発見した。およそ5分後、彼らは航空機を攻撃するために降下した。関わったパイロットの一人であるハンス・ヒンツェ中尉は、何が起こったかを回想し、「飛行機の灰色のシルエットは、2,000〜3,000メートルのところから見つけられました」と数十年後にインタビュアーに話した。「機体のマークはわかりませんでしたが、飛行機の形と構造から、それは明らかに敵でした。」

　攻撃を指揮したアルブレヒト・ベルシュテット中尉が無線で通報した。「インディアンズ、11時の方向に敵機。」ドイツ空軍機は、前方から敵機に接近してやや左側から攻撃を開始した。すぐに彼ともう1機の〈ユンカース〉は、上方と下方から〈DC-3〉の左エンジンと翼を狙って機銃掃射した。そのとき、〈ユンカース〉の先頭にいたヒンツェが777機に追いついた。それが民間機であることを認めるやいなや、攻撃中止を命じた。だが遅すぎた。致命傷を負った〈DC-3〉は、海面に衝突して数分の間浮かんでいたが、それから沈んでいった。生存者は、いなかった。

　この出来事についてのヒンツェの見解は、攻撃された〈DC-3〉のフライト・エンジニアで、他のクルーと乗客とともに亡くなったエンゲルトゥス・ローズヴィンクの息子のベン・ローズヴィンクによって裏付けられた。1980年代、ローズヴィンクは、攻撃に参加した存命の3人のドイツ空軍のパイロットを根気よく探し出し、彼らに事実を語るように説得した。ローズヴィンクは、3人全員を個別にインタビューした。3人とも、他のパイロットがまだ生きていることさえ知らなかった。「飛行機が彼らの方へまっすぐに来た。そして、〈モスキート機〉がその地域をパトロールしているということを知っていたので、すぐに攻撃した、と彼らは言った」とローズヴィンクは報告している。「彼らは、〈モスキート機〉よりずっと遅かったので、撃墜は容易な状況であったが、そうでなければ反撃してきたであろう。彼らはそれが民間機であると気づいたものの、すでに墜落しつつあったため何もできなかった。」

　ローズヴィンクは、こう結論づけた。「私は、〈DC-3〉を撃墜した編隊長と一緒に座っていた。そして、彼は、これだけの年月が経っているので事実を究明しても無意味である。自分が攻撃を命じられて行ったのであった——そうしない理由はなかった。たまたま出くわしたのであって、それだけのことだった、と言った。」

チャーチルは、どの程度知っていたのか？

明らかになったこともあったが、いくつか重要な疑問が未解決のままで

あった。なぜドイツ空軍司令部は、〈ユンカース〉のパイロットに、民間の旅客機が近接していることを警告しなかったのか、そして、なぜ攻撃しないように言わなかったのか？　一方、チャーチルは、誰に責任があったかについては、疑問を持っていなかった。彼は、戦争を記録した『第二次世界大戦回顧録』第4巻でこう書いている。「北アフリカの会議への私の出席が詳細に報告されていたため、ドイツ人は特別に注意していた。そして、このことが私を最も苦しめた悲劇に至ったのである。」

「葉巻を吸っているずんぐりした男性が搭乗し、乗客であるとわかったときには、その定期旅客機はリスボン飛行場からまさに出発するところだった。そして、ドイツの情報員は、私が搭乗していると思って合図した。これらの旅客機は、ポルトガルとイギリスの間を何ヵ月も干渉されずに通っていたにもかかわらず、ドイツ軍機はすぐに出撃を命じられ、そして、無防備の航空機は冷酷にも撃ち落とされたのである。13人の乗客が亡くなり、その中には有名なイギリスの俳優レスリー・ハワードがいた。彼の優雅さと才能は、彼が出演した多くの素晴らしい映画によって記録としていまだに我々に残されている。」

チャーチルは、こう締めくくっている。「ドイツ人の残忍性が、彼らの情報員の愚かさとつり合っていただけのことだった。私は、イギリスのあらゆる資源を自由にできたというのに、リスボンから非武装で護衛のない飛行機を予約して、真っ昼間に飛んで帰らなければならなかったなどと、誰がどうして想像することができようか、理解に苦しむのである。我々は、もちろん夜間にジブラルタルから大西洋へと大きく迂回して、何事もなく帰国した。」

チャーチルは、語った以上のことを知っていたのかもしれない。彼は、ほぼ間違いなく気づいていなかったのだが、チャーチル首相がリスボンから飛行機に乗ってイギリスへ戻るかもしれないという情報を、イギリス諜報部が流したという噂があった。それがもし本当ならば、これは諜報における「偽情報」の古典的な例であった。チャーチル首相は、ハワードを個人的に知っていたのだが、ハワードが講演旅行でスペイン方面へ行くのを嫌がっていたことは知らなかったし、講演旅行というのは表向きの理由だった。彼は、イギリスのアンソニー・イーデン外相にそうするように説得されなければならなかったのである。

ハワードはイギリスを離れるとき、ふさぎ込んでいるようだった。彼の長年の愛人ヴァイオレット・カニンガムが6ヵ月前に髄膜炎で亡くなっていた。リスボンへ飛ばなければならなかったのは、明らかにイギリス財務省のための商用で行こうとしたチェンホールズの方だった。彼は、太陽が輝くイベリアへの旅行がハワードにとって良い薬になるだろうと提案した。ハワードは、すぐにふさぎ込みから回復したようだった。彼は、滞在先のマドリードのホテルで、ドイツのスパイだと警告されたにもかかわらず、美容院を経営するフォン・ポデヴィルズ男爵夫人という女性と軽率にも親交を深めたのである。

ハワードはどうも、かつて彼の愛人の一人であった女優のコンチータ・モンテネグロを通じて、フランコ将軍本人と接触していたらしい。2008年に亡くなる直前に行なわれたモンテネグロのインタビューによれば、ハワードは、スペインの独裁者に中立を維持して戦争に関わらないよう説得する、という任務を与えられていた。モンテネグロの話が本当なら、ハワードは、イギリスのスパイとして二役を務めていたことになり、そのことは、確かにドイツ人が彼を現場から追放するには十分な理由であった。777便を撃墜することが目的を達する最善の策であると彼らが最終的に判断したのかどうか、いまだ疑問の余地がある。

右および下：〈スピットファイヤ戦闘機〉に落下式燃料タンクを搭載したとしても、イギリス本土に向かう〈DC-3〉をビスケー湾上空で援護するために必要な航続距離が不足していた。ドイツ空軍の〈ユンカース Ju88〉は、この空域を定期的にパトロールしていた。しかし、両者の間には民間機を攻撃しないという暗黙の了解があった。ハワードが搭乗していた飛行機が選ばれた理由は、依然として謎である。

第16章
存在しなかった男

1943年春、西側の連合国は、北アフリカの枢軸軍に対して勝利を得た後に、次の侵攻目標をどこにするかについて討論していた。問題だったのは、ウィンストン・チャーチルの有名な言葉によると「残忍な愚か者以外は皆、それがシチリアだということを知っている」ということだった。イギリスの情報部の2人の秘密情報員が、ヒトラーをだまして、どこか別の場所を攻撃すると信じさせるための狡猾な計画を思いついた。そして、ミンスミート作戦と名付けられた欺瞞作戦が計画された。

上：イギリス海軍のモンタギュー少佐は、同僚のチャールズ・チャムリーとともにドイツ人を騙した。ドイツ人に連合軍にはシチリアに侵攻する予定はない、と信じ込ませたのである。

1943年4月30日の午前9時30分ごろ、スペインの海岸近くで、イワシの底引き網漁をしていた漁師が波間に漂っている水浸しの死体に出くわした。彼はボートに死体を引っ張り上げると、岸に向かい、陸上に揚げた。遺体は、制服の上に救命胴衣を装着しており、ブリーフケースを体にしっかりと鎖で繋いでいた。その所持品を調べたウエルバという町の近くのスペイン当局者によって、彼はイギリス海兵隊のウィリアム・マーティン少佐と特定された。その時の推定は、彼はイギリス軍の通信使としてジブラルタルへ向かう航空機に搭乗していたが、航空機が海に墜落した

ために溺死した、というものだった。

　死体発見のニュースは、マドリードのイギリス大使館に報告されたが、その前にドイツ国防軍情報部（アプヴェーア）の支部情報員アドルフ・クラウスに通知された。彼は直ちに、この情報を上司に報告した。暑さで遺体が腐敗しはじめたので、スペイン当局は、大急ぎで検視を行なった。マーティンは、本当に溺死したと断定された。2日後、彼はウエルバの墓地に埋葬された。ブリーフケースとマーティンの所持品は、スペインの首都マドリードの海軍参謀本部に保管するため移送された。海軍は、それをスペイン陸軍参謀本部に渡した。

　そこから、筋書きは複雑になった。イギリスは、ブリーフケースの即時返還を迫った。結局、スペインはイギリスの要求に従ったが、その間、アプヴェーアはブリーフケースの中身を入手して、急いで写真に撮った。また、所持品も調べた。ブリーフケースに入っていた文書は、いったん撮影された後、入っていた封筒の中に元通りに慎重に戻され、封印された。そして、ブリーフケースは見た目には手が触れられていない状態で、イギリスへ手わたすようスペインに返却された。

　文書の中には、2通の非常に重要な手紙が含まれていた——1通は、イギリス陸軍参謀次長サー・アーチボルド・ナイ将軍からイギリス中東軍司令官サー・ハロルド・アレキサンダー将軍へ宛てた手紙だった。もう1通は、統合作戦軍司令官ルイス・マウントバッテン卿からイギリス地中海艦隊司令官サー・アンドリュー・カニンガム提督に宛てたものだった。これらの手紙から重要な軍事機密が明らかになった。その手紙は、連合軍はギリシャを攻撃するとともに、同時にサルディニア島を占領しようとしている。彼らには、シチリアに侵攻する計画は全くない。シチリア侵攻は、単におとりあるいは欺瞞である、ということを示していた。

「鵜呑みにした」

マドリードのドイツ大使館は、ベルリンに手紙の内容を無線で報告し、ドイツ国防軍最高司令部に写真を急送した。そこで、アプヴェーア長官ヴィルヘルム・カナリス提督、ヒトラーの国防軍の指揮官たち、そしてヒトラー総統本人によって吟味された。まずヒトラーは、少なくとも、マーティンの死体が連合国の罠ではないかと疑ったが、すぐに本物の通信使であったことを確信した。よって理論的には、ブリーフケースの手紙の情報もまた正しいに違いないということになった。

　ヒトラーはすぐに行動を起こした。5月12日に、彼は地中海全域におけるドイツ防衛計画の優先順位を再検討した。彼は「サルディニア島とペロポネソス半島に関する作戦を他の全ての作戦より優先させよ」と命令した。3個装甲師団——フランスから1個師団と東部戦線から2個師団——がギリシャに急派され、ロンメル将軍が現地のドイツ軍の指揮を引き継ぐために派遣された。ムッソリーニが、シチリアは依然として明らかに連合国の目標であると抗議したが、すぐに退けられた。ドイツ国防軍作戦部長アルフレート・ヨードル将軍は、ローマのドイツ大使館の駐在武官に電話して「シチリアのことは忘れよ。我々は、連合軍がギリシャに侵攻することを知っている」と怒鳴った。連合軍の上陸部隊を迎え打つ準備のために、さらに多くの軍隊と軍需品が急遽移送された。

　イギリス軍はといえば、ブリーフケースとその中身を調査し、文書が見られたかどうかを慎重に調べていた。アプヴェーアがとった全ての欺瞞措置にもかかわらず、彼らは、作戦がうまくいったことをすぐに理解した。イギリスはパニック状態におちいるどころか、その反対だった。全ては精巧な偽物だった。イギリス情報部がまさに期待したとおりに、ヒトラーは反応した。この計画に関わっていたチャーチルは、すぐに「ミンスミート

左：潜水艦〈セラフ〉はひそかに「存在しなかった男」の死体をスペインの海岸へ輸送した。そこで、死体と彼の重要なブリーフケースは、人知れず海中に慎重に投棄された。

作戦（作戦の暗号名）をすっかり鵜呑みにした」という電報を受け取った。彼もまた、大喜びした。シチリア侵攻のための計画が全力で推進されていた。マーティン少佐なる人物は実在しなかった。彼は、本当に「存在しなかった男」なのであった。

ミンスミート作戦の発端

誰が、イギリスの情報部が計画したこの大がかりな謀略についてのアイデアを持っていたのかは、いまだに明らかになっていない。当時海軍情報部に勤務し、後にジェームズ・ボンドの創作者として文学的な名声を得たイアン・フレミングが着想したと言う人もいる。しかし、これはありそうにないことだった。軍事史家のマイケル・ハワード教授が後に「戦争の歴史において最も成功した戦略的な欺瞞」と呼んだこの作戦で真の称賛に値するのは、2人の男性であった——平時は法廷弁護士であり、当時は海軍情報将校であったユアン・モンタギュー少佐と、眼鏡をかけた25歳のイギリス空軍将校で軍情報部第5課（MI5）に派遣されていたチャールズ・チャムリー大尉である。

物語は、1942年末に始まった。当時、モンタギューの支援を受けたチャムリーは、ドイツ人を欺くために、地中海戦域における連合国の将来の作戦計画に関し、中立国のどこかで欺瞞文書を運ぶ死体を使った謀略を仕掛ける計画を提出した。謀略を仕掛ける場所として、ナチス支持者が多いスペインが、自然に選択された。この案は、実際、以前にそこで起きたある事件からヒントを得ていたのかもしれない。その年の9月、連合軍の仏領北アフリカ侵攻計画であるトーチ作戦が実施される数週間前に、イギリスの〈カタリナ飛行艇〉がカディス沖の海に墜落した。事故で亡くなった乗客は、上陸決行日を知らせる手紙を運んでおり、遺体はスペイン当局によって回収された。彼らは情報をドイツに伝えたが、ドイツは、いかなる理由か不明だが、その情報を無視するほうを選んだ。もし偽装事故を再現させれば、敵は今度こそきっとそのような情報にのってくるはずだ。チャムリーとモンタギューは、そう主張した。

チャムリーとモンタギューは、その計画を「トロイの木馬作戦」と呼んだ。後にその計画は、ミンスミート作戦と改名された。モンタギューは、それまでに詳細な計画を引き継いだ。彼は、1943年3月の末に公式な承認を得て、作戦準備を終えていた。彼が記録した作戦命令は、以下のとおりである。

ミンスミート作戦

1. 目的

イギリスから北アフリカの連合軍司令部まで行く連絡将校が、乗っていた航空機が海上に墜落した後に陸に流れ着いたと考えられるような状況を作為し、文書が入っているブリーフケースをスペインのウエルバにできるだけ近い陸地まで運ばせる。

2. 方法

イギリス海兵隊の少佐の戦闘服と「メイ・ウエスト救命胴衣」を着用した死体を、ブリーフケースを持たせてゴム・ボートとともに潜水艦から投棄する。

死体は、着衣のまま（そして、摩擦を防止するために毛布で包む）管状密閉容器（それには「光学機器」と書いたラベルを貼る）に入れて準備する。

容器は、長さ約198センチ未満、直径約60センチ未満で、側面に余計な付属品は何も付けない。開口部には厚い蓋を付けて、幾つかのナットできつく締め、そして外部にボックス・スパナを取り付け、蓋には耐久性のあるかぎ形スパナを鎖で取り付ける。

容器の両端には、平らに折れるハンドルを付ける。両方のハンドル、あるいは蓋のほうのハンドルのみを用いても容器を持ち上げることができる。しかし、もう一方のハンドルに容器の全重量をかけないほうがよい。というのもできるだけ重くならないように、容器の製造に使われる鋼は、軽いゲージを使用しているからだ。容器を満たしたときのおよその重量は180キロである。

容器を閉じる時は、死体の周囲にある程度のドライ・アイスを詰め込む。ドライ・アイスによって二酸化炭素が発生するため、潜水艦のデッキで容器を開放しなければならない。

3. 位置

死体は、できるだけ慎重に扱い、可能な限りウエルバの近傍のできれば河口の北西の岸に近い海に投棄しなければならない。

海洋情報局によると、その地域の潮流は、主に海岸に向かったり離れたりして流れている。したがって、最善を尽くして海風のある時を選ばなければ

ならない。実際、一年のうちで、この季節は南西風が卓越している。

当該地域の潮流に関する最新の情報は、潮流監督所から送られて、添付される。

4. 容器の配達

容器は、要求に応じていかなる日でも陸路で出航する港に運ばれる。できるだけ出航日に近い日が望ましい。ブリーフケースは、同時に潜水艦長に手わたされる。ゴム・ボートは、別の梱包に入れる。

5. 死体の投棄

死体が容器から取り出される際に必要なことは、死体が着用するトレンチコートのベルトにブリーフケースに付けられた鎖を留めておくことである。鎖は、そでを通して胸のあたりで、コートの下に装着するタイプである。末端に、ブリーフケースの取手にとりつける"犬のリード"タイプのクリップと、胸のまわりで輪をつくるための同様のクリップがある。将校がまるで航空機でくつろぐために鎖をはずしたものの、それでも鞄を忘れたり、機内で鞄がすべりおちたりしないように自分の身につけておいたというふうに見せるため、その輪がトレンチコートのベルトを通っていなければならない。

それから、死体は水中に浸かっていなければならない。ゴム・ボートも同様である。ゴム・ボートは、死体と異なる速度で漂わなければならず、投棄する際の正確な位置は重要でないものの、死体に近く、しかし可能であれば近すぎないようにする。

6. ジブラルタルでの精通者

ジブラルタルのF・O・I・C・1と彼のS・O・（I）・2には、手順を知らせている。その地域では、誰にもこの計画を知らせていない。

7. 信号

もし作戦が成功した場合は、「ミンスミート作戦完了」という信号が送られる。ジブラルタルのS・O・（I）から信号が送られて来たならば、それをD・N・I・3（個人）宛てに送付しなければならない。もし、信号を早く送ることができるとするならば、F・O・S・4からの指示に従って行なわなければならない。

8. 中止

作戦が中止される場合は、「ミンスミート作戦中止」という信号が送られる。その場合は、死体と容器を海中深く沈めなければならない。おそらく容

器には浮力があるので、錘をつけるか、または水を注入するかしなければならない。後者の場合は、死体が容器の外に出ないようにしなければならない。ブリーフケースは、それ以前にそのような手順をとる可能性がないならば、開封せずに中身を燃やせという指示を添付してジブラルタルでS・O・(I) に手わたされなければならない。ゴム・ボートは、処分するためにS・O・(I) に手わたされなければならない。

    1. 作戦担当司令官
    2. 情報局長
    3. 海軍情報部長
    4. 潜水艦隊司令官（バリー提督）

9. 放棄

作戦を放棄しなければならない場合は、「ミンスミート作戦放棄」という信号をできるだけ早く発出すること（上記第7項参照）。

10. 隠蔽

これは、考慮事項である。作戦が実際に行なわれるまで、容器に「光学機器」というラベルをつけることは、十分な隠蔽になると思われる。作戦が成功することによって、この近隣で非常に活動的なドイツのスパイを窮地におちいらせることが望まれている。そして、この方法によって得られる十分な証拠のために、スペイン人がその職務から外されることが望まれる。この男性の扱いの重要性は、潜水艦の乗組員に印象づけられなければならない。わずかでも秘密が漏洩すれば、スペイン人に対処行動をとらせることになり、我々の力が損なわれるという事実が伴うことになる。また、我々がこの作戦に成功したかどうかを、彼らが知ることがあってはならない。この件は、全てスペイン人には秘密裏に実行されなければならない。さもないと我々は、彼らを行動に移させることができない。

  実際、第1項目に従って、ドイツ人とスペイン人がこれらの書類を受け入れることが最も重要である。もし彼らがその書類を「偽物」と疑った場合、広範囲におよぶたいへんな結果をもたらすかもしれない。

（署名）*E・E・S・モンタギュー*
海軍少佐、イギリス海軍予備隊
1943年3月31日

上：エニグマの機械を操作するドイツ国防軍情報部の情報将校たち。この時までに、ブレッチリー・パークにある政府暗号学校のイギリスの暗号研究者は、エニグマの暗号のほとんどを解読して読破していた。

下：チャールズ・チャムリーは、虚偽の書類を死んだイギリス人「将校」に持たせて、飛行機が海に墜落した後に溺死したかのように見せるというアイデアを着想した。

誰の死体か？

文書を偽造して、死体の身分を証明させることは、かなり簡単だった。ナイ将軍自身が、ブリーフケースの中に入れる重要な手紙の最終的な草案を書いた。一方で、イギリス情報部は、ウィリアム・マーティン少佐——「存在しなかった男」のために選ばれた名前——に生命を吹き込むために説得力のある個人的な所持品を集めた。そこには海兵隊員の身分証明書の他に、4通の別の手紙——マーティンの父から1通、彼のフィアンセから2通、出入りの事務弁護士から1通——と、フィアンセのスナップ写真（実はMI5の女性職員の写真だった）、ロンドンの有名な宝石商からの婚約指輪の請求書と軍人クラブからの請求書、そして2枚の劇場切符の半券と使用済みのバス乗車券が含まれていた。マーティンの銀行支店長からの超過引き出しの返済を求める督促状までであった。

適当な死体を見つけることは、モンタギューに任せられた。彼は、当時の最も有名な科学捜査病理学者サー・バーナード・スピルズベリーに意見を聞くことから始めた。スピルズベリーは、飛行機の墜落事故では人びとはさまざまな原因で死ぬため、溺死した死体を見つけることはそれほど問題ではないことを保証した。そこでモンタギューは、ロンドンのセント・パンクラス地区の検死官ウィリアム・ベントリー・パーチェスを訪ね、死体探しを手伝ってくれるよう頼んだ。少し躊躇したものの、パーチェスは適当な死体を見つけ出した——あるいは、モンタギューがそう言った。

モンタギューは、その後の人生において——彼は1985年に死去した——死体の本当のアイデンティティに関する秘密を守った。死体が本

上：ドイツ海軍のための新人採用ポスター。ドイツ軍とイタリア軍が現場に増援部隊を急派させることが手遅れになるまで、シチリア侵攻計画を極秘にしておくことが不可欠だった。

左：ヒトラーとフランコの会合。モンタギューは、親ナチス・ドイツのスペインを死体工作のために適した場所として選んだ。彼は、スペイン人が死体に付けていたブリーフケースの中の書類をドイツ人に見せることを見込んでいた。

下：アテネの通りを進軍するドイツ軍の〈IV号戦車〉。ミンスミート作戦は、ものの見事に成功した。連合軍がシチリアに上陸したとき、シチリアを防御しているドイツ軍は、完全に不意を突かれた。

右：ドイツ国防軍情報部の無線通信士。スペインからベルリンへのメッセージを受け取るのに忙しい。モンタギューが期待したとおり、シチリアではなくギリシャが連合軍の目標であるという警告が直接ヒトラーに送り届けられた。

当は誰であったのかという推測が、現在まで続いている。2003年に元警官のコリン・ギボンが、ウィリアム・マーティンは、実際にはトム・マーティンという人物であると主張した。その人物は、護衛空母〈ダッシャー〉の水兵で、1943年3月にスコットランド沖で起きた大きな船上の爆発により亡くなった。モンタギューは、爆発の他の被害者と集団墓所に埋められる前に、そのもう一人のマーティンの死体を引き取ったのだと言われている。その翌年、トム・マーティンの仲間の水兵の一人であるジョン・メルヴィルがイギリス海軍将校によって「存在しなかった男」として公的に名指しされている。

2011年に、トロント大学の歴史学教授デニス・スマイスは、モンタギューが用意した死体は、本当にセント・パンクラスの検死官によって斡旋されたものだと確認できそうな新しい証拠を見つけた。スマイスによれば、確かにそれは1943年1月にロンドンで自殺したウェールズ出身の34歳のアルコール中毒の浮浪者グリンドウ・マイケルの死体であった。スマイスは、マイケルが飲み込んだ殺鼠剤は検死では検知されないだろう、よってスペイン人——そしてドイツ人——は真の死因を決して特定できないだろう、というそれまで見落されていたモンタギューが書いた極秘のメモを見つけ出した。

この説については、護衛空母〈ダッシャー〉の水兵説の支持者は、いまだに納得していない。彼らは、アルコール中毒者の死体がスマートなイギリス海兵隊将校の死体として通用するはずがなかったと主張している。モンタギューだけが真実を知っていた——そして彼は、真実を墓場まで持っていったのである。

第 17 章
ボンベイの災害

1944 年 4 月 14 日、ボンベイ市は二つの巨大な爆発に揺れた。それらの爆発は、混み合った港で、貨物船の火事が数時間も放置されて猛威をふるったために引き起こされたものであった。翌日、日本軍が統制しているサイゴン放送は、この災害の全貌を放送した。一方、インドでは検閲によって全ての問題を秘密にしようとしていた。この災害は、破壊活動によるものなのか？ あるいは、回避できた事故だったのか？

左：ジャングルにいる部隊に必需品を落としているイギリス空軍の〈ダコタ機〉。このような物資の投下は、日本軍に包囲されたインパールとコヒマの部隊が耐えるのを助けた。

前頁：ビルマで日本の軍隊を地上掃射する〈ホーカー・ハリケーン戦闘機〉。第14軍が期待できる唯一のものは、制空権だった。

1944年初頭、戦争の潮流は、太平洋では日本に不利な方向へ決定的に変わりはじめていたが、日本軍はいまだビルマ全域を支配し続けていた。彼らはその頃、ビルマの国境を越えてインドへと向かう大規模な侵攻作戦を予定していた。もしそれが成功したならば、彼らの最終的な目標であるカルカッタ港を擁する肥沃なベンガル平野まで迅速に前進することを、誰も止めることはできないであろう。

侵攻作戦は、1944年3月に始まった。最初の目標は、アッサム山麓の2ヵ所の防衛拠点であるインパールとコヒマだった。防衛していたイギリス軍は、すぐに孤立して日本軍に包囲された。日本軍は、モンスーンが始まりさえすれば、連合国が反撃しようとする試みに効果的なとどめが刺されることになるだろうと計算していた。しかし、第14軍司令官ウィリアム・スリム将軍は、日本軍から激しい圧力を受けていた兵士を救援するために、現地に増援部隊を投入した。イギリスとインドの連合軍は、ついに4月18日にコヒマに突入した。4月5日に日本軍に包囲されたインパールは、5月中旬には解放された。日本軍は混乱におちいった。インドへ突き進むという彼らの試みは潰えたのである。

港での火事

これらの重要な戦闘の間、イギリスはインド西海岸のボンベイ（現在のムンバイ）の中枢港を経由する必需品の継続的な供給に大いに頼っていた。あらゆる種類の軍需品は、ボンベイで商船から降ろされ、鉄路または空路でインド全域に輸送されていた。

1944年4月14日、ボンベイ港は、あらゆる種類の貨物船ですし詰め状態になっていた。その中に、7,142トンの軍用貨物船〈フォート・スティキン号〉がいた。この船は2月24日にビルケンヘッドを出航して、ジブラルタル、ポートサイド、スエズ運河、カラチを経て、予定より2日早く最終目的港のボンベイに到着した。戦時保安上の理由で、船は高性能爆薬が船内にある場合に慣習的に掲げる赤旗を掲げることなく停泊していた。船には、300トンのTNT火薬を含む1,395トンの高性能爆薬とともに、木枠に詰められた12機の〈スピットファイヤ戦闘機〉、材木、くず鉄、そして4,293,500ドル相当の金の地金が積み込まれていた。〈フォート・スティキン号〉は、カラチでさらに87,000梱の綿とドラム缶1,000本の潤滑油を積んだ。後者の一部は漏れているように見えたので、ジェイムス・ネイスミス船長がそのような

上：インドへ向かう鉄道機関車の積荷。鉄道はインドを横断して必需品を運ぶのに不可欠だった。

次頁：インパールの陣地を補強するために〈ダコタ機〉に搭乗する部隊。その陣地は、第14軍が解放するまで、日本軍の攻撃に対して頑として持ちこたえた。

雑多な貨物を運ばされることについて抗議したが、無駄であった。彼は、「まさにあらゆる可燃物または爆発物」が積まれているとして、不満を述べた。しかし彼の不満は無視された。

金曜日の午後12時30分頃、夜通し貨物降ろしで働いていた港湾労働者たちが、昼食をとった後に仕事に戻った。彼らが再び〈フォート・スティキン号〉に乗り込んだとき、誰か——おそらくモハメド・タギという第2貨物室で働く港湾労働者たちを担当する主任——が埠頭に最も近い舷側から立ち上っている煙を見つけて警報を発した。港湾労働者の一群が船から逃げ出したので、船の機関主任アレックス・ゴウは、消火ポンプを始動させた。乗組員は、船の換気装置から煙が上がっているのが明らかに見えるところまで走っていって、ホースで水をかけた。彼らは、船に横付けされた消防車の隊員たちとともに、ポンプで水を船倉に入れはじめた。

通信手段が機能しなかったせいで、消防本部が火事の発生した正確な場所について警告を出すのに、さらに1時間を要した。しかも消防士たちは、〈フォート・スティキン号〉が船上に高性能爆薬を積んでいるという警告を受けなかった。その呑気さのために、対処の規模が小さかったうえに対応が遅れてしまったのだといえよう。船舶の火事は、ボンベイ港では珍しくなかった——1939年から

1944年の間に60件の火事が起きていた。したがって、2台の消防車と60人の消防士のみが、炎と戦うために急送された。一般の市民への警報は発令されず、人びとは港から避難しなかった。それどころか港湾労働者たちは、船の荷降ろしを続けるために仕事に戻れと命じられた。

悪臭と煙

〈フォート・スティキン号〉が運んでいた貨物の中では、魚肥がかなりの量を占めていた。何らかの理由、おそらくは火の温度が上昇したせいで、魚肥がひどく悪臭を放ちはじめたので、港湾労働者は最初にそれらの貨物を降ろすよう命令された。しばらくの間、命取りになりうる高性能爆薬はそのまま放っておかれた。

その時までに、消防士は火事が起こった場所を特定した。カラチで積み込んだ非常に燃えやすい綿俵に炎が起きたのだ。砲弾や小銃弾薬の木箱が綿俵の下に直接積み重なっており、上には大量の材木が載っていた。船倉の上部にも、残りの高性能爆薬が積まれていた。遅ればせながら、消防隊本部はようやくそれらの存在について知ることになった。

すぐに、使用できる全てのポンプが現場に集められた。しかし、その頃には炎は制御不可能なまでに危険になっていた。陸軍の需品係将校であるブリンレー・トーマス・オバースト大尉は、コロハにあるアパートで昼食を終えようとしているときに港に呼び出され、高性能爆薬を確認するために船内に降りて行った。彼は険しい表情で戻ってくると、ネイスミス船長に報告した。彼は、船長に〈フォート・スティキン号〉を即座に沈めるべきだと告げた。

差し迫った問題があった。停泊した船の竜骨と港の海底までの間は、ちょうど1.2メートルしかなかった。たとえ乗組員が船を沈めようとしても、問題の船倉の下部を満たすだけの水さえ積み込めないであろう。唯一の選択肢は、船を外洋に曳航

左：引っ張られながら〈ダコタ機〉に乗るラバ。動物は、明らかに乗る気のない乗客だ。

して行き、そこで廃棄することだった。機関士がメインエンジンの弁を修理している最中だったので、〈フォート・スティキン号〉は引き船によらないかぎり動けなかった。港から〈フォート・スティキン号〉を曳航する位置に引き船を入れるには相当な時間がかかった——そしてもちろん、時間は消防士の味方ではなかった。

最初の爆発

ためらい、当惑、そして混乱のうちにほとんど1時間が過ぎた。ますます多くの消防車と消防士が現場に到着し、熱、煙、炎に対する不利な戦いが続いた。ボンベイ消防隊の隊長であるノーマン・コームズが加わった。船上で小銃弾が爆発するパンパンという音が聞こえ、消防士が立っていたところの水が沸騰しはじめた。

〈フォート・スティキン号〉を救おうとする奮闘は終わった。コームズが「離れろ」と部下の消防士たちに向かって叫んだように、ネイスミスは乗組員に船から退去するよう命令した。消防士の何人かは埠頭に飛び下りたが、コームズ自身を含む何人かは船から海に飛び込んだ。〈フォート・スティキン号〉の近くに停泊していたノルウェーの貨物船〈ベルレイ号〉の上では、若い甲板員のロイ・ヘイワードが燃え上がる炎が突然黄褐色に

変わるのを見た。ヘイワードはかつて、ロンドン・ブリッツで火事と戦ったことがあった。彼は、炎の色の変化が何を意味するかわかっていた。爆薬に火がついたのだ。彼は警告を発したが、彼の声を聞いて誰か一人でもデッキに身を伏せたどうかは疑わしかった。

一瞬たって、〈フォート・スティキン号〉から火柱が上がり、凄まじい爆発音が港や街じゅうに響きわたった。それは、ちょうど午後4時06分のことだった。爆発の力は、船から水平方向に進み、埠頭を焼き尽くして、小屋や倉庫を破壊しながら陸の方向へ向かった。のこぎりの歯のような金属の破片が巨大なショットガンから放たれた弾丸のように襲いかかり、行く手の何もかもをなぎ倒していった。

爆発の直前にネイスミスは、全員が安全に下船したことを確認するために、船に戻った。彼はタラップを降りて、来た道を戻り、一等航海士とロイズ保険会社のボンベイ事務所の海洋調査員が立っているところへ行くために、埠頭に沿って歩きはじめた。その時、爆薬が爆発した。調査員は数メートル下の埠頭まで吹き飛ばされ、意識不明になった。彼が意識を取り戻したとき、あらゆる衣類が体から剥ぎとられ全裸の状態になっていた。奇跡的に、彼はその他のけがはなかった。ネイス

左：〈ダコタ機〉から食物と弾薬という大いに必要とされた必需品を地上にいる部隊に落としている。日本軍には、そのような空中からの補給支援がなかった。

　ミスと一等航海士は行方不明になり、痕跡は全く残らなかった。
　オバーストもまた、爆発によって空中に放り出されて積荷の山の上に落ちた。一面を見わたすと、彼の周りに多数の死体が横たわっており、彼らの皮膚はほとんど焼け焦げていた——彼らのうちの66人は即死した消防士たちであり、83人以上が重傷を負っていた。

さらに大きな爆発
近くの埠頭に停泊していた〈シャンティイ号〉の副事務長であるデレク・P・イングスは、数年後に自らの体験を思い出している。

「私は、その午後、散髪をするために岸辺へ行ったことを憶えています。船へ戻る途中の午後4時15分頃、グリーンゲートからアレクサンドラ・ドックの内部へ向けてちょうど道沿いに歩いていたとき、煙と炎が私の目の前で空高く上がっているのに気づきました。何が起きているのか完全に理解する前に、周りの地面がとんでもない爆発によって揺れたので、私は後ろに数歩後退して身を守るために両手を挙げました。」

「次に記憶に残っているのは、埠頭周辺にいた人びとが闇雲に逃げ出し始めて、あたり一面が混乱している様子です。私は、アレクサンドラ・ドックの外壁に止まっていた〈シャンティイ号〉へと向かいました。近くのタンカーが爆発したのだと思いましたが、係留位置に近づくと、爆発は私が思ったよりずっと遠く離れたところで起きていたことがわかりました。実際、それはヴィクトリア・ドックで起きたのです。」

「その間ずっと小さな爆発がありました。しかし、午後4時45分頃に、最初の爆発に負けず劣らずもう一つの激しい爆発が起こったのです。この時には私は船上に戻っており、まるで魚雷で攻撃されたように船全体が震えました。多くの窓、窓枠、ドアは粉砕されました。そして、およそ1.2キロ離れた爆発による破片が船の周りに落ちてきました。」

2回目の爆発は、実際、最初の爆発より大きく、さらに破壊的でさえあった。炎と煙の巨大な柱は、〈フォート・スティキン号〉の粉砕された残骸を貫き、何百メートルもの高さに急上昇した。そして、何トンもの金属——〈フォート・スティキン号〉が運んでいた金の地金の一部を含む——を

港の区域と隣接した町に飛ばした。炎に巻き上げられた綿、硫黄、樹脂は半径800メートル以内の倉庫と住宅へ滝のように流れ込み、延焼させたため、埠頭は一面火の海に取り囲まれてしまった。イングスは、話を続けた。

「私はその後まもなく岸へ戻らなければならなかったので、埠頭地区を通り抜けていくと、あちこちに乗り捨てられた車と帆船を発見しました。川に浮かぶ帆船のいくつかには燃えた綿が積まれていました。私は、グリーンゲートを抜けてバラード通りに沿って進み、船員仲間を訪ねるつもりでセントジョージ病院へ行きました。それは最初の爆発の1時間後でしたが、全ての店、屋台、食堂は、閉まっていました。オフィスや店の窓の多くは吹き飛ばされており、ガラスと屋根瓦は、至る所に散らばっていました。」

「私は、午後5時30分頃に病院に着きました。入口には死んだ辻馬車馬がいました。私の友人は、救急車で到着した非常に汚れた、悲惨な状態の負傷者に場所を与えるために、ベッドから追い出されていたのです。負傷者を手当するために、マットレスが一階のあちこちに置かれていました。」

「船へ戻る途中、ヴィクトリア・ドックで火災の鎮静化のためにトラックで派遣された王立インド海軍の水兵を見ました。火災の煙の幕が都市全体の上を雲のように覆っていました。警察は、すでにレッドゲートを閉じていたので、私は埠頭に戻るためにグリーンゲートを回って歩かなければなりませんでした。途中、マッキノンスのオフィスからほんの数メートルのところで、爆発によって1.6キロ以上吹き飛ばされ、無傷で道に落下した縦30センチ、横15センチほどのねじれた鋼板を見つ

けました。」

「船に近づくと、乗組員の一部が急いで去ろう
としているのを見て、さらなる（H・P・ガスの
1,200本の気筒の）爆発が今にも起こりそうだと
わかりました。そして、我々はデッキから退避す
るよう警告されました。はじめの爆発が広域に爆
弾を投げつけ、至る所でボヤがありました。その
時、水上には30隻の燃えている帆船があり、沈み
ながらもその積荷の綿の表面は、まだくすぶって
いました。我々の船と〈マントラ号〉を含む岸壁
にいた船は、帆船の乗組員を救い出すためにボー
トを下ろしました。」

「暗闇が訪れ、夜空には街の燃える炎が反射して
いました。私は、小島から見ていましたが、気筒
に1本ずつ火がつくシュッという音を聞きました。
時おり起こる気筒の爆発音、そして、舷窓の外の
燃えている帆船の音とともに、私は午後11時00分
に寝ました。」

左：〈シャンティイ
号〉。〈フォート・ス
ティキン号〉が爆発
したときにボンベイ
港で犠牲になった商
船のうちの1隻。

左：〈フォート・スティキン号〉のスクリューの一部。爆発の後に落下した場所にまだ保存されている。

右：ウィリアム・スリム将軍（後のスリム卿）は、ビルマで第14軍の指揮官をしていた。活躍が広範に報道されなかったせいか、彼の部下は自らの部隊を「忘れられた部隊」と自称していた。

その後の出来事

セントジョージ病院では、200人の爆発の犠牲者が手術を必要としており、さらにそこまでの重傷ではない200人近くが手当を受けた。多くの犠牲者が爆風の中で姿を消してしまったので、誰も最終的な犠牲者の数について確認することができなかった。いくつかの情報筋は、犠牲者は1,200人ほどであるとしている。

　何千という兵士と水夫は、何日間もかけて、爆薬を、破壊された港の区域から離れた安全な場所へ移そうと働いた。彼らは、深刻な危険の中に自らの命をあずけた。なぜなら、弾薬は、燃えている倉庫の残骸の中で絶えず爆発していたからだ。16隻の船（その多くが爆発物を載せていた）は、その夜と翌日中に港外へ牽引されなければならなかった。

　ドックの内側の壊滅ぶりは恐ろしいほどであった。27隻以上の船が火災によって内部を破壊され、ひどく損害を受けて沈んだ。そして、造船所の建物も全て破壊された。ドックへの入口にある3つの旋開橋は、部分的に土台から引き裂かれ、おかしな角度に傾いていた。10,000人のイギリスおよびインドの軍人と一般人が残骸を片づけたが、港を再び完全に使用できる状態にするために6ヵ月かかった。その間、破壊の被害については、厳しい検閲によってできるかぎり秘密にされた。

　これまで、火災の原因は立証されなかった。当時の多くの人びとは、それが計画的な破壊活動の結果ではないかと疑っていた。確かにその当時、インドでは、いくつかの日本を支持する組織が活動していた。そして日本軍はインドの裏口をノックしており、イギリス当局は、ふくらんでいく市民の不安と連合国の戦争活動を妨げようとする破壊活動と戦っていた。他方で、火災は不注意に捨てられたタバコのような単純な何かに起因すると考える人もいた。真実は、おそらく永遠に解かれることのないミステリーのままである。

第 18 章
死の列車

1944年3月3日夜、貨物を過積載した列車が、南イタリアのサレルノとポテンツァの間にあるバルヴァーノ村郊外の丘の中腹にあるアルミ・トンネルの中で立ち往生してしまった。この列車を牽引していた2両の蒸気機関車の機関士たちは、安全に列車を後進させてトンネルから出る代わりに、無理にそれぞれ前進しようとした。これによって吐き出された黒い煙の塊には、生命に危険を及ぼす一酸化炭素が充満していた。その結果、途方もない規模の大災害が発生したのである。

イタリア南部および中部に跨るアペニン山脈には数多くの村が点在している。サレルノとポテンツァを結ぶ曲がりくねった山岳路のはずれにあるバルヴァーノ村は、それらの村々と同様に絵のように美しいが、取り立てて特徴のない場所である。一つ奇妙な点は、一般的なものとくらべて広大な共同墓地があることくらいだ。

しかしながら、細部を調べてみれば、ぞっとするような事実が明らかになる。この墓地内には3ヵ所の集団墓所があり、約600人が永眠している。彼らは全員、同じ時間、同じ場所という不思議な環境で亡くなっていた——それは、1944年3月3日の早朝のことであった。

厳しい冬
1943年9月、イタリアが降伏し、連合軍はイタリア本土に上陸した。それから冬の間中、連合軍は

上：イタリアとの戦闘で敵の鉄道輸送路を爆撃するイギリス空軍の〈マーティン・バルティモア爆撃機〉。鉄道のトンネルの破壊は、第一の目的であった。

前頁：ドイツ人にとってこのような輸送列車を維持して通常の運行をさせることは重要であった。

ドイツ軍との激しい戦いを展開し、ケッセルリンク元帥の部隊を半島中部の新たな防衛陣地まで押し戻すことに成功した。連合軍の努力にもかかわらず、ドイツ軍のいわゆるグスタフ防衛戦をどうしても突破できなかった。特に、モンテ・カッシーノ修道院の周辺では激戦が続いていた。

南部では、連合軍の占領部隊が強力に秩序を回復しようとしており、寸断された後方連絡線を再建し、地域の人びとに定期的に食糧資源と必要不可欠な物資を補給していた。その地域では、多く

の人びとが特に厳しかった冬の間に実質的な飢餓状態におちいっていた。ナポリの中心部では闇市が繁盛していることに市当局が甘んじており、そこでは、成人の男女のみならず子どもまでもが店を開き、連合軍の兵士との間で、たばこ、チョコレート、キャンディ、チューインガムを物々交換していた。これらの品は全て、農村で卵、家禽、バター、肉、その他の日用品と交換することができた。その結果、都市との間を往復する貨物列車はどれも、何百人もの闇市関係者が無賃乗車して一杯になっていることが常態であった。

　線路沿いのさまざまな場所から列車に無賃乗車することは簡単だった。質の悪い戦時用石炭で満たされていた蒸気機関車は、山脈にさしかかると歩く速度でしか走れず、特に急斜面での速度の低下は顕著であった。闇市関係者は、どこで待てば列車に飛び乗ることができるかを正確に知っていた。もし彼らが、軍警察かイタリア騎銃兵に停車した駅で追い出されたとしても、彼らはただ線路を歩いていって列車が駅を出発した後に再び飛び乗ったのである。

災害の前兆

サレルノを3月2日午後6時に出発した第8017番列車は、たいへん混んでいた。この列車は、毎週木曜日の夜にサレルノとポテンツァ間を往復しており、いつも不法な乗客たちが詰め込まれていた——事実、列車には闇市急行というあだ名がつ

けられていた。通常、列車は電気機関車で牽引されるのだが、路線上に設置されていた電気の供給システムが損傷しており、この場合には蒸気機関車で代用した。

列車は47両の車両で構成され、その内の20両は無蓋の貨車か、仕切りのない貨車であった。それは人員を輸送する列車ではなかったが、当時は兵士と市民の両方が簡単に乗り込むことができる便利な貨車であった。列車が旅の途中で山岳地帯をコトコト進むにつれ、100人から200人の正当な運賃を払った乗客とともに600人の不法に乗車した乗客が乗り込んでいた。列車は山岳地帯を登って、ポテンツァから48キロの目的地ロマーニャに停車し、貨物を満載した列車が前方にあるさらに手ごわい山岳を確実に登るために2番目の機関車が連結された。

列車は幾分遅れたものの、ロマーニャを後にして、ガタガタゆれながら険しい勾配をゆっくり登っていった。しかし、たった5キロ走った後に、バルヴァーノ村からそう遠くない、長い山岳トンネルの中央で停車した。列車を先導する蒸気機関車の機械が故障して線路上に止まったのである。

故障を修理して第8017番列車が再び動き出すまでにほぼ45分かかった。乗客の大部分は、遅延に気を止めなかった――乗客は寝ていた。時刻は、

午前1時数分前であった。

バルヴァーノの停車場は、トンネルの手前0.8キロの所にあった。列車はそこで停車し、蒸気機関車は水を補給し、そして依然として急な勾配が続く中で困難な前進をするために奮闘したのである。列車が駅を出発したとき、駅長助手のジュゼッペ・サロニアは、線路にそった次の駅のベラ・ムロへ列車が出発したという電報を打ち、そしてトンネルに消えたことを確認した。トンネルは、山脈を縦断する1.6キロの狭軌道の単線で、ガレリア・デラ・アルミと呼ばれていた。そしてサロニアは、駅舎に戻って温かいストーブにあたりながら静かに新聞を読みはじめた。あと1時間は、列車が到着する予定はなかった。

トンネル内での死

バルヴァーノとベラ・ムロ間の距離は8キロもなかった――それは約20分で着く距離であり、第8017番列車の速度でも同様であった。だが、到着することはなかった。実際、その列車はガレリア・デラ・アルミの向こう側から姿を現さなかった。

ベラ・ムロの駅長は列車が来ないことを奇妙に感じていたが、それは単なる遅延だと思っていた。しかし、バルヴァーノ駅では、時間が経つに

右：アペニン山脈上空をパトロールするイギリス空軍の2機の〈スピットファイヤ戦闘機〉。イタリアの起伏の多い山脈のため、長大なトンネルは避けられなかった。ドイツ人にとって、それらのトンネルはまた巨大な天然の防衛拠点であった。

前頁：サレルノの街を重い足取りで行軍するイギリス軍の部隊。ドイツ人がイタリアのあらゆる領土のために戦ったので、彼らは北へ向かう長く厳しい行軍に直面した。

つれサロニアが心配しはじめていた。彼は、ベラ・ムロ駅から列車の到着を告げる定期報告を受けていなかった。彼が聞いていたのは、列車が遅れているので、線路が空いたという通報を受けるまで次の列車を駅で待たせるように、ということだけであった。

午前2時40分に列車が到着したとき、サロニアは、蒸気機関車を切り離すよう命じると、何が起こっているのかを確認できるのではないかと思い、蒸気機関車で線路を進むことにした。蒸気機関車が出発した直後、彼は線路脇にいる男を発見して大声で呼びかけ、赤いランタンを激しく振った。サロニアが踏み板から地面に降りると、男は崩れ落ちた。彼は、サロニアにささやくように言った。「乗客は、全員死んだ。」

サロニアは、事態を全く理解できないでいた。依然として深夜である。もし、列車が衝突あるいは脱線したのであれば、彼は間違いなく大きな音を聞いたことであろう。今や男は激しく泣いていた。サロニアは彼を駅舎まで連れて行くことにし、そして何が起こったのか聞こうとした。

上：イタリアに展開しているアメリカ陸軍第5軍を指揮したマーク・クラーク将軍。彼は気難しい軍人であり、第5軍を最初にローマに突入させることを決心した。

制動手の話

ミケーレ・パロと名乗ったその男は、第8017番列車の制動手［列車に乗車してブレーキを取り扱う係］であった。彼は、列車が1.6キロの長い曲がったトンネルに入った後、どのように急に振動して停止したのかを述べた。彼の乗っていた車掌車と後部の貨車3両を除いて、全ての車両はトンネル内で止まった。エンジンから故障が起きたことを示す警笛は鳴らなかったので、パロは、赤信号で止まったに違いないと思っていた。彼は突然、発作のような眠りに落ちた。

しかし、すぐにパロは起きあがり、車掌車の窓から外に顔を出して、なぜ列車は動かないのか確かめようとした。不具合なことは何も見られなかったので、詳しく確認するために線路に降りてトンネルに向かった。何人かの死体に出くわすや否や、彼は回れ右してバルヴァーノに引き返したのである。

パロのぞっとする話を聞いて恐怖を感じたサロニアは、再び借用していた蒸気機関車で取って返した。彼がトンネルとその中にある第8017番列車に到着したのは、午前4時前であった。彼は蒸気機関車から降りて、目に入った最初の列車に向かって歩いていった。ドアの一つを開けてランタンで内部を照らした。乗客たちは、シートや床に横たわっていた。全員が亡くなっていた。サロニアは、残りの列車を確認した。いずれの列車も同様であった。何十もの死体が、線路の傍らにも横たわっていた。彼は、警報を発するために急いでバルヴァーノに戻った。

まもなくして警察、鉄道関係者、そしてアメリカ陸軍の部隊が現場に到着した。彼らは、蒸気機関車をトンネルに入れ、パロの乗っていた車掌車に接続した。彼らは、第8017番列車のブレーキを緩め、被害に遭った列車をバルヴァーノに向けてゆっくりと牽引していった。そこで、恐怖の出来事の全容が明らかになった。

不幸な出来事の余波

全ての列車は、死体で一杯であった。彼らには争った形跡がないことから、平静なまま亡くなったことが明らかとなった。アメリカ陸軍の将校は、次のように記している。「犠牲者の顔は、ほとんど穏やかであった。彼らには危害が加えられた跡

上：サレルノに上陸
したアメリカ軍の参
謀将校たち。この浜
辺への上陸では、敵
の反撃は比較的少な
かった。しかし、そ
れにはまた別の物語
があった。

右：海岸に上陸する
アメリカ軍の部隊。
アヴァランチ作戦は、
幸先の良いスタート
だったが、まもなく
してアメリカ軍は激
しい抵抗に遭遇する。
第16装甲師団は、ア
メリカ軍を海に追い
落とすよう命ぜられ
ていた。

左：イギリス海軍地中海艦隊旗艦の戦艦〈ウォースパイト〉。サレルノへの準備砲撃の一翼を担う準備をしている。

右：海岸に到着したアメリカ軍の上陸用舟艇。当初、連合国のたった3個師団が16キロ離れた2ヵ所の海岸に上陸してサレルノ侵攻を果たした。

がなかった。多くの者は、背筋を伸ばして座っていたか、普通に睡眠するときにとる姿勢をとっていた。」全乗客のうち、生存者はたった5人であったことが明らかになった。その中の3人は、ポテンツァから災害現場に急行した軍用車両で直ちに病院に送られた。彼らは全く幸運なことに、後尾の3両に乗っていた——それらの車両は、長いトンネルの外にいたので新鮮な空気を吸うことができたのである。

　他の生存者は、オリーブ・オイルのセールス・マンであった。彼は、列車がバルヴァーノに停車している間に、新鮮な空気を吸うために数分間列車から降りていた。おそらくこのことから、眠りに落ちなかった数少ない乗客の一人になったのである。彼は、列車がトンネル内で停車した後に何らかの理由で激しく咳込みはじめたため、スカーフで口をおおった。そして列車から降りて、トンネルの中をふらふらと歩いた。彼は再び列車に乗ろうとしたが、線路脇に崩れ落ちた。そこで彼は、たまたま2人の警察官によって発見されたのだが、他の犠牲者たちと同様に亡くなったと思われた。だが彼は、バルヴァーノ駅に設けられた間に合わせの霊安室で意識を取り戻した。もうひとりの人物は、救出された後、まもなく脳の損傷により死亡した。

大災害の原因は何だったのか？

2両の蒸気機関車の機関士と火夫が命を失ったので、トンネル内で実際に何が起こったのかは知ることができない。生存者たち——応急手当を受けた後に姿を消した他の3人は、たぶん警察の尋問を避けようとしたのであろう——は、ほとんどあるいは全く事故の記憶がなかった。その内の1人か2人は、列車は、最後に止まる前に少しの距離だが後方に滑りはじめたと思っていた。

　この大惨事の最もふさわしい説明は、蒸気機関車がトンネルの中央に到着したとき、もはや貨物を過重に積載した列車を前へ進めるために十分な力を発揮することができなかった、ということである。その代わり、すでに氷結していた線路の上を後方に滑り出したため、列車全体がレールと車輪の間の摩擦を失いはじめていたのである。この時、2人の機関士が互いに相反する操作をしたことにより、何百もの乗客の運命が封印されたのである。

　列車事故調査官がまだトンネルの中に残っている2両の蒸気機関車にはじめて乗ったとき、異常な事を発見した。先導していた蒸気機関車の操縦装置のギアは後退に入り、ブレーキはオフであったが、2番目の蒸気機関車のブレーキはオンで、操縦装置のギアは前進に入り、アクセルは最大だ

った。2人の機関士はいずれも別の方法で列車を困難から復旧させて再び動かそうとしたが、互いに相反する操作をしたため、列車は完全に停止してしまったのである。

こうして煙と毒ガス——その大部分は一酸化炭素ガス——が蒸気機関車の煙と一緒に排出されて、トンネルに流れ出して充満した。乗客の大部分は、寝込んだまま死亡したに違いなく、何が起きていたのか認識できなかったであろう。オリーブ・オイルのセールス・マンのような幸運な人は、トンネルの中で列車の後方におり、そこではまだ酸素は欠乏してはいなかった。煙が流れてきたとき、彼らは目を覚まして咳をし、激しく呼吸した。わずか5人のみが新鮮な空気を求めて這い出てきたのである。残りの乗客は、線路上の列車の中で亡くなった。最終的な犠牲者数は確定できないが、500人から600人の間であろう。

だんまりを決め込む

この恐るべき悲劇についての真に不思議な状況は、原因を究明しようとしたものの、それが明らかにならなかったことである。アメリカ軍は、早急に結論を出すために調査委員会の設立を命じた。アメリカ陸軍の5人の将校は、この大惨事は、「神の思し召し」によるものと結論付けた。過去に同様な事故が一度でも起きたことがあるかどうかに関して、質問はされなかった。

イタリア当局どころか連合国ですら気づいていなかったが、事実、過去に同様な事故は起きていたのだ。ちょうど3ヵ月前の1944年1月3日、スペインのトーレ・デル・ビエルソ村近くのトーロ・トンネル内で起きた3両の列車の衝突によって発生した火災で500人から800人の人びとが窒息して死亡した。事故は、マドリードからコルナへ向かったガリシア急行のブレーキが故障したことが原因であった。すでにトンネル内にあった貨物列車の後部に、制御不能になった列車が衝突し

たものであった。数分後、接近してきた石炭列車が激突した。その結果、発生した火災は、2日間も燃え続けた。

その後、スペインの独裁者フランコ将軍の命令により、事故には緘口令が敷かれた。この事故の詳細は、戦後数年たって明らかになりはじめた。イタリアでの列車の大災害以来、同様の報道管制が強要された。イタリアと連合軍の双方の当局者は、詳細な報告を許可すると一般人の士気をひどく低下させるだろうと判断したのだ。またより不吉な別の理由があったのかもしれない——それは、戦時下で物資が窮乏するなか、鉄道を運行するために安価で低質の石炭の調達を決めた当局者を守ることであった。

事故の後、イタリア鉄道の当局者は、山岳地帯のトンネルを通過する列車の運行手順を明確化し、そしてこのような事故が二度と起きないように新たな安全対策を確立した。

しかしながら、犠牲者の遺族にとって、それらの施策はあまりに不十分で、そして遅すぎたのである。

1951年、「職務怠慢による殺人」として、犠牲者の親族300人がイタリア国有鉄道に対して起こした訴訟の記録が残っている。基準に満たない石炭の使用を許可した決定については、告発を支える事由として引用されている。原告は、10億リラ以上の補償を求めた。鉄道会社の弁護士は、親族は補償を要求する資格がないということを主張して成功した。なぜなら、死者は誰も切符を購入していなかったからである。寛大なことに、亡くなった列車の乗員の家族への補償については合意された。

上：バーナード・モントゴメリー将軍。ノルマンディー
上陸作戦で地上部隊の指揮を命ぜられるまで、シチリ
アとイタリアでイギリス第8軍を率いていた。

第19章
自沈した潜水艦

1944年10月24日、アメリカ海軍の潜水艦〈タング〉は、5回目の戦闘哨戒の終わりにさしかかっていた。それまでにタングは、31隻の日本の船舶を沈めていた——沈めた船舶の合計は、およそ227,800トンであった。タングはその朝早く、すでに2隻のタンカーを海底に沈め、兵員輸送船に大きな損傷を与え、駆逐艦を沈めていた。そしてちょうど残っていた2発の魚雷で兵員輸送船を撃沈させようと攻撃位置についた。最初の魚雷は、被害を受けた兵員輸送船に命中した。そのとき、全く予期しない事件が起きたのである。

アメリカ海軍の潜水艦〈タング〉は、海軍でも驚異的な戦果を上げた潜水艦であった。バラオ級の艦隊潜水艦〈タング〉は、1943年に就役し、太平洋での最初の4回の戦闘哨戒ですでに20隻の日本の船舶を沈めていた。1944年9月24日から始まった5回目の戦闘哨戒では、すでに9隻をその戦果に加えていた。まさに10月25日の夜が明けようとしているとき、台湾海峡で別の日本船団に接触しようとしていた。そこは、中国大陸から台湾を隔てている幅160キロの海峡であった。

上：攻撃したアメリカ海軍潜水艦の潜望鏡から見た日本海軍の駆逐艦。魚雷攻撃を受けて沈みつつある。

前頁：潜水艦〈タング〉は、搭載していた魚雷の不良で沈没する前に、5回の作戦哨戒で33隻の日本船を沈めていた。

魚雷攻撃

〈タング〉の艦長のリチャード・H・オカーン中佐は、次の作戦での成功に自信があった。最初に敵に遭遇した10月10日の夕刻、彼は荷物を満載した2隻の貨物船を魚雷で沈没させた。次に彼が攻撃した船団は、規模が大きく——5隻の貨物船と5隻の駆逐艦で編成されていた。オカーンは巧みに操艦し、駆逐艦に発見されずにやりすごした。そこで彼は、至近距離に近づいて9発の魚雷を発射し、5隻の貨物船のうち3隻を沈没させた。

その後、激しい乱戦が始まった。貨物船は右往左往し、駆逐艦は攻撃した潜水艦を捕捉するために全速力で全周を警戒した。〈タング〉は、敵に発見されないように身をかわしてジグザグ航行した。煙突の煙が近づいてきた。船団は〈タング〉に押し寄せ、衝突しようとした。オカーンは、なんとか衝突しないように身をかわした。今や彼は、護衛していた日本の駆逐艦と対決することになった。オカーンは、潜水するかわりに攻撃してきた駆逐艦に針路を向けた。魚雷発射管には、魚雷は装填していなかったが、オカーンは、最も近くの駆逐艦に船首を向け、そして全速力で日本の

船団に接近した。それは、はったり攻撃であった。魚雷攻撃の可能性があるという危険を感じた駆逐艦は離れてゆき、〈タング〉は危機から逃れることができた。

10月24日の夕方遅く、〈タング〉は別の船団をレーダーで探知した。オカーンは、昼間に浮上したまま攻撃するため、潜水して辛抱強く夜を過ごした。この時〈タング〉は、日本の船団に接近しすぎており、船団の駆逐艦に発見された。敵は直ちに攻撃を開始した。オカーンは怯まずに、大胆にも浮上したまま静かに攻撃の位置についた。

距離915メートルで、オカーンは6発の魚雷を発射した。2発は先頭の貨物船、2発は次の貨物船、2発はタンカーに向けて発射した。6発の魚雷は全て命中した。オカーンが再攻撃しようと機動したとき、3隻の日本の駆逐艦が全速力の30ノット（時速約56キロ）で迫ってきた。〈タング〉は駆逐艦に応戦するため、最大船速で向かった。この時は、はったりではなかった。潜水艦の船首の

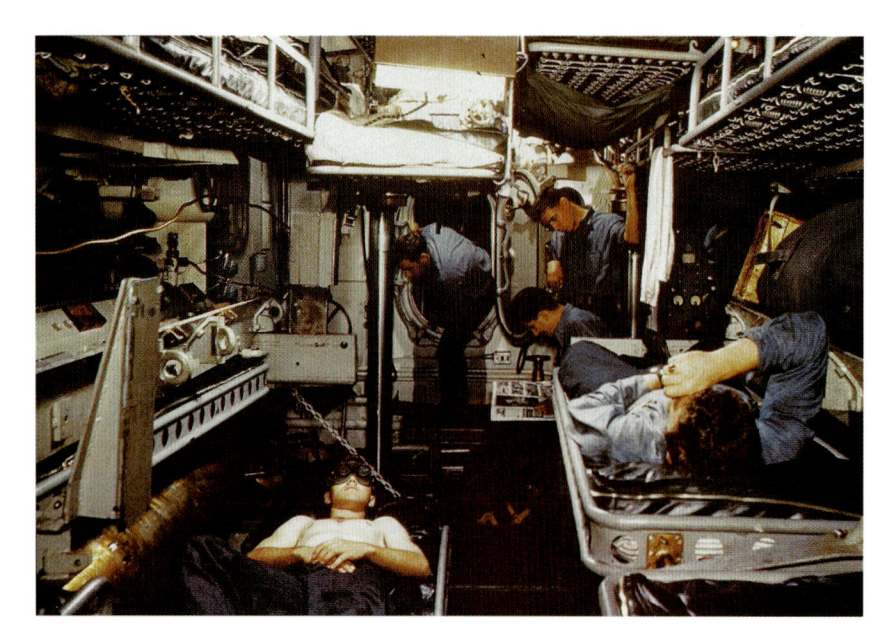

全ての魚雷発射管には魚雷が装填されていた。距離が詰まったため、オカーンは、針路を開けるために直ちに3発の魚雷を発射した。最初の1発はタンカーに命中し、2発目は輸送船に命中して輸送船は洋上で停止し、3発目は駆逐艦の1隻に命中した。〈タング〉は船団の間をぬって突進した。

危険な魚雷

〈タング〉に残っていた魚雷は、たった2発であった。オカーンは、それまでの魚雷攻撃で被害を受けていた輸送船にとどめをさすために、2発の魚雷を使用しようとした。彼は、〈タング〉を新たな針路へ向けさせ、艦橋にある魚雷照準機の後ろに位置して、その下にある艦首魚雷室に偏差角を通報した。

2発の魚雷が、発射管から発射された。最初の魚雷は直進し、狙った目標にまっすぐ進んだ。2本目はそうはならなかった。オカーンと一緒に艦橋にいた8人の水兵のうちの1人が危急を告げ、海を指して叫んだ。何人かの水兵は、魚雷が起こした夜光虫で青光りする波が潜水艦にまっすぐ向かってくるのを見た。船首の左舷に到達するには、少し距離があった。

動転したオカーンは、依然として、攻撃を受けているのではないかと疑っていた。彼が少し前に攻撃した艦艇はすでに離れ、その時は間違いなく戦闘行動はとっていなかったため、射程内に日本の艦艇はいなかった。ソーナーはずっと捜索していたが、敵の潜水艦の航跡は探知しなかった。〈タング〉には、最新の探知装置が装備されていたので、不意に攻撃されることは考えられなかった。

それでも魚雷は、依然として潜水艦に向かって進んできた。オカーンは、この魚雷は過失によるものだと確信した。彼は、余裕を持って必要な回避行動をとらせた。船体に衝撃が走った。接近してきた魚雷は、直進しなかった。魚雷は、〈タング〉の周りで大きな円を描きながら現れた——しかし、旋回の直径は徐々に小さくなっていた。潜水艦は、捕捉されてしまった。

30年後に執筆されたオカーンの著書『艦橋異常なし！』には、当時の出来事が生き生きと記述さ

右：自身の兵器で訓練を行なうアメリカ海軍の潜水艦の甲板砲手。多くのUボートの艦長と同様に、オカーンは、可能な場合は何時でも海面に浮上して攻撃することを好んだ。

れている。

「『緊急事態発生！　取り舵いっぱい。』絶望的になった私は、速度を上げながら旋回している魚雷の旋回運動から脱出するために蛇行を指示した。魚雷は、水平を維持する水平舵が故障してしまったため、上下運動をくり返しながら急角度で旋回し、当初は舳先に、その後は舷側に向かってきた。魚雷は、少なくとも10秒以内で舷側までの最大距離18メートルに接近する。いよいよ命中だ。魚雷から退避するには、たった数秒しか余裕がなかった。

『おも舵いっぱい』を命じて船首を旋回させることが魚雷の弾頭から回避する唯一のチャンスだった。本艦のスクリューから発生した光輝く航跡が見え、負荷のかかった4基のディーゼル・エンジンから黒い排気が排出されたが、整備員が言うには、それぞれのエンジンは最大のパワーを出していた。問題は、サッカー場ほどの広さの中で航行していること、そして急激な片舷傾斜をさけるために港湾内を走行するような低速度であったことである。魚雷は、いよいよ間近に迫ってきた。」

右：アメリカ海軍の潜水艦の船尾エンジン・ルーム。〈タング〉を航行不能にしたのは、エンジン・ルーム付近にある電源区画の失火であった。

〈タング〉に魚雷命中

オカーンは、彼のドラマティックな物語をこう続けている。

「魚雷は、後部魚雷室の舷側にある操作室の隔壁付近に命中した。大きな爆発が起き、操作員が回復操作をする前に船尾が傾いていった。船尾の状況を見ただけで、艦橋から退艦するに十分な時間がないことがわかった。私の『艦内のハッチを閉じろ』という命令はすぐさま実行され、私は、まもなく海水が襲ってくるはずの艦内と艦橋にいた若い水兵たちに同情した。

　我々の艦は、数秒も待たずして船尾から沈みはじめたが、艦の傾きを回復するには粘性のある重たい液体が必要であった。船尾から波がやってきて、艦橋にいる我々を洗って引き離そうとした。今となっては、17番目の魚雷が輸送船に見事命中して爆発したことがせめてもの慰めだった。

　〈タング〉の船首は水面から鋭く突き出し、船体は水路のブイのように海流に流されていった。〈タング〉は、あたかも負傷した巨大な動物や海獣のようにもがいていた。私自身は、部下に声をかけて勇気づけるとともに、衝動的に〈タング〉から離れていった。海流に逆らうことのなくなった〈タング〉は、ひどくゆっくりと沈んでいったが、少しの間、水中爆雷用の装置に妨げられて潜航が止まった。もはや前方はふさがり、〈タング〉の舳先は海中に沈んで海の藻屑となり、静かになった海は、私の深い悲しみを分かち合っているようであった。」

生存のための闘争

　〈タング〉の各部署にいた水兵たちは、起きているドラマに気が付いていないようであった。彼らが最初にそのことを知ったのは、潜水艦が引きずり回されて激しく旋回しているときであり――「まるで尾を摑まれた巨大魚のようだった」と二級エンジン整備士のジェシー・ダシルバは思い出を語っている――そして、恐るべき爆発が船尾近く船底から響いてきて衝撃を受けた。生き残った乗組員がすぐさま考えたことは、この衝撃は〈タング〉が機雷に接触したに違いないということであった。船尾の3ヵ所の隔室にいた水兵たちは、決して脱出することができなかった。悲惨なことに、水兵の大部分は、海水が流れ込んでくる前に衝撃で意識を失っていた。

　艦橋では、ちょうどオカーンが、魚雷が命中する前に司令塔のハッチを閉じるように命令したところであった。その後、爆発の風圧によって吹き飛ばされ、他の8人の水兵とともに海に投げ出された。そのうちの何人かは負傷しており、泳ぐことすらできなかった。誰も救命胴衣を装着していなかった。数秒たつと、生存者はたった4人になっていた――オカーンおよび上甲板に来て装備の損害箇所を報告していた主任甲板長のビル・レイボルド、機関士官のラリー・サバドキン大尉、そしてこれで2回の魚雷攻撃を経験したことになる

レーダーの専門家フロイド・カバリーであった。

〈タング〉は、船尾から恐ろしいスピードで沈んでいった。〈タング〉の船尾は、水深55メートルの海底に衝突したため別の衝撃が加わった。オカーンが、ほんの一瞬の判断で司令塔のハッチを閉じるように命令したことは、疑いもなく多くの生命を救ったが、潜水艦の内部に閉じ込められて窮地に陥っていたクルーは絶望的であった。何人かは深刻な負傷を負っていたのに加え、前部電池室では電気火災が発生していた。電気火災は直ちに消火されたが、潜水艦の内部には煙とケーブルをおおっていた被膜から発生した有毒ガスが充満していた。

潜水艦に閉じ込められていた水兵の一人は、整備兵のクレイトン・オリバーであった。意識を取り戻したオリバーは、メイン・バラスト・タンクのバルブを開けた。彼は、生存している者は、貸与された脱出用装具のモムセン・ラング——原始的な水中脱出装置——を使用すべきことを知っており、そのためには潜水艦が多少なりとも安定している必要があった。彼がタンクのバルブを開けると、〈タング〉は姿勢を水平に維持しはじめた。そして彼と他の生存者たちは、前部魚雷室と脱出用チャンバー（気密室）に移動する前に司令塔にある機密文書のファイルを破棄した。

脱出する試みは、4時間も遅れた。日本の駆逐艦隊が残存した船団の周辺で不規則に爆雷を投下しはじめたので、〈タング〉は大きな衝撃を受けた。〈タング〉は、近くに投下された爆雷の被害を全く受けなかったものの、それに続く結末は悪夢であった。約30人の生存者のうちの何人かは意識を失ったままであった。残りの水兵たちは、日本軍が攻撃を止めるまで辛抱強く待っていた。彼らは、脱出をしようとしても攻撃が続いていれば、爆雷の爆発による水中衝撃波によって全員が死亡することを知っていた。

水面への脱出

やがて日本軍の爆雷攻撃は終了し、〈タング〉の魚雷士官であるジム・フラナガン大尉が指揮して生存者たちは潜水艦から脱出する準備を始めた。フラナガンは、まず4人を脱出用チャンバーに入れた。チャンバーが海水でいっぱいになる前に、ふくらませたゴム製の救命ボートが浮き上がっていった。30分後に海水がいっぱいになり、チャンバーの昇降口が開けられた。4人のうち、ほとんどおぼれかかり意識も朦朧としていた3人は、依然としてチャンバーに留まっていた。ひとりだけが昇降口から脱出したが、後にフラナガンは、脱出した者は水面に到達していなかったことを発見した。

フラナガンは、再度脱出を試みた。今回は、5人の水兵がチャンバーに押し込まれ、そして45分かけて海水を注入し、そして排水を終えた。作業が終わったとき、フラナガンは、たった3人だけがなんとか脱出し、2人は依然としてチャンバーにいることがわかった。

この時までにフラナガンは、疲れ果ててしまった。下士官のベイジル・ピアース・ジュニアがフラナガンに代わって指揮を執った。さらに4人の水兵がチャンバーに乗り込んだ。4人は、チャンバーの昇降口から安全に脱出したが、水面に到達して生き残ったのはたったひとりだった。次にピアースは、フラナガンを4番目のグループに入って脱出するよう説得した。フラナガンは、脱出チャンバーから水面まで繋がっているケーブルを苦労して引っ張りながら上がっていった。ケーブルは救命ボートに繋がっていた。彼は、艦内にいるときからずっと意識が朦朧としていた。彼が潜水艦を離れる前に、電池室の火災が再燃したことに気がついた。すでに居室と前部魚雷室を隔てている隔壁内側のペイントが沸騰して気泡が立ちはじめており、一刻の猶予もなかった。依然として悪いことには、水密ドアを密閉していたゴム製のパッキンが激しい火災によってくすぶりはじめたこ

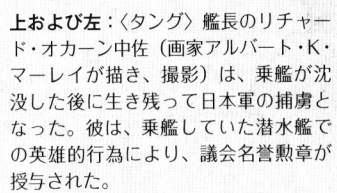

上および左：〈タング〉艦長のリチャード・オカーン中佐（画家アルバート・K・マーレイが描き、撮影）は、乗艦が沈没した後に生き残って日本軍の捕虜となった。彼は、乗艦していた潜水艦での英雄的行為により、議会名誉勲章が授与された。

とである。それは、新たな災難に違いなかった。まだ沈没した潜水艦に閉じ込められていた水兵にとって、脱出する希望がなくなったのである。彼ら全員が、電池室から発生した火災の煙と致死性のハロゲン・ガスによって窒息死した。

生存者たち

〈タング〉に乗り組んでいた87人の士官と水兵のうち、生還できたのはたった15人であった。彼らは、日本の駆逐艦によって太平洋上から救出された。4隻の駆逐艦のうちの1隻は、すでにアメリカの潜水艦が魚雷攻撃を行なった兵員輸送船に乗っていた兵士たちと海軍軍人を捜索していた。生存者たちはすぐさま追い立てられ、殴打された。オカーンは、皮肉を込めて述べている。「我々が棍棒で叩かれたり、蹴られたりすることは、焼け出されて負傷した我々生存者たち自身が招いた結果だと認識したとき、ほとんど何の偏見もなく受け入れたのである。」生存者たちにとって、激しい試練は始まったばかりであった。彼らは台湾まで移送されて、汽車で台湾の反対側のはずれに連れて行かれ、そこにある捕虜収容所に入れられた。2日後、彼らは分離されて、日本に向かう2隻の船に乗せられた。海軍訓練所に到着した後に再び汽車に乗せられた——今回は、東京からそれほど遠くない大船捕虜収容所に向かった。彼らが大船に到着すると、冷たい雨がふる中で新たな捕虜収容所に向けて行軍を強要された。

ダシルバは次のように思い出を語っている。「唯一の持ち物は、ひとそろいの作業服であった。魚雷が命中した時にサンダルの片方を失くし、そして脱出する前にもう片方を捨てたので、私の足はとても傷つき、寒さでかじかんでいた。」ピート・ナロワンスキは、脱出したときからずっとアロハ柄の半ズボンを着ていた。二人の水兵は乾いたシャツ、ズボン、そして「間違いなくスリー・サイズは小さい」テニス・シューズを

一足支給された。ダシルバによれば、それが、彼らが囚人であった10ヵ月間に支給された衣服の全てであった。

食料も同様に不足していた。ダシルバは言う。「食事が徐々に少なくなっていったため、我々はいつも、食べ物、食べ物、そして食べ物の事を話していた。」横浜の近くにある大森捕虜収容所に移送されてからは、食糧事情はさらに悪くなっていった。そこでの生存者たちの食事は、毎日三食ともに麦と米、そして一杯の味噌汁であった。時には、小さな魚肉が二、三切れ配給された。彼らが肉にありつくことはなかった。

これは、断食療法のようなものであった。1945年8月29日に、捕虜収容所がアメリカ軍によってやっと解放された際、当初捕虜だった15人の生存者のうち、生き残っていたのはたった9人であることがわかった。オカーン中佐は生存者の一人であった。オカーンが自由の身となったとき、彼の体重はたった40キロであった。その他の生存者は、サバドキン、フラナガン、カバリー、レイボルド、ダシルバ、デッカー、ヘイズ・タッカーと呼ばれていた魚雷員、ナロワンスキであった。

全く誰も生存していないと思っていた海軍省では、驚かない者はいなかった。手段を尽くしたものの〈タング〉は沈没したと信じられていた。そのことはまた、潜水艦が沈没した理由は何か、という疑問を投げかけることになった。〈タング〉が日本の潜水艦によって沈没させられたとは信じていなかったが、実際〈タング〉に何が起きたのかはミステリーであった。

それについては、オカーンが解答を提示した。タングは、機能不全におちいった自身の最後の魚雷が命中して沈没したのである。太平洋における潜水艦任務部隊の司令官チャールズ・ロックウッド提督が「人類史上、潜水艦による最も偉大な航海の一つ」と呼んだ〈タング〉の航路は、悲劇的な結末を迎えた。

上：〈タング〉は2回目の戦闘哨戒中、爆撃機から墜落した22人の航空兵たちを海中から救出した。円錐形の艦橋の上部や前部でポーズをとり、カメラに収まる航空兵たち。

第20章
裏切り：Ｄデイのスパイたちの物語

ノルマンディー上陸作戦（作戦開始日をＤデイという）が実行されれば、第2次世界大戦の明暗を分けるものになるだろう、ということは、1944年の時点で誰もが知っていた。もしヒトラーが上陸作戦の場所と時期について嗅ぎ付けたならば、おそらく連合軍を海に押し戻すことができたであろう。もし上陸作戦はノルマンディー以外の場所で行なわれるとヒトラーに信じ込ませることができれば、連合軍は圧倒的な勝利を得るための貴重な時間を稼ぐことができるだろう。こうして機知に富んだ壮大な戦いが開始されたのである。

1944年6月6日、15万人もの連合軍兵士がフランス北部のノルマンディー海岸に上陸した。Dデイ侵攻の正式な暗号名であるオーバーロード（大領主）作戦は、最終的に実行に移された。計画の立案には1年以上の年月を要した。そして、侵攻がどこか他の場所で行なわれるとドイツ人に信じ込ませるための非常に漠然とした、しかし同じく不可欠な欺瞞計画もあった。

欺瞞計画の全体は、ボディガード作戦と呼ばれた。この作戦名は、1943年11月に開催されたテヘラン会議においてウィンストン・チャーチルがヨシフ・スターリンに作戦の成算を述べたことに由来している。イギリスの首相は、「真実はとても大切なことなので、常に嘘というボディガードを伴うものだ」と言った。ソ連の独裁者は、直ちに反応した。「これは、我々が軍事的なずる賢さと呼んでいるものだ。」イギリスの対防諜活動の指導者のうち、タルという名で広く知られていたトーマス・アーガイル・ロバートソンとジョン・マスターマンの2人が、ドイツ人を騙すために欺瞞計画の枠組みを計画し、そして可能な限り短期間で準備を整えて実行に移すよう命ぜられた。彼らが担当した計画は、不屈の精神作戦と呼ばれた。

ロバートソンは対防諜活動の専門家であり、1933年に、軍情報部第5課（MI5）の事務局長だったバーノン・ケルから、それまでの不満の多かった経歴を捨ててイギリス情報部に職を得るよう説得された。ケルは、今やMI5の対防諜・破壊工作班の責任者であった。マスターマンは、知性あふれるオックスフォード大学の教師であり、大戦が勃発した後に志願してイギリスの対防諜活動に従事していた。マスターマンは、ローマ数字でXX（二重十字）が裏切り行為を意味することから名付けられた二十会議の議長を務めていた。2人の男は、1942年までに、イギリスで活動しているドイツのスパイを「寝返らせて」、二重スパイに仕立てることに成功していた。

どこで、そしていつ？

オーバーロード作戦を立案している人びとは、すぐさま難問に直面した。その難問の一つは、「シェルブール半島からダンケルクの間のどこかに侵攻する場合は、事実をおおい隠すことが全く不可能なことであった。」侵攻部隊の上陸地域について最も適した場所は、フランスの最北端にあるパ・ド・カレーであった。そこはイギリスの海岸に最も近い地域であった。カレーとブローニュには、大きくて深い良港が二つあり、どちらも、連合軍が手に入れさえすれば、容易に港湾施設を補強できることは確かだった。そこで上陸が成功す

下：ノルマンディー上空を飛行するイギリス空軍の〈ハンドレページ・ハリファックス爆撃機〉。連合軍航空部隊は、地上部隊を支援する空飛ぶ砲兵であった。

前頁：ノルマンディーでの運命の日に向けて、輸送機やグライダーの搭乗に備えるイギリス空挺部隊。

れば、パリおよびドイツの産業中枢のルール地方へ最短距離で進撃できた。しかしながら、その方面は、ドイツ軍が厳重に防備しているという欠点があった。

パ・ド・カレーは、ヒトラーが、連合軍が侵攻してくると予期していた場所であった。「ここそが敵が侵攻すべき場所、そして、敵が侵攻する場所——その証拠は、全て誤りだったにもかかわらず——上陸部隊との決戦を行なう場所である」とヒトラーは将軍たちに言った。そこはまた、ヒトラーが大いに自慢していた大西洋の障壁の中で最も堅固な場所のひとつであった。1943年7月までに、オーバーロード作戦の計画立案者たちは、カーンの北にあるノルマンディー海岸がより適しているという結論を出した。

スターリンは、上陸作戦を行なう時期に関して、できるだけ早く実行に移すよう計画立案者た

ちに執拗に督促した。アメリカ人も同様に熱心であった。しかし、第二戦線の着手には間違いなく賛成していたイギリス人は、上陸作戦には曖昧な態度をとった。チャーチルの軍事顧問たちは、いかなる早期の上陸にも全面的に反対した。イギリス陸軍参謀総長アラン・ブルック卿は、次のように日記に書いている。「第二戦線を開始せよという各所からの広範な要請に抵抗することは困難になりつつあるが、ドイツの大軍に対抗するにしても、10個師団あまりで何が出来ると言うのか？」彼らは、上陸用舟艇が不足していることから、侵攻が成功する見込みは全くないと主張していた。

議論は、1943年の暮れまでずっと続いた。米英両国は会議を重ねた結果、結局、Dデイは1944年5月1日に予定することが最終的に決まった（この予定日はイギリス海峡で嵐が続いていたため、6月上旬に延期された）。

左：発射機まで運搬される〈V1巡航ミサイル〉。二重スパイは、〈V1〉の精度についてドイツ人に偽情報を送っていた。

上：オマハ海岸の避難壕で待機するアメリカ陸軍の強襲部隊。そこはドイツ軍の堅牢な陣地であった。

右：降下訓練に余念のないアメリカ軍空挺部隊。この空挺師団は大きな損害をこうむった。

下：イギリス海峡をゆっくりと横断する侵攻船団。

ドイツ人を騙す

ロバートソン、マスターマンおよび協力した情報部員たちは、高度な政策立案や大戦略のこみ入った事情とは無縁であった。彼らの任務は、単純であった。ノルマンディーが連合軍の上陸地点と確定したので、彼らの任務は、「敵の軍隊をその駐屯地に留めるよう仕向けて、オーバーロード作戦とアンヴィル作戦（南フランスへの侵攻作戦）への干渉を少なくするとともに、両作戦の兵力、時期及び目的について敵の目を欺く」ことであった。

　長期間にわたる慎重な検討を経て、ロバートソンとマスターマンは、信頼を置くに足る二重スパイのチームを作り上げた。より決定的だったことは、ドイツ国防軍情報部（アプヴェーア）が、二重スパイの諜報員たちがもたらした情報を完全に信じたことであった。その要となる人たち——アルファベット順に、ブロンクス［ニューヨークの街］、ブルータス［古代ローマの政治家］、ガルボ［ゴミ清掃人］、トレジャー［宝石］そしてトライシクル［三輪車］の暗号名が付けられていた——は、それまでにイギリス情報部が採用した雑多な人びとの集団であった。

　魅力的な29歳のペルー人で両性愛者のブロンクス（本名エルビラ・デ・ラ・フエンテ・ショードワール）は、秘密情報部（MI6）で主任補佐官を務めていたクロード・ダンジィ中佐によってイギリス情報部に採用されたとき、戦争中のロンドンの上流社会になんとかして入ろうとしていた。ダンジィは、彼女にドイツの情報機関と接触してドイツのスパイとして志願し、そしてイギリスに戻ってく

るよう指令を与えて、ヴィシー政権のフランスに送り込んだ。彼女は、ナチスの協力者を通じて、自ら雇い主のいないスパイと名乗っていたヘルムート・ブレイリに紹介された。ブレイリは、個人的なつてを頼ってヘルマン・ゲーリングに連絡した。ブレイリは彼女をイギリスに送り返し、そこで彼女はロバートソンの花形の二重スパイの一人になった。ブロンクスは有能なアマチュアであったのだが、ブルータス（本名ローマン・チェルニアスキー）は、申し分のない専門家であった。彼はスパイの世界に住み、スパイの空気を吸って生きてきた。パイロットの資格を有していたが、身長がとても低かったので、ポーランド空軍は、飛行任務に向かないとみなした。大戦が始まった後は、所属していた空軍の情報部に転勤させられた。ポーランドが崩壊した後はフランスに脱出し、フランスがドイツに占領された後は地下にもぐり、アンテラリエ・クラブ［1930年に創設されたパリの文人サロン］に隠れて知識人たちと共に活動した。それは、間もなくナチス占領下のフランスで最も重要なスパイ組織となった。その後、災難に遭った。チェルニアスキーと同僚のスパイで愛人のマチルド・カレは、ドイツ人に裏切られてドイツ秘密警察に捕えられたのである。

　最初にカレが寝返ってしまった。彼女は、全てのスパイ網をドイツ人に漏らし、ドイツ人のために二重スパイになることを申し出たのである。チェルニアスキーもまたアプヴェーアから誘いを受けた。彼の逃亡を偽装し、そしてドイツのスパイとして働かせるためにイギリスに戻すことがアプヴェーア部長のヴィルヘルム・カナリス提督自身によって決めら

れた。しかし、ポーランド人であったチェルニアスキーは、ドイツのスパイとして働くつもりは全くなかった。彼は、イギリスに帰還して6週間後に、今度は三重スパイとして働くことを要請された。MI5と自由ポーランド政府は共に、彼の誠意を疑っていた。MI5のクリストファー・ハーマーは、彼が信頼するに足る人物かどうかを決める前に数週間かけて尋問した。「彼の想像力と当初の意志からみて、我々はドイツ人を大いに混乱させ欺くことができるであろう」とハーマーは報告している。ブルータスは、二重スパイのチームに入れられ、ドイツにいる彼の監督者に向けて偽のラジオ・メッセージを送信しはじめた。ドイツ人たちは、彼の言うことを鵜呑みにした。アプヴェーアの誰も、彼が再び「寝返った」とは疑わなかっ

前頁：オマハ海岸に上陸するアメリカ軍部隊。ヒトラーは、予備の装甲部隊を引き止めるという愚策をとったにもかかわらず、上陸は連合軍にとって大惨事となった。

上：オマハ海岸では、アメリカ軍の多くの負傷者のうちの何人かは引き上げられて助かった。彼らの上陸用舟艇は、彼らが下船する前に沈められた。

上：ドイツ軍の防御陣地で煙幕が焚かれる中、上陸用舟艇がノルマンディー海岸に接近している。

次頁：破壊されたドイツ軍の自走砲を調査するアメリカ軍兵士。

た。

鶏の嫌いな養鶏業者

ガルボ（ジョアン・プジョル）は、いっそう想像力が豊かな人物であった。彼は29歳のカタルーニャ人で、就職しようとした仕事に全て失敗し、鶏をひどく嫌っていたにもかかわらず、最終的にバルセロナ郊外で養鶏農家になった。養鶏業が破綻し、戦争が始まったときに、彼はイギリスのスパイとなることを決めた。1941年1月にマドリードのイギリス大使館を訪れてスパイとして勤務することを希望したが、拒絶された。そこで彼はドイツ人に接触した。その理由は次のとおりであった。もしドイツのスパイになれば、イギリスに対し、自分がいかにイギリスのために重要であるかを示すことができる。彼には「寝返る」必要などなかった。根っからの二重スパイだったのである。

マドリードにおけるアプヴェーアのプジョル担当の監督者であったカール・エーリヒ・クーレンタルはプジョルを信用して、事前にあぶり出しインクと相当な額の紙幣を与え、アラベルという

暗号名を付与した。クーレンタルは、プジョルにリスボンまで行き、そこからイギリスへ向かうよう指示した。プジョルは、リスボンへ行くようにという指示には従ったが、次にイギリスへ向かうようにという指示は無視した。その後プジョルは、1941年7月19日にイギリスに安全に到着できるかどうかを確認するためにクーレンタルに電報を打ったが、決してリスボンを離れなかった。プジョルはそれから9ヵ月の間、ドイツ人の資金担当者クーレンタルが望むような分析を、ニュース映画、古本、そしてリスボン公共図書館の資料をもとにでっち上げた。

まもなく騙されやすいクーレンタルは、プジョルが送った山のような偽情報をベルリンまで転送した。かくしてプジョルは、ドイツ人のみならずイギリス人も騙したのである。イギリスは、ドイツがなんとかしてMI5の統制下にいないスパイをイギリスに送ろうとしていると疑っていた。しかし解読した暗号を詳しく分析してみると、アラベルの言葉が偽りに満ちていただけではなく、報告した情報はばかばかしいほど間違っていたことがわかったのである——事実、アプヴェーアは全く注目していないように見えたのである。

MI6は、アラベルがプジョルであることを確認した最初の情報機関であった。最終的にMI5がアラベルの実体に気付いたときのコメントは、「プジョルがこれほど長く生き延びたことは奇跡である」という、短いが的を射たものであった。プジョルはリスボンを密出国してジブラルタルに行き、そこからイギリスに飛んだ。彼は1942年4月22日にイギリスに到着した。その後の3年以上の間、彼と彼のMI5の監督官のトーマス・"トミー"・ハリスは、ドイツに向けて、315通の手紙にあぶり出しインクで書かれた何十万もの言葉と1,200本以上の

通信文を送りつけた。ガルボは、指揮下の情報員すら全てでっちあげで報告していた。

ある女性とその愛犬

29歳のパリっ子で、白系ロシア人の血を引くトレジャー（リリー・セルゲイエフ）は、1941年12月にパリでエミル・クリイマン少佐に採用されてアプヴェーアに加わった。クリイマンは、彼女を採用したものの、いったい彼女に何をさせるのかは決めかねているようであった。彼女を現場で雇用することを決めるまでに、ゆうに1年以上の年月がたっている。その後、彼女はマドリードで数ヵ月待機した後、1943年10月にジブラルタルからイギリスに飛んだ。彼女はすでにイギリスのスパイに

なることをイギリス当局に告げていたので、イギリス側は彼女が最終的に到着することに備え、待っていた。

しかし、全てを台無しにしかねない問題があった。トレジャーは、プードルとテリアの白い混血種のベイブスという名の犬を飼っており、熱愛していたのだ。ベイブスを置いて来るよう強要された彼女は、イギリスの厳格な検疫法を物ともせず彼女のために動物をイギリスへ密輸入するというMI5との約束に説得された。しかし、次に彼女が聞いたのは、ベイブスは通りがかった車に引かれて死んだということであった。セルゲイエフは、その話を信じることができなかった。彼女は、MI5は厄介者のベイブスを排除するために、故意に殺し

したのである。彼女は面目を失い、フランスの首都が解放された直後にパリに送り返された。

魅力的なセルビア人

トライシクル（ドゥシャン・"ドゥシュコ"・ポポヴ）は、アプヴェーアが採用した別のスパイであり、彼は密かに寝返っていた。彼は、全てのMI5の二重スパイたちの中で、おそらくガルボとブルータスに次いで最も成功したスパイであった。彼は、華やかな女たらしであり、友人のジョニー・ジェブソン——ジェブソン自身は、戦争の後半に「転向」に成功していた——に勧められて、1940年初めにアプヴェーアのスパイ活動に携わっていた。ポポヴはベオグラードで密かにMI6と接触し、かわりにイギリスのために働くように誘われた。12月20日、アプヴェーアでの彼の監督官に指名されたルドビコ・フォン・カルスゾフに接触するために最初にリスボンへ旅行した後、ブリストル市の近くにあるウィッチチャーチ飛行場に降り立った。彼は、ロバートソンに会うために、直ちに自動車でロンドンへ連れて行かれた。二重スパイとしての彼の経歴が始まった。

まもなくしてトライシクルは、ユーゴスラビアのビジネスマンとしてイギリスとリスボンの間を行ったり来たりしながら、暗号名を使って生活を始めた。ドイツ人たちは、彼の言うことを喜んで受け入れ、1941年8月にアメリカ人をスパイするためにアメリカへ送った。MI5は、この訪問はポポヴがアメリカの二重スパイに相当するものを作り上げる最適な機会と考えた。不幸にもアメリカ連邦捜査局（FBI）長官J・エドガー・フーヴァーと

たと確信していた。彼女は表面的には悲しみに暮れているように見えたが、密かに復讐を誓っていた。

1944年5月——ちょうどDデイの前日——トレジャーにチャンスがやってきた。その数ヵ月前、MI5は彼女をリスボンに送ってクリマンと接触させ、必要なラジオ送信機を工面するよう要求させていた。トレジャーは、イギリスには知られずに、イギリスの管制下で活動するために特別なラジオ信号——通常のメッセージに余分な二重ダッシュを挿入する——で通信すべきことをクリマンと合意していた。そして彼女は、自分がしたことをMI5に告げた。彼女が明かさなかったのは、信号の性能やすでに彼女が信号を送ったかどうかであった。ロバートソンの見解は、彼女は犬の死のためにイギリスの全ての二重スパイの作戦を脅かしているというものであった。

実際には、トレジャーは一度も信号を送らなかったのだが、それでもDデイの3日後に、ロバートソンは仕返しをした。彼は、トレジャーを首に

FBIは、彼を嫌っていた。ドイツ人もまた、彼の忠誠心を疑いはじめていた。

1942年10月4日、リスボンに帰ってきたポポヴに対して、ドイツ人の疑いを払拭させるために最新の情報がMI5によって用意された。フォン・カルスゾフは、彼のイギリスでの仕事ぶりはずっと「良好」で、アメリカでの仕事ぶりは当初は「優秀」だったが、ついで「中程度」になり、最後の3ヵ月は「とても悪い」になったと彼に言った。この自信満満のセルビア人は直ちに回答した。彼は「誰の支援もなく、何の接触もなく、みじめなほどわずかなドルを持たせて」アメリカに送り込んだのは、全てアプヴェーアの失敗であったと告げたのである。フォン・カルスゾフは、ポポヴの話を好意的に受け入れた。彼が送金するはずの資金の中からドルを搾り取っていたからだ。

ポポヴの立場は確固としたものとなった。彼は、スパイ活動を再開するためにロンドンに送り返され、まもなく「アプヴェーアの中で最高の人物」と認められた。1944年初め、彼はリスボンに帰り、最後となる「多くの詳細な情報」をフォン・カルスゾフに送った。アプヴェーアの情報員は、全ての偽情報を鵜呑みにした。彼はベルリンに「西ヨーロッパに対する連合軍の上陸は、来年春まで行なわれない」と報告した。

完全な成功

Dデイが近づくにつれ、ドイツへ送信した偽情報の量は最高潮に達した。地上でも同様に大規模な欺瞞計画が準備された。恐るべきジョージ・パットン将軍が指揮しているとされるアメリカ陸軍の全くの幽霊部隊が、パ・ド・カレーを強襲する準備をしていると報告されたのである。ノルマンディ

上：〈Waco CG-4 型グライダー〉を調査するドイツ軍部隊。連合軍のグライダーによる敵前強行着陸によって、ノルマンディーのドイツ軍防衛部隊に大きな混乱が生じた。

ーへのいかなる侵攻も策略であり、とりわけ主要な上陸地点からドイツ軍の部隊を後退させることを企図しているとみなされていた。同様に、ドイツ情報部によれば、架空のイギリス第4軍によるノルウェーへの攻撃もまた「高い可能性がある」と判断され、デンマークへの攻撃は「確実」と評価されていた。

Dデイが始まったときにドイツ軍の対応がひどく遅れたことは、さほど不思議ではなかった。上陸が開始された後ですら、精鋭なドイツ第15軍はパ・ド・カレーの駐屯地に留まり、決して来ることのない襲撃に備えていた。部隊に停止命令を下した決定は、その大部分はガルボが報告した連合軍の意図を分析した結果によっていた──ドイツ人は、決断は最終的にはヒトラー自身の手中にあると納得していた。部隊の停止は7週間にも及んだ。停止命令が最終的に解除されたときには、連合軍の部隊がノルマンディーに橋頭堡を確保してドイツ領土に深く進入していた。後にある軍事史家が「全ての時代を通じて最も成功した戦略的欺瞞」と呼んだことは、的確な結論だったのである。

第21章
グレン・ミラーの不可解な死

1944年12月15日夜、伝説となったアメリカのバンド・リーダーのグレン・ミラー——当時、彼はアメリカ陸軍航空軍所属の40歳の少佐であった——は、彼のバンドがフランスの首都で行なうクリスマス・コンサートの準備のため、パリ郊外にある連合国遠征軍総司令部に向かおうとして、イギリス海峡を渡る小型飛行機に搭乗した。航空機はその目的地に到着しなかった。その航空機の痕跡や乗客たちについては、何も発見されなかった。この出来事は、大戦全体を通じて最も大きな謎の一つとして残っている。

上：グレン・ミラーは、スターの地位を犠牲にして1942年に陸軍に入隊した。アメリカ陸軍航空軍のために彼が作った新しいバンドは、世界中で知られるようになる。

次頁：1944年12月、ミラーはパリに向けて飛ぶため〈ノースマン機〉に便乗した。彼が到着することはなかった。機は、イギリス海峡のどこかで消失したのである。

グレン・ミラーは、あらゆるアメリカ音楽界の伝説の人物となった。1938年に編成された彼の著名なオーケストラは、当初は無名であったが、急速に名声を勝ちえていった。たった4年間で、ミラーと彼のミュージシャンたちの70もの曲がヒットして、ベストテンに入った。『タイム』誌は、「今日では、全米に30万台あるそれぞれのジュークボックスの12〜24枚のうち、2〜6枚はグレン・ミラーの曲である」と伝えている。

ミラーは、トロンボーンの主席奏者として楽団を率いていたが、その後、ミラーの名前が楽団名となった。最初のヒット曲は、1939年に発表された「ウィッシング」（なせば成る）であり、続く「ムーンライト・セレナーデ」もヒットした。次の年の「イン・ザ・ムード」、「タキシード・ジャンクション」そして「ペンシルバニア6-5000」は、全てヒットチャートのトップに登りつめた。今やミラーのオーケストラは、ダンス界のトップバンドとしてアメリカ中で広く認められていた。ミラーが「スイングジャズの帝王」とあだ名されたことも、あながち理由のないことではなかった。

音楽の志願兵

1942年、ミラーは、人気の絶頂にあったオーケストラを解散させたことで、音楽業界を驚愕させた。彼は、真珠湾攻撃の後に軍隊に入隊した何十万もの仲間と同様に市民生活を捨てた。彼はアメリカ海軍に入隊しようとしたが、戦闘配置につくには歳をとりすぎているとして入隊を許されなかった。彼は、ワシントンのあらゆるつてを頼り、1942年8月になんとかアメリカ陸軍特殊軍団に入隊した。その年の10月、アメリカ陸軍航空軍に移籍した。

しかしながら、ミラーは音楽から離れなかった。彼が部隊のために成し得ることは、「アメリ

左：ミラーのレコードは、いつもヒットチャートのトップになった。「チャタヌーガ・チュー・チュー」でゴールドディスクを受賞したミラー。

次頁：〈V1巡航ミサイル〉の機能を示した構造図。ミラーと彼のバンドは、イギリスへ到着した直後に、飛来した〈V1〉であやうく死にそうな目にあっている。

ラーに思い出させた。「あなた方は、いまだに先の大戦で飛んでいた航空機と同じ航空機で飛んでいるのですか？」とミラーは切り返した。幸運にも、アメリカ陸軍航空軍総司令官ヘンリー・"ハップ"・アーノルド大将は、ミラーと彼の音楽を気に入っていた。今や第8航空軍を指揮していたジェームズ・"ジミー"・ドーリットル中将もまた同様であった。1944年7月31日、ウィカム・アベイでコンサートを行なったとき、ドーリットルはミラーを見つけて賛辞を送っている。ドーリットルは、次のように言った。「君のオーケストラは、故郷からの手紙に次いで、ヨーロッパ戦域で作

カンミュージックの正真正銘のライブ演奏」であった。彼は、そのもくろみについて次のように語っている。「行進する兵士の足を少し軽やかにし、そして心に喜びを吹き込むのさ。」このため彼は、新しいバンドを編成する必要があった。1943年3月20日、総勢50名の第418陸軍航空軍軍楽隊は、エール大学で軍事教練を受けている士官候補生たちの聴衆の前で演奏してデビューを飾った。

　当初、ミラーは、行進にスイングジャズを取り入れようとしたため、陸軍の指導者層の間に多少の抵抗が生まれた。ある高級将校は、第1次世界大戦中のアメリカ軍には、ジョン・フィリップ・スーザ［「星条旗よ永遠なれ」等の行進曲で知られるアメリカの作曲家］で十分だったことを冷やかにミ

戦する者にとって偉大な精神的支柱となっているよ。」

2度の死との遭遇
ミラーは、時には海外でバンドの演奏をしたいと思い、許可を得ようと働きかけたが、陸軍航空軍は許可しなかった。その働きかけは、ヨーロッパ連合軍最高司令官ドワイト・D・アイゼンハワー大将へのアピールとなり、ミラーと彼の音楽家たちを船に乗せて大西洋を渡らせるようアーノルド大将に要請があった。

　ミラーと彼のバンドは、どこへ行っても歓迎された。彼らは、負傷兵のために飛行場や航空機の格納庫で演奏し、そして毎週、アメリカ軍のラジオ放送とイギリス公共放送BBCに出演した。とり

わけ最も熱心なファンだったのは、エリザベス王女とマーガレット王女——イギリス国王ジョージ6世の若い娘たちであった。彼らの最も奇妙な出演は、おそらくドイツ国防軍アワーと呼ばれた番組で、連合軍と戦っているドイツ軍部隊に向けたスイングジャズ——と宣伝——を効果的に併せた放送だった。報告によれば、ミラー自身は、ドイツ人に何らかの戦いを仕掛けようとして敵の聴取者に語りかけたということである。

ツアーが開始された直後、ミラーと彼のバンドは、あやうく死にそうな目にあった。当初、彼らはロンドンのスローン・コート25に宿泊していた。そこは、「ブンブン爆弾回廊」というあだ名が付けられた地域の中心にあり——ヒトラーが無慈悲にも首都ロンドンを攻撃しようと放った、命取りの無人機〈V1ミサイル〉の飛行経路の真下にあった。ミラーはただちに楽団員たちをロンドン

から離して、ベッドフォードに移動することを決めた。彼らは、7月2日に新しい施設に向けて出発した。次の日、〈V1ミサイル〉がスローン・コートの宿舎の入り口を直撃したため、施設は破壊され、100人以上が亡くなった。ミラーはそのニュースを聞いて、バンド・マネージャーのドン・ヘインズ中尉に簡潔な言葉を述べている。「私の幸運は、みんなとともにあるので何も心配することはない。」

ミラーと彼のバンドは、別の日にも〈V1ミサイル〉と遭遇しており、その時はもっと接近していた。ケント州の野外コンサートで演奏していたとき、ミサイルの特徴あるラム・ジェット音が頭上に聞こえて来た。それは突然やって来た——ミサイルが着弾して爆発する確かな徴候であった。聴衆は物陰に飛び込んだ。ミラーと楽団員たちは、爆発があったにもかかわらず、演奏を続けて大喝

上：ミラーは、ロンドンの宿舎を破壊した〈V1 ミサイル〉のことを聞いたとき、
伝説となっている幸運は、依然としてわが手にあるとジョークを飛ばした。

采を浴びた。

運命を決定した飛行

秋から冬へと季節が移っていくように、連続演奏による精神的ストレスが溜まっていった。ミラーが友人にあてた手紙によれば、ある月には「我々は35もの異なる基地で演奏し、そして『空いた時間』に46回のラジオ放送」をこなした。彼と彼のバンドは、一日当たり平均18時間も演奏や録音に費やしていた。

　ミラーは幾分ホームシックを感じるようになったが、それにもかかわらず、演奏旅行は続けると決めていた。特に彼は、前戦の部隊で演奏するために、フランス訪問を希望していた。これは実行不可能のように思われたが、妥協案が成立した。ミラーと楽団員たちがパリまで移動すれば、そこで彼らは休暇をとっている連合軍の兵士を慰問できるのである。この計画は、クリスマス休暇の祝祭コンサートから開始することになった。

　12月15日、ミラーのフランス訪問は、ついに正式の許可を得ることができた。当初の案では、ドン・ヘインズが楽団員たちよりも一足早くパリに飛んで、必要な全ての準備を整えるということであったが、最後になってミラー自身が行くことを

決めた。問題は気象であった。ミラーが搭乗するよう命令されていた連合国遠征軍総司令部の定期便は、霧におおわれて飛行できず、地上に待機していた。飛行が再開された場合でも、乗客たちが大勢残っていたので、彼はその便からしめ出されそうであった。そして、彼には一見幸運が訪れようとしていた。飛行予定の前日に彼は、ヘインズの知人のノーマン・F・ベーセル中佐に出会った。ベーセルは次の日に将軍専用機でパリに飛ぶことになっており、将軍専用機には乗客一人分の余席があった。ベーセルは、ミラーに同乗を勧めた。

　離陸時間が近づいたので〈C-64ノースマン機〉は、滑走路に待機していた。パイロットである飛行将校のジョン・モーガンは2人の乗客に、強い雨が降っており視程も良くないが、大陸上空の天気は晴れていると告げた。ミラーは、明らかに多少の疑いを抱いていた。第一に航空機を疑っていた――〈ノースマン機〉は単発エンジンの小型機であった。ベーセルは、1927年に最初に大西洋を単独で横断飛行したチャールズ・リンドバーグにとっても単発エンジンで十分であったことを指摘して反論した。その後、ミラーは着席し、「おい、一体全体パラシュートはどこにあるのかね？」と尋ねた。ベーセルは冗談混じりに「それがどうしたミラー？　君は、永遠に生きようとしているのか？」と答えた。

　〈ノースマン機〉は、ゆっくりと離陸位置に進んだ。モーガンは、機体を滑走路まで進ませ、ヘインズは立ったまま手を振ってミラーにさよならを告げた。彼は、生前のミラーを見た最後の人となった。〈ノースマン機〉の痕跡、パイロットや2人の乗客も、全く見つからなかった。

事故か、心臓発作か？

　〈ノースマン機〉と乗客たちに、いったい何が起こったのか、その十分な説明はなされてこなかっ

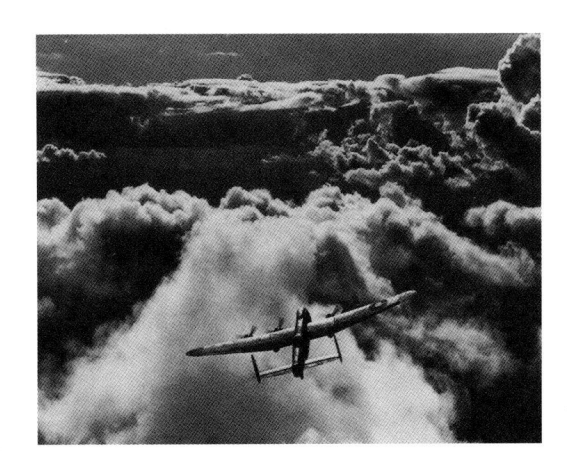

左：飛行中の〈アブロ・ランカスター爆撃機〉。ランカスターが投下した爆弾が、最後のフライトとしてグレン・ミラーが搭乗していた航空機に重大な損傷を与えた可能性があった。

た。実際、ヘインズ自身が12月18日に捜索のために連合国遠征軍総司令部を訪れるまで、ミラーは消失した航空機に搭乗していたと知らなかったのである。捜索は急遽開始されたが、何も発見されなかった。第8航空軍は調査委員会を設立した。委員会によると、ミラーは彼の上官たちの指導や承認を受けることなく、間違った日に間違った航空機に搭乗したようだった。

　委員会の意見は、〈ノースマン機〉はパイロットが機位を失ったためにイギリス海峡に墜落したか、あるいはキャブレター内の燃料の氷結による重大なエンジン故障のどちらかに起因するとのことであった。委員会が付け加えた荒天も、間違いなく原因の一つであった。飛行状態は限界で、急速に悪化したのである。暗黙の結論として、〈ノースマン機〉は当初から飛ぶべきではなかった。

　それどころか、調査委員会による報告の前に、事故の真相――もしそれがあるとするならば――についての噂が広まった。ようやく1980年代と1990年代になってミラーの早すぎる死の真の理由を暴こうとする新たな仮説が登場した。それらの仮説のうちのいくつかは、少なくとも表面的には妥当なものであった。いくつかはばかばかしいものであった。一度のみならず、全ての仮説は厳しい批判を受けた。

　最も驚くべき仮説の一つは、1977年にドイツ人ジャーナリストのウド・ウルフコッテが発表した

IN MEMORY
Major A. Glenn Miller
0505273
U.S. Army Air Force- W. W. II
Born- Clarinda, Iowa-
March 1, 1904
Missing in Action-
Europe, Dec. 15, 1944
1943 - 1944
418th A.A.F.T.T.C. Band-
Yale University- New Haven, CT.
I SUSTAIN THE WINGS

Sustineo Alas

上：コネチカット州ニュー・ヘイブン市グローブ・ストリート・セメトリーにあるグレン・ミラーの追悼碑。

次頁：アメリカ陸軍航空軍総司令官ヘンリー・"ハップ"・アーノルド大将。彼は、ミラーの遭難の知らせを偉大なバンド・リーダーの妻に個人的に伝えた。

ものであった。『ビルト』誌によれば、ウルフコッテは、ドイツ情報庁について執筆するために資料を調査していたときに、それまで隠されていた証拠を発見している。『ビルト』誌は、ミラーは〈ノースマン機〉に搭乗していなかったと言明した。事実は、12月14日以前に彼は無事に到着し、パリの売春宿において売春婦の腕の中で心臓麻痺により死亡したというものであった。公式な記録は隠蔽工作だった。

しかしながら、その後、ウルフコッテは、『ビルト』誌は間違って引用したと主張した。彼は、『ビルト』誌に対して、主張を裏付ける証拠を発見したとは一度も言っていなかったのである。彼が聞いた話は、戦争中のドイツ情報機関の専門家による非公式の会話の中でのことであった。

諜報活動に従事したスパイ

さらにいっそう不自然な仮説は、ジャーナリストでアメリカ軍の退役中佐であったハントン・ダウンズが2007年に出版した『グレン・ミラーの陰謀』での指摘である。その本の中でダウンズは、ミラーはアメリカ戦略情報局の陰謀に加担して諜報活動に従事し、アイゼンハワー大将のための秘密の任務で死亡したと言明している。ダウンズは、ミラーはドイツに潜入して反体制派のドイツ軍の将軍たちと会い、ヒトラーに反旗を翻すように説得する任務に巻き込まれたと主張している。彼は、またドイツ帝国において、ヴェルナー・フォン・ブラウンを含むロケット兵器と核兵器の科学者たちに接触し、彼らに連合国に脱出するための避難所を提供したというのである。

ダウンズは、ミラーは裏切られ、逮捕され、拷問を受け、そして最終的にナチスの過激派から暴行を受けて死亡したと述べている。暴行された彼の亡骸はパリに移され、ル・ピガール街にある売春宿の戸口の上り段に無造作に投げ捨てられた。ダウンズは、ミラーの亡骸は飛行機でアメリカまで移送され、オハイオ州にある秘密の場所に埋葬されたと述べている。この仮説は一部の人びとを納得させたが、多くの人びとは信じられないとみなしていた。

致命的な病気か、友軍の誤射か？

その他の二つの仮説もまた広く知られている。一つは、バンド・リーダーの弟のハーブ・ミラーなる人物が明らかにしたものであった。彼は、1983年に約40年の沈黙を破って「グレン・ミラーは海峡上空で航空機の衝突で亡くなったのではなく、肺癌に侵されて病院で亡くなった」と語った。

弟ハーブの説明によれば、兄ミラーは12月のあの日の午後、実際に〈ノースマン機〉に搭乗したが、わずか30分間飛行した時点で病状が悪化したため、航空機は緊急着陸した。ミラーは救急車で陸軍病院に移送され、次の日にその病院で死亡した。「薄汚れたベッド」ではなく、英雄として死を迎えることを希望していた兄のための最後の貢献として、海峡上空での航空事故という物語を仕組んだのはハーブ・ミラーであった。

ハーブは、彼の主張を裏付けるための証拠を示した。彼は、その年の夏以前に書かれていたチェーン・スモーカーであったミラーの手紙から、具体的な逸話を引用している。手紙には、「私はすっかりやつれている。それでも、食事は十分に取れている。呼吸には問題を抱えている。私は、深刻な病気にかかっていると思う」とあった。

実際、その他の証言は、あたかもミラーが診断未確定の病気にかかっているという事実を確認したように見えた。彼は、たびたび疲れ果てることがあり、そして彼が言うには、血脈洞による痛み

がくり返し襲って来たのである。ドン・ヘインズによれば、バンド・リーダーの体重は激減していた。ヘインズは、彼の仕立てた制服は、「全く合っていなかった。単に彼の体をおおっていただけであった」と記している。彼は、いつもの楽観主義と自信をほとんど失っていた。ミラーのラジオ放送のディレクターであるジョージ・ボウサスは、戦争後の計画について深夜に行なった会話を覚えている。「私は、なぜ自分がこのように計画を作るために時間を費やしているのかわからないよ」とミラーは、明らかにため息をついた。「いいかいジョージ。私は、君たちが私一人を残して帰国することをとても不安に感じているんだ。」

以上のことは全て納得できることだが、それらは特定の事実には反していた。兄の死についてのハーブ・ミラーの報告は、アメリカ軍当局からは全く確認されなかった。なぜこれほど長い期間、秘密にしていなければならなかったのか？　そして、なぜミラーの亡骸は、どこかの軍の墓地に匿名で埋葬されたのだろうか？

同様にミラーの失踪についてのもう一つの妥当な説明は、次の年に現れた。元イギリス空軍爆撃機軍団の航法士で、現在は南アフリカに住んでいるフレッド・ショウが、何年もの努力を経て、〈ノースマン機〉の失踪について物語をまとめて出版したのである。ミラーの搭乗した航空機が行方不明になった日、ショウはシュタイゲンにある操車場の爆撃に失敗して帰投中の〈ランカスター爆撃機〉に搭乗していた。イギリスの南海岸に接近し、機体が正式に指示されていた南部爆弾投棄区に進入したことから、爆撃手は搭載していた爆弾を投棄した。搭載されていた爆弾の中には、

上："ジミー"・ドーリットル中将は、楽団の演奏は兵士の士気を高揚させるとしてミラーを称賛した。

1,800キロの「クッキー爆弾」があり、その爆弾は、まちがいなく水面に当たる直前に爆発した。爆発をちらり見しようとして操縦席から外を覗いたショウは、〈ノースマン機〉とおぼしき小型機が下方を飛行しているのを確認した。少し経って、機内通信機から後部機関銃手の緊急呼び出しがあった。「君は、接近している凧（イギリス空軍での航空機の俗語）を見たか？」ショウは、爆発の衝撃破が文字どおり〈ノースマン機〉を空からたたき落としたものと信じている。

イギリスでは、グレン・ミラー感謝協会の会員であるアラン・ロスが、イギリス国防省航空戦史部に問い合わせ、ショウの主張の調査を依頼した。回答は、関与は確認されなかった、というものであった。調査官は、〈ノースマン機〉と爆撃機の航跡は飛行中に交わらなかった。両機は互いに何キロも離れていた、と述べた。

ロスは、ショウが示した説を前進させるため、事実を確認できる者を探す広告を出したところ幸運が舞い込んだ。〈ランカスター爆撃機〉のパイロットのビクター・グレゴリーから回答があったのである。グレゴリー自身は何も見ていないが、ショウとすでに亡くなっている後部機関銃手が〈ノースマン機〉を視認して、互いに確認し合ったと証言した。

基地へ帰投した後、グレゴリーは事件について何も語らなかった。彼は、「私を同情心がないとか冷淡だと思わないでほしい。しかし、〈ノースマン機〉の墜落を聞いたとき、私は、彼はそこにいてはならなかった——忘れたほうがよいと言った」と述べた。とはいえ、彼のバンドの演奏を一度でも聴いた者は誰しも、決してグレン・ミラーを忘れることはできなかった。

上：1996 年に発行されたグレン・ミラーの記念切手。今日でさえ、彼がどこで、どのように姿を消したか、そして何が彼の死を引き起こしたかについての憶測は続いている。

第 22 章

〈カップ・アルコナ号〉の悲劇

1945 年 5 月 3 日——ヒトラーがベルリンの地下司令部で自殺した日の 3 日後——ドイツの旅客船〈カップ・アルコナ号〉は、イギリス空軍戦闘爆撃機の大群による攻撃によってバルト海に沈んだ。攻撃したパイロットたちは、〈カップ・アルコナ号〉はドイツの親衛隊員を輸送していたと信じていたが、しかし、実際にはハンブルク郊外のノイエンガンメ強制収容所の囚人たちが乗船していた。4,500 人以上の乗客のうち、生き延びることができたのは、たった 500 人であった。この事件は、海軍史における最大の悲劇の一つであった。

上：戦争が終結に向かう時期、連合軍の航空機は、ドイツの船舶を激しく攻撃して混乱におとしいれた。

1945年5月3日朝、ドイツ北部とバルト海は荒天でかすみ、雲が垂れこめていた。ドイツ人たちは、視程が悪化していることを喜んでいた。なぜなら、これにより連合国の戦闘爆撃機部隊の攻撃が小休止するからであった。連合国の戦闘爆撃機部隊は、今や北部ドイツの港湾や沖合一帯に集結していた多くの船舶に情け容赦のない攻撃を加えていた。船舶は、軍関係者とともに、ありとあらゆる装備品を満載していた。大部分の船舶は、ドイツ軍最高司令部が最後の抵抗を計画していたノルウェーに向かっていた。

船舶攻撃のほとんどは、イギリス空軍第2戦術空軍が行なっていたが、さらにイギリス沿岸防衛軍とアメリカ陸軍第9空軍も攻撃に加わっていた。ドイツ軍は、イギリス空軍の強力な〈ホーカー・タイフーン〉戦闘爆撃機部隊を最も恐れていた。連合軍が1944年6月にノルマンディー海岸に上陸して以来、〈タイフーン〉部隊は、ドイツ本土へ向かうドイツ人たちを、空からの情け容赦のない攻撃によって苦しめていた。彼らは、ヒトラー御自慢の千年王国の最後のカーテンが閉じられる直前に活躍した花形役者たちであった。

4門の20ミリ機関砲を搭載した〈タイフーン〉は、450キロ爆弾またはそれぞれ27キロの高性能弾頭を取り付けたロケット弾を8発搭載できた。ロケット弾を一斉発射すれば、巡洋艦の片舷斉射のような破壊力があった。それは、いかなる商船も撃沈させるのに十分すぎるほどの火力であった。

リューベック湾での船舶の壊滅

天候はまもなく回復し、事態は連合国側に有利になった。5月3日の午後には空は晴れわたった。その時、第2戦術空軍は、〈タイフーン〉の飛行隊をリューベック湾の船舶に向けて出撃させた。すでに航空偵察によって、その海域には数隻の巨大な船舶が航行していることが確認されていた。

右：敵の輸送船を機銃掃射するイギリス空軍〈モスキート戦闘爆撃機〉。敵の対空砲火が全くないため、パイロットは目標を難なく攻撃できる。

第123航空団の4個飛行隊は、任務を遂行するよう命令された。第184飛行隊、第263飛行隊、そして第198飛行隊の戦闘爆撃機はロケット弾を装備し、第197飛行隊の戦闘爆撃機は爆弾を搭載していた。パイロットたちは、まちがいなく攻撃任務に興奮していた。その日の夕刻の航空偵察によれば、「今日のような空では、地域の指定も指示も必要なかった。そして、作戦では一斉攻撃することができた」と報告している。

最初に攻撃を開始したのは、第197飛行隊の〈タイフーン〉4機であり、パイロットは、「2本煙突の10,000トンの貨客船がリューベック湾を航行していた」と述べている。実際、その船は、21,046トンの旅客船〈ドイッチェラント号〉であり、病院船へ改装中であった。しかし、〈タイフーン〉のパイロットたちはこのことを知らなかった。ただ小さな赤十字が煙突の一つに描かれており、そして船体は白色に塗られていた。

〈タイフーン〉が攻撃したとき、〈ドイッチェラント号〉には少なくとも80人の優秀な乗組員と26人の優秀な医療チームが乗船していた。〈ドイッチェラント号〉には、4発の爆弾が命中したが、1発は不発だった。爆弾によって小さな火災が起きたが、直ちに消火された。爆弾は、いずれも被害を与えることはできなかった。その後、船長は、医療チームを海岸へ移送させた後、〈ドイッチェラント号〉を白いシーツでおおうように命じ、そして迅速に着水するため、あるいはイギリ

ス空軍が戻ってきたときのために、全ての救命ボートを腕架から下ろさせた。

第二波攻撃、第三波攻撃

　3時間後に行なわれた第二波の攻撃には第198飛行隊の9機の〈タイフーン〉が参加した。編隊は、第123航空団司令のジョニー・ボールドウィン大佐が指揮していた。今回、〈タイフーン〉は、2隻——3本煙突の旅客船とその近くに停泊している小型船を攻撃した。攻撃は、完全に成功した。発射された62発のロケット弾のうち40発が大型船に命中し、外板を貫通し、船内深く突き進んで爆発した。まもなく、大型船の船首から船尾に向けて火災が発生した。小型船には30発のロケット弾が命中した。小型船は急激に傾斜し、厚い黒煙を空に吹き上げて沈没した。

　小型船の生存者はほとんどいなかった。ポーセンから乗船していた38歳のポーランド人の囚人ボグダン・シュコヴィアクは、そのうちの一人であった。彼は次のように語っている。「私にとって明らかだったのは、もし我々が上甲板から直ちに飛び出すことができなかったならば、沈没する船に巻き込まれて海底深く沈んだということである。私はシャツを脱ぎ、ロープを伝ってゆっくりと降りて行った。水はとても冷たかった。私は木の厚板につかまっていた。時刻は午後3時30分頃で、太陽は輝いていたが、その後、雲が垂れこめてきて、雨が降りはじめた。海は比較的穏やかで、小さな波が立っていた。そこは、海岸から約5キロの場所であった。

　シュコヴィアクは、その場所に何とか数時間ほど漂い続けることができた。そして彼は、生存者たちを捜索している掃海艇を発見し、一生懸命泳いでいった。彼が掃海艇に近づいたとき、若い士官が乗組員に向かってメガホンで叫んでいるのを聞いた。士官は、「囚人はだれも救助するな、親

衛隊員と水兵だけを救助せよ」と乗組員に指示していた。シュコヴィアクは幸運にも流暢なドイツ語を話せたので、理由を説明して乗ることができた。

第263飛行隊によって行なわれた第三波の攻撃は、再び〈ドイッチェラント号〉に向けられた。〈タイフーン〉がロケット弾を発射した時、〈ドイッチェラント号〉の乗組員は、あわてて救命ボートに乗り移り、そして安全な海岸に向かった。〈ドイッチェラント号〉は、第197飛行隊の〈タイフーン〉が投下した爆弾によって火炎に包まれ、数分後に沈没した。

過酷な現実

〈タイフーン〉のパイロットたちは、エルベ川沿いの基地へ向けて機首を旋回させた。次の日、イギリスの地上部隊がリューベック港に進出し——そして全くおぞましい出来事が明らかになった。第二陣の2隻の船に

上：〈タイフーン〉に空対地ロケット弾を搭載するイギリス空軍兵士——決定的な攻撃兵器の組み合わせであった。

中：別の任務で出撃しようとしている〈ホーカー・タイフーン戦闘爆撃機〉。

下：ハンブルクから南アメリカへ向けて航海する幸福で平和な時代の〈カップ・アルコナ号〉。

前頁：とても静かなここリューベック湾だが、1945年は全く違った。

上：爆弾の被害を受けたハンブルク市。この都市は、1943年の連合国の爆撃によって起きた巨大な火災の被害から完全に復興することはできなかった。

右：ドイツ北部のヴェーゼル市——ここには何も残っていない——ドイツ降伏後の1945年5月に撮影。

は、間違いなく定員一杯の乗客が詰め込まれていたが、しかしそれはノルウェーから脱出してきたドイツ軍の部隊ではなかった。船には、何千人もの強制収容所の囚人たちが満載されていたのである。

　ヨーロッパでの戦争の終結が避けられなくなったとき、親衛隊長官のハインリヒ・ヒムラーは、強制収容所の囚人たちを1人たりとも連合軍の手に渡してはならないと厳命した。歩くことができる囚人たちは、連合軍の進出線から離すため、後方に移送された。残った囚人たちは殺害された。

　囚人たちの半分がロシア人かポーランド人であったハンブルク郊外のノイエンガンメ強制収容所では、直ちに1,000人の囚人たちが殺害された。その他の20,000人の囚人たちの多くは、す早くドイツ北部に分散させられたが、しかし4月末の数日間

に、数千人以上の囚人たちがリューベックまで到着していた。そのうちの約2,300人は、3本煙突の旅客船に乗船するために1,936トンの貨物船〈アセン号〉に乗せられた。この旅客船が、27,561トンの〈カップ・アルコナ号〉であった。戦前、「南大西洋の女王」として知られていたこの豪華な旅客船は、ハンブルクとリオ・デ・ジャネイロを結ぶ定期航路で運航されていた。今や、〈カップ・アルコナ号〉は囚人輸送船になったのである。

　2月27日に〈カップ・アルコナ号〉の船長に就任したばかりのハインリヒ・ベルトラムは、この提案に不服であった。戦後、彼は船主に対し、当初は囚人の乗船受け入れを断るつもりであったと報告している。しかし、親衛隊は否とは言わせなかった。

　ベルトラム船長は続ける。「1945年4月26日の

火曜日、輸送責任者であるゲーリグ親衛隊少佐が、顧問の商船船長、囚人移送の最高指揮官、そして機関銃で武装した兵士たちを伴って現れた。ゲーリグは、私に対する命令状を携行していた。そこには、もし私が囚人の乗船を断ったならば、直ちに私を射殺すると記されていた。この時点で、私の死をもってしても囚人の乗船を拒否できないことが明らかになったので、私は船の責任を全面的に放棄すると親衛隊の将校に伝えた。」

　船長はこう締めくくった。「ゲーリグは、〈アセン号〉の囚人たちを〈カップ・アルコナ号〉へ移送するよう命じた。追加の貨物船もリューベック港から到着し、そして商船の船員によれば、〈カップ・アルコナ号〉の乗船者は2,500人に制限されているにもかかわらず、4月28日には6,500人の囚人が乗船したのである。」不運なベルトラム

は、500名の親衛隊の警備兵たちの宿泊場所も探さなければならなかった。

　その間、3,000人以上の囚人たちがもう一つの船舶に乗船させられた。2,815トンの貨物船〈ティールベク号〉である。2隻の船内では、囚人たちは船底に、暗闇の中でひどく不潔なまま数日間閉じ込められ、飢餓のためにすでに半数が瀕死の状態にあった。さらに、2隻の大型広底船にはシュットホーフ強制収容所から送られてきた数百人の男性、女性、そして子供で満杯だった。

下：高々度要撃機として設計されたにもかかわらず、低高度の空対地攻撃で高い能力を発揮した〈ホーカー・タイフーン〉。

左：ドイツの名もなき都市での砲撃の被害。戦争が終結に向かうにつれ、ドイツの多くの都市が抵抗を止めた。

次頁：軍需大臣アルベルト・シュペーアと並ぶドイツ空軍元帥エアハルト・ミルヒ（中央）。両名は、連合国の爆撃に対抗して兵器生産の維持に悪戦苦闘した。

リューベック湾内の惨劇

事態は、容赦なく悲劇的な結末に向かって進んでいった。5月2日、囚人たちの輸送は、〈カップ・アルコナ号〉、〈ティールベク号〉、そして〈アセン号〉で行なわれることになった。旅客船〈カップ・アルコナ号〉には4,150人、貨物船〈ティールベク号〉には2,750人の囚人たちが乗船した。他の2,000人は〈アセン号〉に乗船したが、〈アセン号〉の船長は港へ引き返すことにした。乗船していた親衛隊の警備兵は抵抗したが、何らかの理由により船員に武装解除された。

〈アセン号〉は、リューベック港に入港した。囚人のひとりとして〈アセン号〉に乗船していたミケリス・ミツマリエチスは、そのとき起きた出来事を記している。「5月3日の朝、恐るべき爆発が起きた。少し経って、ひとりの屈強な囚人が飛び下りて来て、〈カップ・アルコナ号〉は、アメリカ軍（原文のまま）の爆撃によって沈没したと告げた。動くことができる人はみな興奮し、出口に行こうとした。すぐさま、船が高速で動きはじめたのを感じた。そして停止した。」

ミツマリエチスは続ける。「1時間もの間、誰も口を開こうとはしなかった。それから、特にドイツ人の乗務員のように脱出可能な者は、駆け上って外に出た。我々は、ノイシュタット港に到着していた。私は動くことができず、置いて行かれた。その後、私はたぶん1時間かけて、四つんばいになって甲板に出た……。」

「その日の午後、2人の屈強な囚人が、何かできることがないかと乗船してきた。彼らは〈アセン号〉の乗船者ではなかった。彼らはフランス人の学生であることがわかった。彼らは私を見て、とても驚いた。彼らは他の囚人を探しに行ったが、誰も見つからなかった。そして彼らは、私を船から運び出し、ノイシュタット港の兵舎に連れて行った。そこで彼らは私を洗い、彼らの部屋の空きベッドに寝かしつけたのである。」

生き残るための水泳

一方、爆撃で打ちひしがれ、赤々と燃えている〈カップ・アルコナ号〉では、4,000人以上の囚人が焼死または煙によって窒息死した。何人かはどうにか海に飛び込み、漁師に救助された。ベレク・ブロネク（後のベンジャミン・ヤコブ）は、そ

のうちのひとりであった。ブロネクの自叙伝『アウシュヴィッツの歯科医』で、彼は救難船に向かったことを回想している。

彼はこう記している。「私は、人びとが救助してくれるよう懇願しているのを聞いた。ひとりの男が海から助け出されたので、私は、彼らの注意を引くために手を振り、叫んだ。彼らは『誰も救出できない！　どこにも開いている空間はない！　船は満員だ！』と答えた。しかし、それでも私は止めなかった。私は、最後の力を振り絞って体を傾けて腕を前に出し、少しでも船に近付こうとした。船はとてもゆっくり動いており、なんとか水面に出ているだけであることがわかった。私はこれ以上叫べなくなるまで救助を乞い、懇願した。『ブロネクだ。歯科医だ。救助しよう』と誰かが叫んだ。エンジンが回って船がゆっくり進み、船首が私の方へ向いた。数分たって、私は複数の手でつかまれて船内に引き上げられた。私は倒れ込み、何とか意識を保っていた。裸の同僚たちと日焼けした漁師たちは、私にとって天使のようであ

った。小さな漁船は、海岸に向けて水面をかき分けてゆっくり進んだため、多くの人びとが救助を求めてきた。漁師は、『もし我々がさらに一人救出すれば、全員が投げ出される』と警告した。」

「荷を満載した漁船は、小さなエンジンで進みながら、波で上下に揺られた。漁師は、転覆しないように巧みに船を操った。私は座って、膝を折って頭を乗せたまま兄弟のことを考えた。私は死を免れることができたが、彼はできなかった。〈カップ・アルコナ号〉が浮いていてほしいという望みは全て断たれてしまった。」

生存者の多く——全員で約350人で、その多くが火傷で苦しんでいた——は、どうにか旅客船が転覆する前に脱出し、海岸まで自力で泳いだが、海岸で親衛隊員と狂信的なヒトラー・ユーゲントによって銃で撃たれ、こん棒で殴られて死んだ。〈ティールベク号〉の2,750人の囚人たちのうち、たった50人ほどがなんとか脱出することができた。彼らの大部分は、〈カップ・アルコナ号〉の生存者と同様の運命をたどった。

2隻の平底船に乗っていた数百人の囚人たちは、1人も生存できなかった。イギリス軍の部隊が現場に到着したとき、兵士たちは、海岸には平底船が座礁し、浜辺には死体が散らばっているのを発見した。大人たちは射殺され、子供たちは追い立てられて小銃で殴り殺された。ノイエンガンメ強制収容所の指揮官マックス・パウリィと虐殺の責任者は、後にハンブルクで戦争裁判にかけられ、何人かの部下とともに絞首刑に処せられた。

事件のその後

以上が〈カップ・アルコナ号〉事件の結末のはずだった——しかし、そうはならなかった。約40年後、西ドイツの新聞が、人騒がせなシリーズ物の記事で、攻撃に隠されていた真実が何十年も伏せられていたと主張した。主張の一つは、イギリス情報機関は強制収容所の囚人たちが乗船していたことを知っていたが、イギリス空軍に警告しなか

ったということである。もう一つの主張は、イギリス空軍は船が誰を運んでいたかを知っていたにもかかわらず、戦争が終結する前にイギリスからやって来た新人パイロットたちに、作戦経験を積ませるために故意に攻撃を命じたというものである。

そのような主張はばかげている。事実イギリスは、バルト海を航行する全ての船舶は、赤十字の記号が目立つように描かれている船舶を除き、航空攻撃から逃れられないという明確な警告を発している。この事件は、そのようなケースに当てはまらなかった。イギリス空軍は、これらの船舶が兵士以外の何かを——そしてたぶん、ナチス指導部たちも——ノルウェーの避難所に運んでいることを知る由もなかった。当初の議論に戻れば、この船舶は、ナチスによって不必要になった囚人たちを都合よく捨て去るために徴用され、そして沈むことが望まれ、そうすればナチスにとって汚れた仕事は完了することになるという見方は、不可能なことではなかった。

事実はどうであれ、一つのミステリーが依然として解決されないまま残っている。ミケリス・ミツマリエチスは、〈アセン号〉の甲板にはなぜか何十トンもの砂糖、米、小麦粉、そしてマカロニがぎっしり積み上げられていた、と回想している。〈アセン号〉は、他の2隻と一緒に無事に帰港しており、何者かが糧食の輸送を企図していたのであろうか？ それらの糧食は、船の乗組員たちや親衛隊の警備員たちの需要を賄うよりはるかに多かった。それはちょうど、囚人たちを生き延びさせることが可能な量であり、そのことから、親衛隊は囚人たちを利用して連合軍との交渉の際に罪を相殺しようとしたのではないかという見方もできる——それは、命以外に何も失うものがなかった殺人者たちが、最後の絶望的な状況の中で行なおうとした悲劇的な賭けであったのかもしれない。

上：カラフルな募集用のポスターは、オランダ市民にドイツ地上軍への志願を呼びかけている。その残酷な選択肢は、強制労働のために国外に追放されることであった。

第23章

ヒトラー総統の薬と医者たち

1941年のアドルフ・ヒトラーは、実年齢より若く見えるほど比較的健康な男であった。1945年4月、自決する数日前にベルリンの地下司令部に呼び出されて看護を行なった陸軍軍医によれば、彼は、「もはやドイツの指導者とはいえないほど心を閉ざしていた」のである。総統を肉体的、精神的に蝕んだものは何か？ 彼の衰えの原因について、主治医は原因を突き止められなかったのか、もしくは治療できなかったのか？ あるいは、もっと不吉な原因があったのだろうか？

ヒトラーは、比較的若い時期から心気症であった——自分の健康のことで頭がいっぱいだった。しかし、彼は未来の総統として決して病気持ちと見られてはならないことを理解していた。1920年代の終わりに、重大な病気を患っているとおぼしき初期の兆候が現れたとき、沈黙を守っていた理由はここにあった。今日の医者は、ヒトラーが苦しめられていたのは胆石であったことはほぼ間違いなく、これに胆管の間欠的閉塞症が併発していたと考えている。しかし当時は、ヒトラーの健康状態からこのような診断は下されないままであった。

原因不明の痛み

ヒトラーが苦しんだ最初の症状は、左上腹部に起きた激しいけいれんによる痛みであった。痛みは通常、食後に発症し、その時ヒトラーは食堂を後にした。けいれんが収まると戻ってくることもあったし、全く戻ってこないこともあった。後にヒトラーがアルベルト・シュペーアに語ったところによると、症状があまりにもひどすぎるために、毎食後に痛みを感じることもあったという。彼はまた、鈍い痛みを伴う腹部の膨張とげっぷの多さを訴えていた。

　当初から、痛みの根本的な原因は謎であった。痛みは、明確な理由もなく発症し、そして通常は1時間程度で治まった。仕事にならないほどひどい激痛が来ることもあったが、軽度な場合もあった——むしろ慢性的な苦痛に近かった。時には、数ヵ月も痛みが来ないこともあったが、常に痛みは戻ってきてヒトラーを悩ませた。症状は習慣化していた。痛みは、総統の生涯にわたってくり返された。

前頁：ヒトラーの主治医は、ヒトラーが1941年12月に国会議事堂で演説したときすでに健康を心配していた。

右：ヒトラーは、1933年に首相に選出されたときは健康だった。

ヒトラー流の自己管理

正常な人であれば誰でも医者に診てもらうものだが、ヒトラーは常に専門家の忠告を受けることを好まず、総合健診を断っていた。この総合健診がヒトラーを助けられたかどうかは疑わしい。多くの場合、腹部の痛みの原因を正確に診断することは難しいからだ。ヒトラーは、我流で自己管理することに決めた。

　ヒトラーは賢明にも、自分が食べるものと飲むものを見直すことから始めた。ひどい腹痛を招く食べ物を記録し、自分の食生活から排除した。脂肪分の多いものや肉類を控え、野菜と穀物類を好んで食べた。ただし、野菜——特にキャベツと豆類——には問題があるとわかっていた。ラスクや蜂蜜、マッシュルーム、乳製品、ヨーグルトなどが主食となり、オートミールのスープを付けた。食事に変化をつけるために、すりつぶしたアマの種子、アマの油で揚げたジャガイモ、ドライフルーツなどが添えられた。ヒトラーの大好物であったケーキとデザートは、1932年以来、朝食時に好んで食べていたベーコンと同様に完全に除外された。パンやバターですら、総統のテーブルに乗ることはなかった。

　同様にヒトラーは、安心を得るため、特許を取った薬品を好んだ。彼は、ネオ・バレストルと呼

上：テオドール・モレルは、1937年にヒトラーの主治医となった。総統は彼を信頼していたが、多くの者が彼を偽医者だと考えていた。

次頁：1944年の郵便切手。ヒトラーは加齢の兆しを見せはじめている。

ばれる医薬油を多量に飲み始めた。バレストルはもともと、第1次世界大戦中に銃器の洗浄油として兵士たちに使われていた。塹壕の中では、胃痛に効果があると噂されていた。大戦後、商魂たくましいビジネスマンが、同様のオイルを調合してネオ・バレストルの商標を付けて市場で販売していた。

　問題は、ネオ・バレストルの成分にフーゼル油が含まれていたことであった。フーゼル油には毒性があった。しかし、服用すれば直ちに頭痛に悩まされ、物が重なって見え、めまいに襲われ、そして耳鳴りがするにもかかわらず、ヒトラーはネオ・バレストルを愛用した。エルンスト゠ギュンター・シェンク博士によれば、フーゼル油には潜在的に毒性があったことから、最終的にドイツ保険省は、ネオ・バレストルの使用を禁止している。

　最終的に総統は、別の薬剤処方に落ち着いた——コーステル医師のアンチガス剤である。錠剤の原材料には、ストリキニーネ、ベラドンナ、あるいはナイトシェード、そしてゲンチアナが含まれていた。ゲンチアナは全く無害であったが、一定量を服用すれば、ストリキニーネとベラドンナに含まれているアトロピンによって毒性を持つようになった。ヒトラーが毎食前2〜4錠という推奨用量を守っていたなら、錠剤は十分に安

全であった。実際のところ、彼はおそらく１日当たり最大20錠を服用していたようである。

ヒトラーはまた下剤を常用しており、それらの下剤が彼の胃痛を和らげ、そしてまた体重の増加を防ぐのではないかと誤って信じていた。後に他の下剤や浣腸剤を試したことはあるが、常備薬は、ミティラックスという下剤であった。彼は、肥満を嫌っていた。彼はかつて側近の一人に「太鼓腹のドイツ人総統なぞ想像できるか！」と述べている。

ヒトラーの主治医

食事制限と自己治療は、ヒトラーが患っていた根本的な病状の回復に全く役立たなかった。ヒトラーはしぶしぶながらもさまざまな医者に相談したが、何の手助けにもならなかった。総統は、たぶんそれほど遠くない未来に——自分も母と同様に癌で死ぬのではないかと確信するようになった。

ヒトラーは、自身の恐怖をシュペーアに打ち明けている。「私は、長くは生きられないだろう。私は常に、私の計画を実現するにはどれだけの時間がかかるのかを計算している。私の健康はどんどん悪化しつつあるため、体が持ちこたえられる限り、私の目的を実行しなければならない」と語った。1935年暮れ、ヒトラーはかすれ声の原因となっていた声帯にできた小さなポリープを除去するため、耳鼻咽喉科の専門医として著名なカール・フォン・エイケン博士を呼んで、悪性かどうかを心配そうに尋ねた。フォン・エイケンは彼を安心させた。ポリープは良性であつた。

腹痛は再発し続けた。ヒトラーは虚弱になり、体重も減った。湿疹が広がった。彼は、「両足ともに湿疹が広がった。重篤だったので包帯でおおったが、そのため、靴を履くこともできなかった」と思い出している。そして1936年のクリスマスに、新たな医者を紹介された。

テオドール・モレルは、ベルリンではやっていた開業医であり、ヒトラーの親友でヒトラー付きの写真家であったハインリヒ・ホフマンの治療に成功していた。総統にモレルを紹介したのはホフマンであった。ヒトラーの側近の多くは、肥満で禿げあがり、賄賂にまみれ、そしておべっか使

いのモレルを激しく嫌悪した。総統かかりつけの他の医者たち——若い外科医のカール・ブラント、そして内科医のヴェルナー・ハッセとハンスカール・フォン・ハッセルバッハは、彼を偽医者だとして追放しようとした。

　しかしヒトラーは、直ちにモレルを呼んだ。モレルは、「1年もかからずに完治できる」と約束したので、総統は喜んだ。総統は、モレルを大いに称賛した。「かつて私に対して何が悪いかをこのように明確かつ正確に述べる者は誰もいなかった」と言った。「彼の治療方法はたいへん論理的であり、私は彼に大きな信頼を感じている。私は、文字どおり彼の処方に従うことにする。」それ以来、総統が最終的にモレルと敵対するまで、"ヒトラーの卑劣な主治医"——として官邸に常駐する内科医となった。

ムタフロルとその他の薬

当初、モレルは約束を果たした。彼は、ヒトラーの腸内器官の悪性のバクテリアが痛みの原因ではないかと疑った。幸いなことに、彼がそう考えたため、適切な治療を施すことができた。使ったのはムタフロルという薬品であり、1917年にアルフレート・ニシル教授によって最初に培養された、生きているバクテリアを活性化させる薬である。ムタフロルによって健康なバクテリアが悪性のバクテリアを抑えて消化器官のバクテリア・バランスを正常化させた。

　ヒトラーは、ムタフロルを気に入った。彼は、標準的な医療行為とはかけ離れた医療を行なう医者であれば誰にでも共感を持つ傾向が強く、それ

上：ヒトラーは、戦況が彼に不利になるまで、大衆の歓迎を受けて得意満面であった。その後は、大衆の前に現れなくなった。

までの医療に代わって、ハーブやマッサージ、その他型破りな手法による自然療法を頼った。彼は、モレルにムタフロルによる治療の開始を許可した。かくして総統の新しい主治医は、ムタフロルのカプセル——1日目は黄カプセル、2日目から4日目は赤カプセル、そしてその後は治療が続く限り1日に2錠の赤カプセルを処方した。

　モレルが分析のためにヒトラーの排泄物をニシルに送った結果、バクテリア・バランスが正常に戻っていることが明らかになった後も、ニシルはムタフロルの投与を続けるよう助言した。モレルによると、ムタフロルの効果によって「患者A」（モレルが名付けたヒトラーの暗号名）は「活力が増大している」ことから、重責に耐えられるようになった。モレルとニシルの2人は、おそらくムタフロルに情熱を注いでいたが、それほど驚くことではないだろう。というのも、ニシルはムタフロルに関する権利を有しており、モレルはムタフロルを製造していた会社の重役の一人だったからである。

　モレルは、1943年までヒトラーにムタフロルを投与し続けたが、時間がたつにつれて徐々に効かなくなっていった。彼はかわりの薬として、グリコーゲンの筋肉注射をしはじめた。そしてまた、次の胃腸薬として総統にエウフラットを試みた。これに効果がないと知るや、エウコダル、合成麻薬、そしてケシからとった抗けいれん剤のエウパベリナムの混合薬を処方した。モレルは、2種の薬品を混ぜて同じ注射器に入れて静脈に注射した。

　これは始まりにすぎなかった。時が経つにつれ、モレルが総統に投与する薬の数は増加してい

上：ヒトラーの子供時代の家庭医だったエドワルド・ブロック。彼もまた、ユダヤ人であった。

った。1943年中頃、ヒトラーは、毎日平均3〜5回、異なる薬を注射された。彼の腕はたびたびの注射で血管が傷ついていたため、時々モレルは、注射針を打つ場所を見つけることができなかった。ゲーリングが皮肉を込めてモレルを「第三帝国の注射名人」と呼んで嘲笑しただけのことはあった。

モレルがヒトラーに何を注射しているのか、誰も正確なことは知らなかった。1944年6月に起きた爆破事件の陰謀で受けたヒトラーの心的外傷の治療に呼ばれた耳鼻咽喉科の専門医で、モレルに非常な不快感を抱いていたエルウィン・ゲッシング博士は、特に痛烈に批判していた。後に彼は、こう記している。「モレルは、きわめて健康な男性であったヒトラーに相当前から注射を打ち続け、そして錠剤を服用させ続けたため、ヒトラーはずいぶんと依存するようになった。あの男は、

ヒトラーの神経質な性格を悪用したのだ。ヒトラーは、責任があまりにも大きいことから、熱帯に住む人びとと同じぐらいのペースでエネルギーを消耗しており、その失われたエネルギーは、ヨードチンキ、ビタミン、カルシウム、心臓と肝臓からの抽出薬、そしてホルモンなどを注射することでしか補えない、といった全くくだらないことを、とうとうとまくし立てていた。」

薬物依存

疑問を感じはじめたのは医者たちだけではなかった。1943年6月、外務大臣ヨアヒム・フォン・リッベントロップは、総統の診療について直々にモレルに尋問を行なった。リッベントロップが知ろうとしたことは、ヒトラーに打っている大量の注射は、適切な治療薬なのか？　ブドウ糖（モレルは、総統に対して常に高カロリーのブドウ糖を注射し

上：ヒトラーは、死の直前にモレルを追放した。彼は、毒を飲ませようとしたとしてこの医者を疑っていた。

次頁：ヒトラーは人びとの記憶に残ることを望んでいた―― 1939年のナチス党の日のために製作されたポスター。

ていた）以外に何を注射しているのか？　何か他の薬品を投与しているのか？　リッベントロップがモレルから得た回答は、「私は、彼が必要としている薬剤を与えた」という短い発言だけであった。

　モレルが処方した多くの薬――大部分は、ハンマにある彼の工場で生産されていた――は無害であった。そのうち、風邪、咳、そしてカタルを治療するためにふんだんに投与したウルトラセプトルなどの薬は無害ではなかった。特に、モレルが1941年暮れから、ほぼ毎日ヒトラーがベッドから起きる前に注射していた、ハンマ工場で製造した

ビタマルチン-CAは疑わしかった。モレルのやり方は、同じ注射器にシギタリス製剤の一種であるストロファンチンを混合させることであった。他にも何か加えられたものがあっただろうか？

　確かに、注射によって症状は著しく回復した。ヒトラーの従僕ハインツ・リンゲは、個人的に劇的な効果を証言している。腕に注射針が刺さったままで、しかも注射が終了する前であっても、ヒトラーが直ちに「生気を取り戻し」――注意深く、活動的で、そして準備万端となっていたと彼は語った。総統の司令部の他の参謀たちは、特に戦場から良くない報告を受けたときには、モレルが注射の回数を増やすことに同意していた。外務官僚のワルツァー・ハーウェルは、ヒトラーがいかに陽気で饒舌であり、そして深夜まで夜更かしするようになったかを記憶している。ヒトラーの秘書の一人トラウドル・ユンゲは、彼は注射を受けた後は、極端に快活でおしゃべりになったと述べている。部外者ですら、変化に気が付いていた。

　モレルがある種の覚醒剤を注射していたことは、おそらく確かであった。その薬は、アンフェタミンのドイツ名メタンフェタミンとして流通していたペルビチンの可能性があった。ヒトラーが疲労感と闘うために服用していたビタマルチン-Fの錠剤には、メタンフェタミンも含まれていた――控え目に言っても、日常的に睡眠が不安定な者にとっては、この成分は大きな問題であった。ビタマルチン-Fは、ハンマ工場の主任化学者であるクルト・ミューリ博士が個人的に準備したものであり、彼の研究所は、ただ総統のためだけ

に使用されていた。

　ヒトラーは、１日に10錠のビタマルチン-Fを服用した。リンゲによれば、それらの錠剤によって彼は、「秘書たちのほうが疲れ切ってしまうほど長時間働くことが可能となった。」錠剤には、ビタミンとメタンフェタミンに加え、メタンフェタミンの効果を著しく増強させるカフェインやその他の覚醒剤が含まれていた。

心臓病とパーキンソン病

メタンフェタミンの常用——モレルは時おりヒトラーに止めさせようとしたのだが——は、間違いなく総統の心臓病の悪化を招いた。モレルが最初にヒトラーの心電図を測定したのは1941年８月であった。モレルが相談した著名な心臓専門医カール・ウィーバー博士によれば、心電図は、明らかに冠状動脈硬化症の初期症状を示していた。その後の心電図によれば、症状は少しずつ悪化していた。

　しかしモレルは、ウィーバーの診断結果をスターリングラード包囲戦が行なわれていた1942年12月までヒトラーに明かさなかった。そして彼は、総統に進行性の心臓疾患があることを告げ、血管の冠状動脈が狭くなっていることを付け加えた。彼はまた狭心症からくる激痛の恐れもあることも告げた。それは、徐々にだが確実に健康が悪化している証左であり、この症状は戦争末期にヒトラーが自殺するまで続いた。

　ここでまた他の新たな症状が発症した。1943年初め、モレルはヒトラーの左腕に小さな震えがあり、そして明らかに左足を引きずっていることに気付いた。モレルは、ヒトラーの既往症——特に赤痢と黄疸——には上手く対処してきたが、これらの症状は彼にとって新しいものであった。最初はヒステリー症に原因があると考えていたが、大事を取って、テストビロンと呼ばれた男性ホルモンの筋肉注射と一緒に、ブドウ糖とヨードチンキの静脈注射へと進んだ。これによって彼が何をし

ようとしたのかは不明であったが、効果はほとんど、あるいは全くなかった。

　逆説的ではあるが、1944年７月の爆発の爆風に晒された後は、震えは止まっていた。しかし、震えは再発し、少しずつ悪化していった。一流の神経科医であったマキシミリアン・ド・クリニス教授は、総統には決して告知しなかったのだが、パーキンソン病と診断していた。モレルは、その診断に同意しなかった。それにもかかわらず、1945年４月になると、病状に特定の効果があるベラドンナ型として知られているハンブルク680を注射しはじめた。それは、彼が総統のために処方した膨大な医薬品の中の最後の薬であった。４月21日、ヒトラーはモレルにくってかかり、罷免した。モレルはベルリンでの包囲を抜けて、比較的安全なミュンヘンに逃れた。

　おそらくヒトラーの震えは、パーキンソン病そのものというよりは、パーキンソン症候群を示していた。彼は軽度の脳卒中を患っていたのかもしれない。それらの原因が何にせよ、ヒトラーの身体の健康は損なわれていた。トラウドル・ユンゲはヒトラーについて「歩くこともできず、座るときも立つ時も補助が必要であった」と述べている。ハインリヒ・ホフマンは、その診断に同意している。ヒトラーの古い友人は、彼は「精神的には発狂寸前のところで抑えられていたが、肉体的には救う余地がないほど消耗しきっていた」と述べた。ホフマンは、「ヒトラーとは、昔の面影が砕け散った者にすぎない」と結論付けた。４月30日、ヒトラー総統は、彼に残されていた唯一の行動をとった。自ら命を絶ったのである。

第24章
原子爆弾の
開発競争

第2次世界大戦以前、ドイツ人は、核物理学の分野で圧倒的な優位であったにもかかわらず、原子爆弾の開発は失敗に終わった。この原因は、ヒトラーの過激な反ユダヤ主義にあったのではないか？ すなわち、最も優れた核物理学者であったユダヤ人たちが、国外へ逃亡したためではないのか？ ドイツ人たちの研究には、基本的な欠点があったのではないか？ あるいは、一流の科学者たちは、ヒトラーのために核兵器を製造しようなどとはまったく思っておらず、開発を妨害していたのではないのか？

左：ガナーサイド作戦に参加した兵士をねぎらうノルウェー国王ホーコン7世。彼らはこの作戦で、ノルスク水力発電所がドイツ向けに製造していた重水を完全に破棄した。

前頁：ドイツの核物理学者カール=フリードリヒ・フォン・ヴァイツゼッカー。彼は、ナチスのために核爆弾を作ろうと思ったことは一度もないと断言した。

物語は、1938年10月に始まる。ベルリンのカイザー・ヴィルヘルム研究所では、ドイツを代表する2人の科学者オットー・ハーンとフリッツ・シュトラスマンが、ウランに中性子を衝突させるとウランの原子核が二つに分裂することを発見した。才能あふれるユダヤ人科学者リーゼ・マイトナーと、その年下の従兄弟であったオットー・ロベルト・フリッシュは、このヴィルヘルム研究所の結果を用いて、核分裂に関する基礎的な理論を立てた。マイトナーは、ハーンの手助けによってスウェーデンに逃れていた。フリッシュは、核分裂という言葉の生みの親であり、ウランの分裂によりエネルギーと中性子が放出されるこの現象を表現するために作った用語であった。翌3月には、フランス人物理学者フレデリック・ジョリオが、次の一歩を踏み出した。彼は、ラジウムの発見者であるマリー・キュリーの義理の息子であった。核分裂の過程で中性子が増殖するのは、連鎖反応の結果であることを実証したのである。完全に新しい科学が産声を上げたのである。

世界中の多くの物理学者たちにとって、少なくとも理論的には、自己増殖的に連鎖反応を起こすことが可能なことは今や明らかとなった。連鎖反応のきっかけになるのは、ある原子核が分裂することで生じた中性子であり、それが周りにある原子核に衝突し、次々に核分裂が起きていくのである。もし、このような連鎖反応を制御することができれば、発展的な平和目的に用いることが可能である。一方でもし制御することができなければ、計り知れない威力を持った爆発が起きる。最も恐ろしいことは、ドイツの物理学者たちがこの新たに発見された知識を用いて、ナチスのための核爆弾を製造することであった。

連合国側の物理学者

とはいえ、ナチスが原子爆弾を製造する可能性について最初に議論が始まったのは、イギリスであった。若き物理学者ルドルフ・パイエルスは、他の多くのユダヤ人の仲間と同様に、ナチスによる迫害から逃れるためにドイツを脱出した。彼は、原子爆弾製造の過程における重要人物の一人であった。

パイエルスは、原子爆弾を作動させるために必要なウランの量について、実用的な面から取り組んだ最初の物理学者であった。彼が出した最初の結論は、原子爆弾に必要なウランはあまりにも重いため、当時のいかなる航空機でも運搬できない、というものであった。ところが、彼はほどな

くして考え方を変えた。1940年初め、パイエルスと友人のオットー・フリッシュは、1発の原子爆弾の爆発力を生み出すためには、ウラニウム中にどの程度の比率のウラン235——質量数235のウラニウムの同位体——が必要なのかについて、計算に取りかかった。2人がこの問題の解決に取り組んだところ、パイエルスはそれまでの仮説が間違っていたことに気づいた。今や、連鎖反応を持続させるために必要な臨界質量は、450グラムにも満たないのではないかと思いはじめたのである。

パイエルスと友人らは、自分たちの発見について、ある仲介者を通じて、ヘンリー・ティザード卿に連絡した。ティザード卿は、レーダーの発明者であり、イギリス政府が最も敬意を払っている科学顧問の一人であった。彼の後押しにより、原子爆弾製造の実行可能性について調査するための科学委員会が設置された。1940年12月に委員会が達した結論は、短くてシンプルなものであった。すなわち、原子爆弾の製造は、「単に実現可能なだけではなく、決して避けられないものである。」イギリスは、原子爆弾製造のための全面的な努力を開始すべきである、というのが委員会の勧告であった。

大西洋をはさんだ反対側でも進展がみられた。アメリカが第2次世界大戦に参戦するずっと以前から、アメリカの物理学者たちは、アメリカ政府に対して警告を送る決意を固めていた。それは、ナチスが原子爆弾を史上初めて製造する危険性がある、という警告であった。これらの物理学者たちの多く——特にレオ・シラード、エンリコ・フェルミ、そしてエドワード・テラー——は、政治亡命者であった。最終的にはアルバート・アインシュタインの力を借りて、ようやく自分たちの恐れをルーズヴェルト大統領に警告することができ

上：ヴァルター・ゲルラッハ。核の研究に深く関与していたもう一人のドイツ人物理学者。

たのである。大統領は、報告を受けた内容の重大性を即座に理解した。アインシュタインの重大な手紙をホワイトハウスに届けるという使命を与えられていたアレクサンダー・ザックス博士に対して、「アレックス、君が望んでいるのは、ナチスが我々を吹き飛ばさないようにしてほしい、ということだね」と語った。

アメリカ人とイギリス人にとってすぐに明らかになったのは、核物理学の世界においては成功に近道はない、ということであった。原子爆弾の製造には途方もなくお金がかかることは避けられなかった。イギリスは戦費で破産寸前であり、アメリカが武器貸与法にもとづき提供する武器や食料、その他の物資と引き換えに、最新の技術——核に関する研究成果も含まれた——をアメリカに手放す取引を行なった。このプロジェクトに参加していたほとんどの科学者たちも大西洋を越えた。そこでは、カリフォルニア大学バークレー校教授のロバート・オッペンハイマーを科学部門のリーダーとして、核爆弾を開発するアメリカの計画——「マンハッタン計画」というコードネームが与えられていた——が進められていた。

ナチスの核兵器

オッペンハイマーと同僚の物理学者たちは、ドイツが降伏するぎりぎりの瞬間まで、ナチスが機密を引き出して、最初に原子爆弾を製造するのではないかと恐れていた。オッペンハイマーらは、ドイツの核物理学者たちによる戦前の研究成果に少なからぬ敬意をはらっていた。また、どのような活動が行なわれているのか——少なくとも最初の段階——も知っていた。これは、西欧民主主義国家に、核開発計画で優位に立つべく行動させるための説得材料になっていた。オッペンハイマーら

右：量子力学の理論を考案したヴェルナー・ハイゼンベルク。ドイツの核開発において指導的立場にあった。

下：組織管理者として傑出していたレスリー・R・グローヴス中将。1942年9月にマンハッタン計画を任された。

可能性について調査を開始し、そしてその年の暮れに、当時のドイツ人物理学者たちの間で指導的な立場にあったヴェルナー・ハイゼンベルクが、理論的には核分裂の連鎖反応は実現可能であることを計算によって導き出した。いわゆる「ウラニウム機関」——別の言い方をすれば原子炉——内で核分裂を緩やかに制御できれば、連鎖反応はエネルギーを生み出す。もし制御できなければ、通常火薬よりも何倍も強力な「核爆発」を生み出すのである。

　ハイゼンベルクは、天然ウラニウムが原子炉以外に使用できないものの、ウラン235は、爆発物として利用できると結論付けていた。同僚の一人であるカール・フリードリヒ・フォン・ヴァイツゼッカーは、1940年の夏にさらにこの推測を進めた。彼曰く、もし「原子炉」で連鎖反応を継続できるのであれば、ウラニウムの同位体としてはより比率の高いウラン238を核燃料として原子炉に補給することで、ウラン238が中性子を吸収し、彼が「94番目の元素」と呼ぶ物質——プルトニウム——に生まれ変わるだろう。ヴァイツゼッカーの主張どおりであれば、プルトニウムはウラン235よりはるかに簡単に得ることができるし、もっと強力な爆発物にもなるだろう。

　ハイゼンベルク自身も、ヴァイツゼッカーが実現を願っていたことをまとめあげていた。1942年初頭、ハイゼンベルクは、高位にあるナチスの大物たちに対して行なった説明の中で、次のように述べている。「ヴァイツゼッカーのある考えによると、このような原子炉が稼働すれば、新型爆弾を製造するという問題は、すぐに新たな展開を迎えるでしょう。原子炉内でのウランの変換により、事実上、新しい物質プルトニウムが生成されます。その物質は、ウラン235とまったく同じように、想像を絶する威力をもった爆発物となること

は、ドイツの物理学者たちは自分たちよりもはるかに困難が少ないと考えていた。というのも、ヒトラーのような独裁者は、命じたことをそのまま法律にできるからである。

　アメリカの物理学者たちは極度に心配していた。ナチスの経済が総力戦態勢を強化していると確信していたからである。ところが、実際には真相は逆であった。ヒトラーとその取り巻きのナチス指導者たちには、戦略的な思考や長期的な計画を立案するための時間がほとんどなかった。彼らの外交、軍事および経済的活動は、短期間の激しい戦争という考え方を中心に展開していた。したがって、必勝兵器としての可能性があったとしても、開発に時間がかかるものはほとんど後回しにされるか、無視されるだけであった。

　ナチスはこのような姿勢であったために、核開発努力が順調にスタートするまで時間がかかったことは、しごく当然であった。初めて「ウラニウム計画」と名付けられた事業が始まったのは、1939年に第2次世界大戦が勃発した直後であった。このとき、物理学者クルト・ディーブナー率いる陸軍の研究チームが、核分裂の軍事的利用の

はほぼ間違いありません。この物質は、重さの違いを利用してウラニウムからウラン235を抽出するよりもはるかに簡単に得ることができます。というのも、この物質はウラニウムから化学的に分離できる可能性があるからです。」

　すでにドイツの物理学者たちは、同位体分離によって相当な量のウラン235を生成できることに気づいていた。最初に彼らは、熱拡散と呼ばれる化学的な処理方法を試みた。この方法が失敗に終わると、大規模な遠心分離機を作り上げた。これは文字どおり、さまざまなウラン同位体を回転によって分離するというものであった。プルトニウムのほうに賭けるのは簡単に見えた。しかし言うまでもなく、自己持続する連鎖反応を作り出せる原子炉が必要であった。ドイツはこの原子炉をついに実現できなかった。原子炉の建設を始めたのは敗戦近くになってからであり、それは一度も臨界に達することはなかった。

前頁：ドイツにとって重水を入手する唯一の施設ノルスク水力発電所。黒鉛が利用できないと誤信していた彼らにとって、重水は、原子炉の減速材として不可欠であった。

下：戦後、ナチス・ドイツが厳重に守っていた核兵器の秘密を探索することを任務としていた連合軍のアルソス・チームの隊員たち。

ナチスの誤算

計画が遅延した原因は、二つの致命的な誤算にあった。核反応を制御するには、専門用語で減速材——連鎖反応によって放出された高速中性子を減速させる物質——と呼ばれるものが「原子炉」に必要であった。アメリカ人は、減速材として黒鉛を選んだが、この物質は比較的取得が容易であった。しかしドイツでは、ヴァルター・ローテ教授が実験に用いていた工業用花崗岩の純度が低かったため、専門用語で重水と呼ばれている物質を代わりに使わざるを得ないとして、研究の同僚たちを間違って説得してしまったのである。

わずかでも重水を製造できる唯一の施設がノルウェーにあった。1940年にナチスがノルウェーを占領すると、重水の製造量を増やすよう命じられたが、ドイツの需要を満足できるだけの量には及ばなかった。その後、イギリス軍の特殊部隊がノルウェー人レジスタンスの支援を受け、1942年と1943年にこの施設を破壊しようとした。そして２度目の試みでようやく成功を収めた。

ドイツは、ノルウェーでの重水製造を諦め、重水の全在庫をドイツに運ぶことに決定した。在庫を運搬していたフェリーは、チン湖を横断中に破壊工作を受け、湖に深く沈んだ。ナチスの核開発計画が、この損失を挽回する機会は決してなかった。もう一つの誤算は、ハイゼンベルク自身が招いたものであった。彼は、原子爆弾を製造するために必要な核分裂性物質の量をかなり過大に見積もっていた。

歴史的記録からも明らかなように、ナチスの核

左：戦後にドイツの原子炉を調査する様子。この原子炉は、一度も臨界状態に達しなかった。

下：ノルスク水力発電所で製造された重水の溶液サンプル。

兵器開発活動を背後から動かしていた力は、マンハッタン計画とは違い、一つではなかった。確かに、ハイゼンベルクの役割は曖昧であったといわざるを得ない。原子爆弾開発の試みを企画する段階になっても、競合相手の研究チーム内のいざこざを放置したままにしているようであった。また、どのような理由があったにせよ、1942年６月にハイゼンベルクがヒトラーの軍需大臣アルベルト・シュペーアに会った際に、同僚の研究者たちの業績を重要視せず、原子爆弾が製造できるか否かについて悲観的な立場を取っていた。

シュペーアが、核兵器製造計画を加速するためには、どのような財政支援——この軍需大臣は、

上：イギリス空軍とアメリカ陸軍航空軍は、ノルスク水力発電所を爆撃しようとしたが、何度も爆撃が失敗したため、連合軍は破壊という手段を取らざるを得なかった。

ハイゼンベルクにただちに数億マルクを提供するつもりでいた——が必要かを尋ねると、ハイゼンベルクは、さらに研究を進めるためには、百万マルク程度であればよいと答えた。シュペーアは即座に、見通しうる将来において、ドイツが原子爆弾を製造できる見込みはないと結論付けた。彼は、核開発計画のために配分しようと考えていた資金を、ロケットの研究開発に注ぎ込んだのである。

戦後、ハイゼンベルクは次のように回顧している。すなわち、自分たちが「原子爆弾開発計画を始めたときにすでに感じていたのは、実際に原子爆弾を製造することが可能だったとしても、それには長い時間と膨大な努力が必要とされたであろうから、原子爆弾が実現される前に戦争が終わってしまうことも十分ありえる、ということであった……我々は、この研究が戦争の間に原子爆弾に結びつく可能性は、限りなくゼロに近いと考えていた。」ドイツで兵器開発の責任者であったルドルフ・モイツェルは、ハイゼンベルクと同じ意見を持っていただけではなく、さらに一歩踏み込んでいた。モイツェルは1943年7月にゲーリングに次のような報告を行なっていた。「現在の研究は、短時間のうちに動力源（原子炉）の実用と核爆弾に結びつくことはない。しかし一方で、この分野においては、敵が我々を待ち構えて驚かすことができないことも確かである。」

ドイツは何故失敗したのか

何はともあれ、ドイツが原子爆弾の開発に失敗した大きな原因の一つに、彼らの自信過剰があった。世界で最も優れたドイツの核物理学者たちが原子爆弾を製造できないのであれば、他の誰一人として成果を挙げることができないはずである。ドイツ人たちのうぬぼれ具合は、アメリカが広島に初めて原子爆弾を投下したというニュースに対して、彼らのうちの10人ほど——それにはハイゼンベルクやオットー・ハーンが含まれる——がとった反応によって実証できる。当時ドイツ人科学者たちは、戦争が終わって捕虜になった後は、ケンブリッジに近いファーム・ホールという一軒の家に抑留されていた。この家には盗聴器が仕掛けられていたため、監視人は彼らの会話を聞き取ることができた。

1945年8月6日の夕食の少し前、オットー・ハーンはドイツ人として初めて、広島に投下された原子爆弾が成功したことを告げられた。彼は、そのニュースをすぐに同僚の抑留者にも伝えた。ファーム・ホールの記録によれば、ドイツ人科学者たちがこのニュースにどれほど唖然とさせられたかが、はっきりと実証されている。彼らは、自分たちが失敗したことをアメリカ人が成功させたということを、全く信じなかった。ハイゼンベルクの最初の反応は、そのニュースを壮大な虚勢以外の何ものでもないとして、無視を決め込んだことであった。

夕食後、ドイツ人たちは、原子爆弾に関する報告の全容を聞くためにラジオの周りに集まった。それから2日間を費やして、連合軍が原子爆弾の製造を成功させた方法と、自分たちがそれに失敗した理由を確かめようとした。ドイツ人科学者たちの会話から、原子爆弾の複雑な機構——実際に原子炉に関すること——を、彼らはまだ完全に理解していなかったことが明らかになった。しかし彼らは、徐々に全体像を

上：1944年2月、ノルウェー人の破壊工作員がフェリー・ボートを沈めると、フェリー・ボートに積んであった重水は失われ、最終的にドイツの核研究計画は終止符を打たれた。

前頁：オットー・ハーン。一つのウラン原子に中性子を衝突させると分裂することを最初に発見した研究者の一人であった。

描き出していた。

オットー・ハーン自身は、ナチスが原子爆弾の製造に失敗した上、核開発計画には程遠かったことに安堵していた。彼は仲間の科学者たちの失敗を罵って、「アメリカ人たちが核爆弾を保有しているとするならば、諸君らは全員二流である」と言った。ホルスト・コルシングは、次のようにコメントしている。このニュースから、「いずれにしても、アメリカ人は、驚異的な規模での真の連携能力を持っている」ことが証明され、さらにこのようなことは「ドイツでは不可能であったに違いない」と加えた。フォン・ヴァイツゼッカーも、「たとえ必要なものが全て入手できたとして

も、いまやアメリカ人とイギリス人が原子爆弾を保有したように、我々が原子爆弾を保有できたかどうか、決して確信は持てない」と認めている。ハイゼンベルクも、自分が「原子炉建設の可能性については絶対の確信を持っているが、原子爆弾を保有できると考えたことは一度もなかった」と語り、「内心、それが原子炉であって原子爆弾ではなかったことを良かったと思っている。私はそれを認めざるを得ない」と続けている。

存在しなかった爆弾

2005年に入るまでは、ナチスによる核兵器製造の試みは完全に失敗に終わった、という見解が一般

的に認められていた。その後、2005年にドイツ人歴史家レイナー・カールシュが名乗り出て、大いに議論を巻き起こした。カールシュによると、ドイツではクルト・ディーブナーをリーダーとする2番目の核兵器研究チームが存在し、彼らは苦労して初歩的な核分裂・核融合型爆弾を開発した。そして、この爆弾のテストは、3回——1回目は1944年秋にバルト海のリューゲン島で、それ以降は1945年3月にチューリンゲンで——行なわれた確かな証拠があるというのである。

カールシュの主張は、事実上、プロの歴史家全員から退けられた。彼らがいうには、どのような種類であれ、正真正銘の核爆弾を製造するのに必要なウラン235とプルトニウムをドイツは一度も持つことがなかった。ドイツ人が実現できたかもしれない爆弾は、いわゆる「ダーティーボム（汚い爆弾）」——通常型の兵器に十分な量の放射性物質を混ぜ合わせ、爆心地の周辺地域であらゆるものを汚染する——を作るぐらいが関の山であった。しかし、この爆弾ですらできたかどうかは、かなり怪しかったのである。

上：連合国は、1945年8月に広島と長崎に原子爆弾を投下した時点で、核開発競争に勝利した。もしドイツの核開発計画が成功していたならば、ニューヨークとワシントンをキノコ雲がおおっていたかもしれない。

索　引

監訳者あとがき

　本書は、2014年に出版されたジェレミー・ハーウッド著 "Unexplained Mysteries of World War II" の全訳である。

　著者のジェレミー・ハーウッドは、イギリス在住の歴史家であり、オックスフォード大学クライスト・チャーチ・カレッジで学んだ後、近代史を中心に執筆活動を続けている。最近の著作には、『Philosophy: A Beginner's Guide to the Ideas of 100 Great Thinkers』、『World War II From Above: An Aerial View of the Global Conflict』、『ヒトラーの宣伝兵器——プロパガンダ誌《シグナル》と第2次世界大戦』などがある。

　欧米では伝統的に、戦争を、政治、外交、軍事、文化、そして人間性が凝縮された巨大な社会現象と捉える傾向がある。そのため、軍事史は、社会人としての素養あるいは教養を構成する要素の一つとみなされており、ローマ帝国の衰亡史から始まって近代に至る幾多の戦争史を学ぶことは、知識人や教養人のたしなみとされる。著者のジェレミー・ハーウッドは、この流れを継ぐ正統的な軍事史家であり、その歴史観は、「史実をもって語らしめる」ことに尽きる。

　古くから、軍事史を学ぶ方法は次の三通りがあると言われている。即ち、①古ぼけたファイルや資料の山の中から全く新しい史実を発掘して世に問う、②外国ではよく研究され、広く知られているが、本国ではまだあまり知られていない史実を導入する、③先行研究があり、おおむね評価が定まっている史実に新たなスポットライトを当てて再評価を試みる、である。そして、戦争は、互いに相手があることから、これらの方法を追求するには、彼・我の資料を突き合わせて史実の相対化を図ることが必要とされる。いわば、航法における三角位置評定のように、彼・我の複数の資料によって真実という「位置」を正確に探しあてるのである。

　一方、極限状態の中で行なわれる人間の営みである戦争では、デマ、風評、噂、憶測、捏造、誤記、曲解、記憶違い、思い込みが頻繁に起こるが、とりわけ多くの読者の興味を引きつけるのが陰謀やミステリーである。戦争には陰謀やミステリーが付き物と言ってよい。

　本書は、第2次世界大戦中に生起した幾多の陰謀やミステリーのうち、世に広く知られてはいるものの、今日に至るまで依然として謎が残っているテーマを選び、前述した軍事史を学ぶ方法を駆使して、新たに発掘された彼・我の複数の資料を突き合わせて真実を探求するとともに、再評価を試みたものである。全編に、ハーウッドの個性と力量があふれている。

　本書は、全24章で構成されており、ヨーロッパ戦線をテー

マとしたものが21章、太平洋戦線をテーマとしたものが3章である。とりわけ、我々日本人になじみ深いテーマは、「第9章　太平洋戦争のミステリー」である。太平洋戦争の開戦の契機となった真珠湾攻撃を命じた山本五十六連合艦隊司令長官の作戦思想とイギリス人の海軍戦略を比較論考したものであり、興味深い。

　ヨーロッパ戦線のテーマは、連合国とナチス・ドイツの情報戦が中心である。イギリスでは、外国の政治・経済情報の収集、海外諜報員の情報工作を任務とする秘密情報部（MI6）とイギリス国内の治安維持を任務とする軍情報部第5課（MI5）である。一方、ナチス・ドイツでは、ドイツ国防軍情報部（アプヴェーア）と国家保安本部に所属する秘密国家警察（ゲシュタポ）である。本書を読めば、情報機関の積極的な活動とともに、イギリスとドイツ両国の首脳が積極的に情報工作に携わっていたことがわかる。また、「第13章　赤毛女性殺人事件の謎」および「第20章　裏切り：Dデイのスパイたちの物語」では、中立国を舞台に、二重スパイや三重スパイが入り乱れて虚々実々の激しい情報戦を繰り広げて

おり、興味が尽きない。全体を通じて読めば、イギリス人の情報好きの体質は突出している。さらに、アプヴェーア長官のヴィルヘルム・カナリス提督が反ナチス主義者であったのでは、ドイツの情報活動の信頼性には疑義が生じよう。情報に携わる者は、他の誰よりも国家に対する忠誠心が問われるのである。

　著者ハーウッドの意図は、第2次世界大戦での表舞台の華々しい戦闘ではなく、裏舞台の激しい情報戦や不可解な事件に伴うミステリーを世に問うことで、戦争の全体像を読者に伝えようとしたものであり、本書を読めば、そのもくろみは成功したと言えよう。

　なお第24章の訳出に際し、原子物理学の理論と専門用語については、防衛大学校応用科学群応用物理学科　松村徹講師の指導を得た。

2015年3月

源田　孝（防衛大学校教授）

[著者]
ジェレミー・ハーウッド（Jeremy Harwood）
オックスフォード大学クライスト・チャーチ・カレッジで歴史学を学び、公開発表会で優勝するとともに、同じ年度の歴史学部最優秀卒業生としてサー・キース・フェイリング記念賞を受賞する。最近の著作には、"Looking Back at Britain history series"（全5巻）、"Philosophy: A Beginner's Guide to the Ideas of 100 Great Thinkers"、"Atlas of History's Greatest Military Victories" など、邦訳『ヒトラーの宣伝兵器―プロパガンダ誌《シグナル》と第2次世界大戦』（悠書館）がある。

[監訳者]
源田　孝（げんだ　たかし）
防衛大学校防衛学教育学群安全保障・危機管理教育センター長。教授。元空将補。専門は軍事史。防衛大学校航空工学科卒業。早稲田大学大学院公共経営研究科修了（公共経営学修士）。軍事史学会理事、戦略研究学会理事。著書：『エア・パワー――その理論と実践』（2005年）、『戦略論体系⑪ミッチェル』（2006年）、『戦略の形成－支配者、国家、戦争』（2007年）、『アメリカ空軍の歴史と戦略』（2008年）、『ノモンハン航空戦全史』（2010年）、『関東軍全史』（2012年）、『秘蔵写真でよみがえる大日本帝国軍人の肖像』（2012年）、『エア・パワーの時代』（2014年）、『ヒトラーの宣伝兵器』（2015年）。

[翻訳者]
西澤　敦（にしざわ　あつし）
航空自衛隊幹部学校航空研究センター研究員。2等空佐。専門は軍事ドクトリン。防衛大学校航空工学科卒業。防衛大学校理工学研究科航空宇宙工学専攻修了（工学修士）。上智大学グローバルスタディーズ研究科国際関係論専攻修了（国際関係論修士）。豪空軍上級エア・パワー課程修了。航空幕僚監部、大学院研修を経て2007年から現職。主要論文：「対中軍事援助とヒマラヤ越え空輸作戦－政治的効果と軍事的効果」『日中戦争再論』（軍事史学会、2008年3月）。著書（共訳）：『ノモンハン航空戦全史』（2010年）、『エア・パワーの時代』（2014年）。

第2次世界大戦のミステリー

2015年8月15日

著　者	ジェレミー・ハーウッド （Jeremy Harwood）
監訳者	源田　孝
翻訳者	西澤　敦
装　幀	尾崎美千子
発行者	長岡正博
発行所	悠書館

〒113-0033　東京都文京区本郷2-35-21-302
TEL 03-3812-6504　　FAX 03-3812-7504